戦後アメリカ政府と経済変動

新岡 智

日本経済評論社

目次

序章　分析視角と課題

本書では、「政治経済学」の視点から戦後アメリカ経済の分析を行っている。政治経済学の視点による分析とは、いかなることを意味するのか。はじめにそのことを明確にしておくことが必要であろう。

政治経済学アプローチとは、一言でいえば、経済分析において「政府」を扱うことだと単純化していうことができよう。それは政治と経済の関連を分析の俎上にのせるということであり、「市場」（生産と消費を含む広い意味での市場）の問題を「権力」との関連において分析することであるといってよいであろう。だがこれでは余りにも一般的な規定すぎる。そこで政治経済学のこれまでの研究成果をまず確認することからはじめよう。

S・ストレンジは次のように述べている。社会は「安全保障」「富」「自由」「公正」という四つの価値によって、基本的構造が形成されている。安全保障に重点をおく国、富の生産に重点をおく国、また自由や公正により多くの価値を付与している国などである。この異なる価値によって形づくられている社会構造は国によって異なるだけではなく、同じ国でも時代によって異なる。つまり「ひとたび社会が形成されるとき、そこにはある種の富、ある種の安全、社会成員にとってのある種の選択の自由、そしてある種の公正に関する取り決めが必要」であり、それによって構成員の政治的経済的活動のあり方も規定されるのである。

思想家もまたこれら四つの価値のどれかに力点をおき、自らの思想を形成してきた。プラトンとホッブスは秩序（安全）を、ルソーとマルクスは公正を、スミスとケインズ、フリードマンは富を、そしてハイエクとミルは自由をより重視したと考えることができるという[1]。

社会の諸構成員は、自らの利害を左右することになるこのような社会的価値の組み合わせや再編をめぐって争うことになる。その争いは政治プロセスを伴うのであり、それゆえ権力のあり方が影響する。このような意味で、社会構成員の利害関係を扱うときには政治過程の分析は必要不可欠である。政府によって行われる経済政策の優先順位策定は、社会的価値とその利害対立の構造を、そして問題解決への政治的意思を示している。それゆえに政府の経済政策は、政治経済学の視角から分析を行う必要がある。

本書では政府の果たす役割にウェイトを置きながらも、政府と企業と労働の三者の関連に注目している。とりわけ安全＝軍事と富＝経済成長政策をめぐって、その三者がどのようにして利害の対立や合意、そして再編に至るのかを歴史的文脈において扱っている。アメリカ社会は、安全と富と自由に大きな価値を置き、公正あるいは平等に関しては相対的に低い価値しか与えてこなかったように思える。

このような研究視角は、アメリカの経済研究においては主流派のものではない。しかし主流派の研究にも政治経済学の視角を読み取ることはできる。また意識的に政治経済学の視点からアメリカ経済の分析を行っている研究も数多く存在する。本書の仕事は、それらの研究成果を日本での研究成果と突き合わせ、研究史上の位置づけを与える作業でもある。

アメリカ政府の経済政策を検討する際に、大統領による時期区分は有益である。大統領の権限が強く、民主党と共和党という二大政党制によって政権交代が繰り返されるアメリカにおいては、『大統領の経済学』[2]と呼び得る経済政策の変更が存在するからである。そこにおける経済政策の変更は、内外の政治的経済的課題と解決手段の違いを明瞭に映し出している。当然のことながら、そこには企業や労働あるいは地域的な支持基盤の変化を読み取ることもできる。本書が、政府の経済政策を大統領との関連で扱った所以である。

次に本書が扱っている「経済変動」についても説明を加えておきたい。国際政治経済学の研究を行ってきたR・ギルピンによれば、「経済学者の比較静学の方法は構造変化を理解する手段として非常に限られている。……また、経済学者はテクノロジーの変化を説明していない。……経済理論は価格メカニズムが作用する制度的・政治的・歴史的枠組み（たとえば力と所有権の配分、支配的イデオロギー、テクノロジーの要因）を外生的なものとして扱っており、無視する傾向にあった。……基本的な問題は経済学者は経済変動に関する理論をもっていないことである。……その基本的な仮定は均衡の存在[3]」である。

「経済学者は経済変動に関する理論をもっていない」とは厳しい指摘であるが、本書は、価格メカニズムが機能する制度的・政治的・歴史的枠組みを扱っている。それは均衡論的に経済を扱うことと大きく異なるスタンスである。確かに所有権の配分や支配的イデオロギーや技術は経済を変動させる大きな要因であり、それゆえに政治経済学アプローチは、経済変動や構造変化を分析する際に、均衡論的アプローチでは明らかにできないものを与えてくれる。そこでは、社会に対する価値判断が問われ、社会が時代ごとに抱える政治的経済的課題とその解決策および結果が問題となる。それは資源の最適配分に価値判断をおく分析と異なるものにならざるを得ない。

このことはなぜ対象を「経済変動」とし、「景気変動」や「景気循環」としなかったのか、ということとも関連している。景気変動や景気循環分析では、その時代の経済的特質や課題が循環論的議論の中に埋没してしまう。経済は技術革新や生産構造や所得格差の変化などによって絶えず変化しており、循環論的アプローチに還元しきれないものを政策課題として抱えているのである。

またなぜ「経済変動」であり、もっと包括的な概念と思える「経済構造」ではないのか、という疑問も生まれるかもしれない。確かに経済構造分析では、ある国のある時代の経済的特質が構造的に明らかにできるという魅力はある。しかしその場合、政府の機能は経済構造の形成過程においてのみ注目されがちである。その後は経済構造の孕む矛盾によって経済は変転し、経済的困難ゆえに構造それ自体が維持不可能となると考える。そのようなアプローチは政府の役割を経済構造に還元しすぎているように思えるのである。政府は経済変動を引き起こすとともに、経済変動によって生じた新たな政策課題に絶えず対処することを求められている。このことを明らかにするためには、「政府と経済変動」の視点が適していると思える。

本書は、戦後から一九八〇年代までを研究対象としている。それは八〇年代を境に九〇年代以降、アメリカ経済が新たな局面に入ったとの認識があるためである。一言でいえば、グローバル化の時代ということになろう。

本書の構成は次のようになっている。第一章では五〇年代の冷戦財政と科学技術の関連を検討している。アイゼンハワーによって危険が指摘された「軍産複合体」がいかにして形成されたのかということでもある。軍事部門における政府と企業と労働（科学技術者）の歴史的変化を民間委託との関連で明らかにし、戦後アメリカ経済における科学技術と軍事との関連も明らかにしている。

第二章では、ケネディ＝ジョンソン政権、ニクソン政権による六〇年代―七〇年代初頭の経済成長政策を検討している。ケインズ的成長政策がアメリカ社会にいかにして定着し、それがいかにしてインフレを引き起こすことになったかを検討している。そこでは所得政策との関連で政府・企業・労働の利害を検討している。さらに成長志向政策がいかに強固な思想としてアメリカ社会に根付いていたのかも明らかにしている。

第三章は、政府と企業と労働の「力の拮抗」によってインフレが構造化し、七〇年代にアメリカ社会がスタグフレーションで行き詰まった状況にあることを明らかにした。そしてインフレと経済的衰退の中で、ケインズ主義が批判され、経済的打開策が「需要」から「供給」へとシフトしていったことを検討している。

第四章では、八〇年代に生じた政策課題の転換を明らかにしている。レーガノミクスによって政府に対する期待は変化し、また企業と労働の再編が行われた結果、スタグフレーションは解決された。しかしそれにかわって

「双子の赤字」が政府の新たな政策課題となり、自由貿易システムがアメリカによって脅かされることになったことを検討している。

第五章では、国際経済関係における国際政治経済学アプローチの有効性を検討している。具体的には八〇年代に「国際競争」と「国際協調」がどのように扱われているのか、アメリカを中心とする政治と経済の関係をどのように把握すべきかについて検討している。

「軍事」と「経済成長」——この二つの政策に強く依存しているアメリカ。その経済政策をめぐる政治経済的分析。これが本書の分析視角である。

注

（1） Susan Strange, *States and Markets : An Introduction to International Political Economy*, 1988, pp. 17-18.（西川潤・佐藤元彦訳『国際政治経済学入門』東洋経済新報社、一九九四年、二五—二六ページ）。

（2） Herbert Stein, *Presidential Economics*, 1984.（土志田征一訳『大統領の経済学』日本経済新聞社、一九八五年）。

（3） Robert Gilpin, *The Political Economy of International Relations*, 1987, p. 82.（佐藤誠三郎・竹内透監修『世界システムの政治経済学』東洋経済新報社、一九九〇年、八三—八四ページ）。

第一章　冷戦財政と科学技術

1　軍事費と兵器調達システム

(1)　軍事費の規模と特質

第二次世界大戦終了後、アメリカは一時的に軍事費を削減したものの、冷戦を前にして再び軍事的に大きな政府をつくりあげた。その契機となったのは、一九四七年の「トルーマン・ドクトリン」であり、それ以降、アメリカは軍事機構を整備・体系化し、朝鮮戦争を契機に軍事費は高原水準へと突入した。

この戦後アメリカの軍事化過程を政治・行政機構・軍事戦略の三つの側面について概観すると次のようであった。政治的には、一九四七年のトルーマン・ドクトリンの直後に国家機関から「不忠誠」分子を追放する目的で発布された「官吏忠誠令」が重要である。これによって、一九五三年までの六年間に四七五万六七〇五名の職員・志願者の審査が行われ、五六〇〇名が解雇もしくは任用を拒否された。それとともに、一九五四年まで吹き荒れたマッカーシズムが国民にイデオロギー的圧力を加えたことで、軍事化に対する国民の反対は押さえ込まれ、軍事化の支持基盤が強化された。行政機構では、一九四七年国家安全保障法によって国家安全保障会議、中央情報局（CIA）、国家安全資源委員会、国防総省（一九四七年には国防長官職のみ設置、四九年改正法により設置）、北大西洋条約機構（NATO、一九四九年）などの冷戦機構が整備された。また軍事戦略的には、一九五三年にアイゼンハワーによって提唱されたニュー・ルック戦略＝即時大量報復戦略が重要な意味をもつ。この戦略によって、第二次大戦まで採用されていた伝統的な「動員戦略」は過去のものとなり、平時においても巨額の軍事支出によって国防体制を維持しようとする「常時即応戦略」が核抑止戦略として確立したのである。(1)

国防費の推移は次のようであった。一九四五年には連邦予算の八二・七％にまで達していた国防費は、終戦後急速に削減され一九四九年には三二％程度にまで削減されていた。しかし朝鮮戦争は国防費を再び押し上げ、予算に占める国防費の比率は六〇％台と平時においてはそれまでにない高水準となったのである。そして朝鮮戦争終結後も、国防費は四〇〇億ドルを超え、全予算に占める比率も五〇－六〇％台と高水準を維持し続けたのである。(2)

国防費は通常、国防総省経費に原子力委員会、海外軍事援助などを加えたものを指すが、これにNASA、FBI、沿岸警備隊、国防教育、復員軍人給付サービスなどを加えた最広義の国防費分類で見ると、一九五九年には国防費が連邦予算の八〇％以上を占めていたという研究もある。(3) このように、国防予算は連邦予算に占める比重も高く、GNP比も七－一〇％のレベルにあった。この軍事費はベトナム戦争のピーク時であった一九六九年ごろまで高水準を継続し続けることになる。

図1-1は連邦政府投資の対GNP比を見たものである。これを見て明らかなことは、一九六八年頃までの連邦投資比率の高さである。対GNP比五－七％はこの時代を特徴づける。投資対象は、兵器、ハイウェイ、都市社会資本、教育施設などである。［防衛分野の連邦投資＝連邦投資－防衛費以外の連邦投資］を見てみると、五〇年代の防衛関係投資の突出が際立っている。ベトナム戦争ピーク時の六八年以降にその比率は低下を続けるが、八〇年代に入り再び増加しているのがわかる。

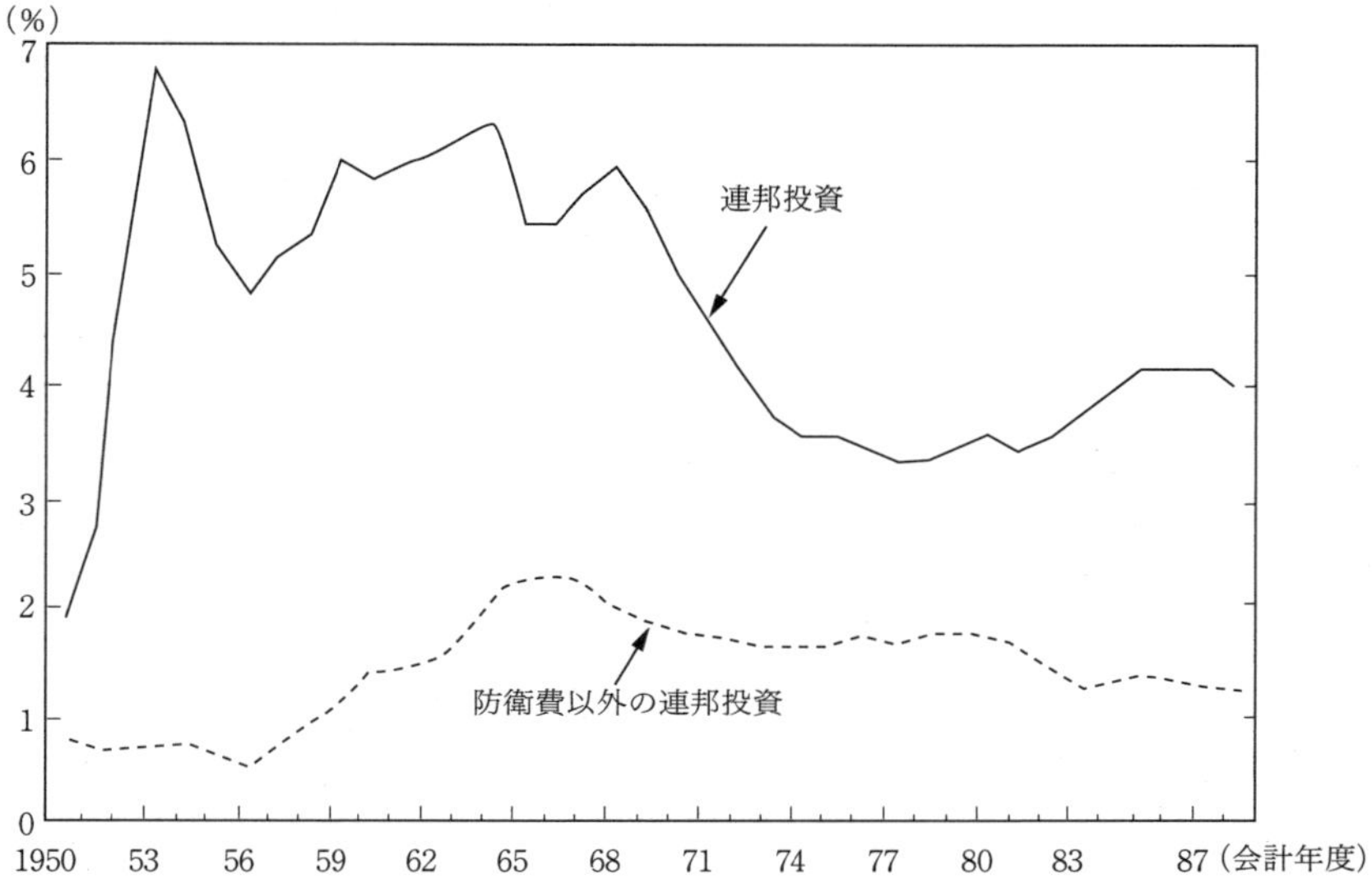

注：投資には研究開発支出，物的資本，州および地方政府への補助金のうち投資にあてられるものを含む．
出所：*Economic Report of the President*, 1989, p. 82.

図 1-1　連邦投資支出：GNP 比率

図1-2は、連邦政府支出の構成を示している。国防の財・サービス購入は、朝鮮戦争以降にその比率を六〇%台から四〇%の水準へ低下させたが、それとは逆に移転支出が増大している。これは連邦財政が「投資」から「消費支出」へ向かって転換してきたことを示している。もっとも連邦財政の規模と歳入構造の変化も同時に検討しなければ、このことのもつ意味は明瞭にならない。しかし朝鮮戦争から六〇年代のアメリカは、〝軍事支出による投資国家〟という側面を強くもっており、典型的な〝冷戦財政〟の時期ということができよう。

この巨額の軍事費は軍需調達を通じて軍需産業に対して巨大な市場を提供することになるが、このことは国防総省を軸とした軍事費をめぐる多種多様な利害集団の権益の拡大を意味し、その後「軍産複合体」という用語によって把握されることになる。この用語を初めて用い、その危険性について警告したのはアイゼンハワー大

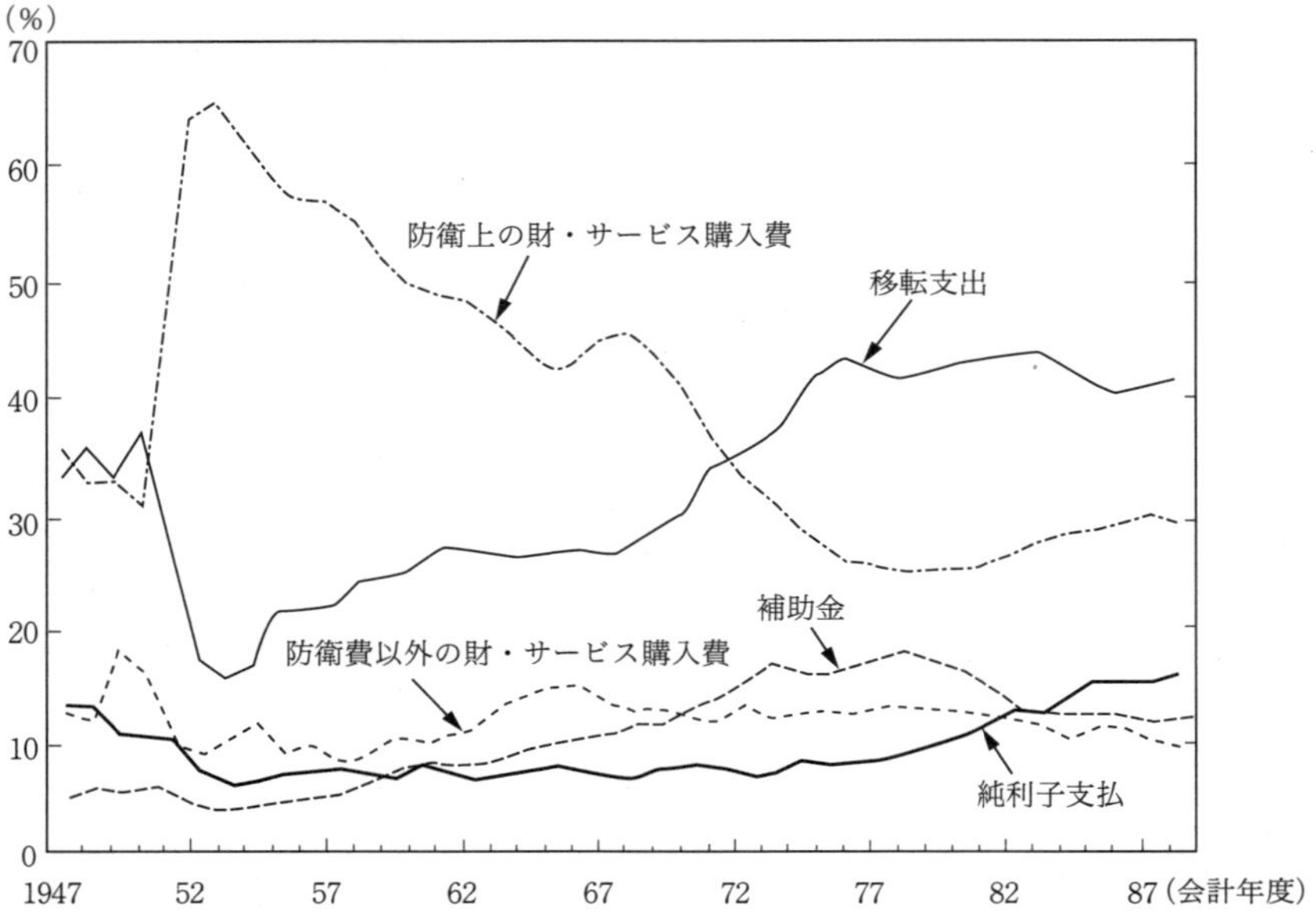

出所：図 1-1 と同じ，p. 83.

図 1-2　連邦政府支出の内訳別構成比

統領であった。彼は一九六一年の告別演説で次のように述べている。

「第二次大戦まで、アメリカは軍需産業というものをもったことがなかった。というのも、アメリカでは、時間的な余裕があったため、［平時に］鋤を作っていたものが必要に応じて［戦時に］剣を作るということですますことができたからである。しかし現在では、いったん緩急にさいし、急に国防の備えをなすという危険を犯すわけにはいかなくなっている。その点、われわれは大規模な軍需産業を恒久的に作ることをよぎなくされてきているのである。かてて加えて、二五〇万人に及ぶ男女が直接国防組織に従事している。……

こうした大規模な軍事組織と軍需産業との結合は、アメリカ史上かつてなかったものである。その全面的な影響力――経済的な、政治的な、さらに精神的な影響力までもが、あらゆる都市に、あらゆる州政府に、連邦政府のあらゆる官庁に認められる。われわれとしては、このような事態の進展がいかんとも避けられないものであることはよくわかっている。だが、そのおそるべき意味合いを理解しておくことを怠ってはならない。それには、われわれの勤労が、資源が、生活がすべてかかわっている。アメリカ社会機構までもがかかわっているのである。

政府部内のいろいろな会議で、この軍産複合体（the military-industrial complex）が、意識的にであれ、無意識的にであれ不当な勢力を獲得しないよう、われわれとしては警戒していなければならない。この勢力が誤って台頭し、破壊的な力をふるう可能性は、現に存在しているし、将来も存在しつづけるだろう。」[4]

ここでアイゼンハワーは、平時の産業を戦時に軍需産業に転用する「動員戦略」は過去の戦略であり、戦後の冷戦下では常に軍需産業を抱える「常時即応戦略」が必要不可欠であることを指摘している。それゆえに「大規模な軍事組織と軍需産業との結合」が不可避であり、その影響がアメリカ社会のあらゆる部面に浸透することは「いかんとも避けられないもの」と考え、そのことを前提とした上で、「大規模な軍事組織と軍需産業との結合」＝「軍産複合体」に「アメリカ社会機構までもがかかわっている」がゆえに、それが「不当な勢力を獲得しないよう」にしなければならないと警告しているのである。

この包括的で大きな社会的影響力をもつとされる軍産複合体の存在は、その経済的利害関係のメカニズムを理解することによって明らかとなる。その際、重要なのは「軍事組織」と「軍需産業」を結びつける財政資金の流れであり、それを規定する軍需調達のあり方である。従来、軍需調達の研究に従事してきた研究者は、このことを、戦略―軍事技術（兵器体系）―軍事予算―軍需発注（軍需市場）―軍需会社という系列の中で分析しようと試みた。[5] この軍需調達の全系列において、国防総省と軍需産業がいかなる結合関係をもっているかを解明するならば、「軍産複合体」が国家財政といかなる関係に立つかはおのずから明らかになるであろう。

軍需調達と軍産複合体の関係については、アメリカをはじめわが国でも多くの研究が行われてきた。例えば、軍需調達と産業再編成の関係を取り扱った南克巳氏、軍事費と軍事技術との関係を軸に経費膨張傾向の中で軍産複合体の発展をとらえた島恭彦氏、軍事支出と暴利獲得の関係を解明したV・パーロなどの研究がよく知られている。

このような研究成果をふまえつつ、軍産複合体についてよりよく理解しようとするならば、その成立過程に溯り、そこにおいて軍需生産部門が政府あるいは公共部門の所有と管理のもとにあるのか、それとも民間部門のもとにあるのか、そして両部門の関係がどのような論理と要因によって規定されているのかを検討することが必要となる。そのような検討をした上で、さらに軍産複合体の影響力が軍事分野を超えて、アメリカの経済機構全般にどのような論理で、どのような影響を与えているのか、広く安全保障と科学技術政策との関連を検討する必要がある。そのことによって軍産複合体なるものの真の影響力を理解することができる。

(2) 軍需調達法の制定と機能

第二次大戦後の軍需調達方法は、一九四七年軍需調達法（The Armed Services Procurement Act of 1947）と、それに基づく軍需調達規則（The Armed Services Procurement Regulations）によって定められた。この法律は一九四七年一月に陸軍と海軍によって提案され、ほとんど変更を受けることなく四八年二月一九日に議会を通過しており、適用対象は陸・海・空三軍と沿岸警備隊、国家航空諮問委員会である。[6]

この法律は、それまでの政府調達・契約のあり方に大きな変更をもたらすものであった。[7] まず政府調達方法の歴史を簡単に振り返ってみよう。一八〇九年に議会は供給品とサービスの購入・契約はすべて公開調達（formally advertised procurement）によってなされるべきであるとした。そして一八二九年以降に至っては、公開調達に基づく不動固定価格（firm-fixed-price contracts）が政府契約の標準的な手続きとなった。その後、一八六〇年に議会は二つの例外（公的急務と個人サービス）を除いて、公開調達による不動固定価格調達を政府調達・契約の方法として再確認した（一八六一年法）。この政府の基本方針が変更を許されたのは、第一次・第二次大戦という国家的緊急時のみであった[8]。

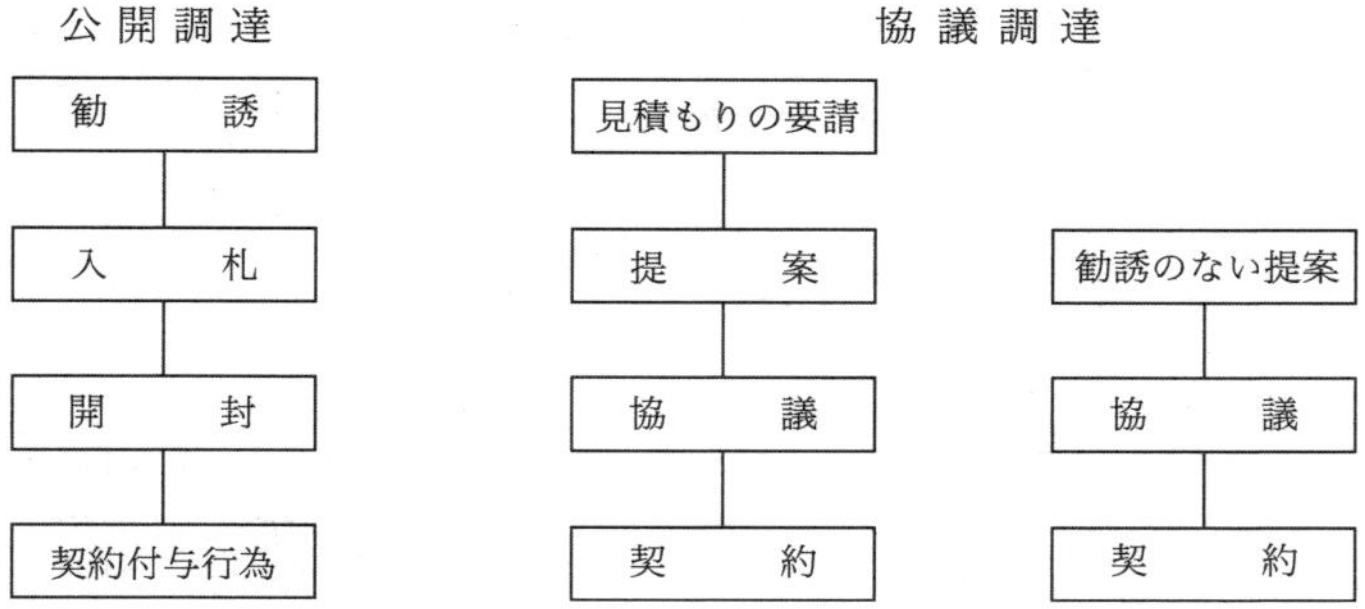

出所：Dean Francis Pace, *Negotiation and Management of Defense Contracts*, 1970, p. 94.

図 1-3　公開調達と協議調達の手続き

ところが一九四七年の軍需調達法は、このような政府の調達原則と大きく異なる内容をもつものであった。違いの第一は、それまで政府が採用してきた公開調達という原則に対して、戦時にのみ許されていた協議調達（negotiated procurement）が平時において広範囲に認められるようになったこと。その第二は、不動固定価格というそれまで利用されてきた契約原則にかわって、費用償還契約（cost-reimbursement contracts）が認められたことである。

公開調達と協議調達手続きを比較したのが図1-3である。このように協議調達においては、すべての企業に対して入札勧誘が行われることはなく、政府が契約相手として適切であると判断した企業だけが協議対象となり、政府と契約できる権利を与えられる。ゆえに公開調達において契約の最大決定要因であった入札価格は、協議調達におい

表 1-1　合衆国活動企業からの軍需調達

(単位 100 万ドル)

会計年度	額	公開調達		協議調達	
		額	%	額	%
1951	30,823	3,720	12.1	27,103	87.9
1952	41,462	4,479	10.8	37,003	89.2
1953	27,822	3,089	11.1	24,733	88.9
1954	11,448	1,789	15.6	9,659	84.4
1955	14,930	2,386	16.0	12,544	84.0
1956	17,750	2,815	15.9	14,935	84.1
1957	19,133	3,321	17.4	15,812	82.6
1958	21,827	3,115	14.3	18,712	85.7
1959	22,744	3,089	13.6	19,655	86.4
1960	21,302	2,978	14.0	18,324	86.0
1961	22,992	2,770	12.0	20,222	88.0
1962	26,147	3,412	13.1	22,735	86.9
1963	27,143	3,538	13.0	23,605	87.0
1964	26,221	3,889	14.8	22,332	85.2
1965	25,281	4,660	18.4	20,621	81.6
総　計	357,045	49,050	13.7	307,995	86.3

出所：Materials Prepared for the Subcommitee on Federal Procurement and Regulation of the Joint Economic Committee, *Background Material on Economic Impact of Federal Procurement-1966*, 89th Cong., 2nd Sess., 1966, p. 32.

ては副次的要因とならざるをえないのである。

一九四七年軍需調達法は、公開調達を原則としながらも、協議調達を次のように例外として認めた。

「物品とサービスの全購入と契約は、三条に規定されているように、公開によってなされるべきである。ただし(以下の一七の場合は) 例外である。そのような購入と契約は機関の長によって公開ではなく協議によってなされる。」(軍需調達法二一条C項)

例外規定とされた協議調達が、実際にどの程度利用されているのかをみたのが表1-1である。協議調達は一貫して全体の八〇%以上を占め、例外というよりはむしろ一般的調達方法となっているのがわかる。軍需調達の規定と、実際の運用はまったく逆転しているのである。そして一七の例外項目がどのように利用されているかを見たのが表1-2である。一八六一年法が例外を「公的急務」と「個人サービス」に限定していたのに対し、一九四七年軍需調達法においては一七項目もの例外が認められている。とりわけ利用度が高いのは、10の一八・六％、11の一八・九％、14の三三・〇％であり、この三項目だけで協議調達額の七〇％以上を占めている。

このように協議調達の利用が認められているものは、「競争の困難なもの」「研究開発・テスト」「投資の重複を引き起こすもの」「調達が過度に遅れると判断されるもの」などであるが、これらの条件は、その運用の仕方によっては巨大な施設と科学技術者を多数抱えている大企業に有利に作用し、大企業の契約獲得に道を開く可能性の大きいものである。そして実際、競争が困難だとか、調達が過度に遅れるという理由で、国防総省は大企業との契約に際して、10、11、14の項目を不当に利用してきたとの批判もしばしばなされてきた。例えばR・カウフマンは次のような指摘をしている。「ペンタゴンは、単に少数の大企業だけが航空機・ジェットエンジン・原子炉タービンのような品目を製造する能力を持っている状況で、兵器システムに対して競争を期待することは非現実的である

表 1-2　協議契約による軍需調達額（1959 会計年度）

（単位 1,000 ドル）

協 議 権 限	額	％
全 協 議 契 約	21,298,036	100.0
1　国家非常時	627,974	3.0
2　公 的 急 務	199,218	0.9
3　2,500 ドル以下の購入	678,292	3.2
4　個人的あるいは専門的サービス	81,665	0.4
5　教育機関のサービス	335,818	1.6
6　合衆国外での購入	1,117,228	5.2
7　医　薬　品	33,959	0.2
8　認可された転売品の購入	128,555	0.6
9　腐敗する生活品	416,759	1.9
10　公開によって競争を確保するのが困難	3,966,992	18.6
11　実験的な研究・開発的な仕事	4,027,675	18.9
12　公開されるべきでないと判断されたもの	630,148	3.0
13　部品の統一性と互換性を必要とする技術設備	12,897	0.1
14　製造のために実質的に初めての投資か，長期の準備期間を必要とする技術的・特殊な供給品	7,022,201	33.0
15　公開のあとの協議	2,268	
16　国防あるいは産業動員のために利用できる施設を保っておくための購入	1,345,573	6.3
17　法律によって認められている他のもの	670,814	3.1

出所：Materials Prepared for the Subcommittee on Defense Procurement of the Joint Economic Committee, *Background Material on Economic Aspects of Military Procurement and Supply*, 86th Cong., 2nd Sess., 1960, p. 87.

と主張していた。しかし、この議論は次のような事実を無視している。兵器のサブシステムと部品は競争が可能となるようなかなり小さな部品に〝分割〟することができるし、ペンタゴンはもし望むならば競争を阻止するよりも促進することができるのである」[9]。

国防総省は兵器を〝分割〟することなく、兵器システム全体を一括して大企業へ発注してきたのである。カウフマンの批判は、兵器を小さな部品に分割して発注することによって、公開調達が可能となるというものである。例えば、空軍はB-70をノース・アメリカン社に一括発注していたが、同社はその七〇%を下請けに出し、下請け業者に生産の進捗状況、費用状況を逐次報告させている。これはもし空軍が分割発注していれば、空軍の調達官によって行われるはずの仕事である。また下請け業者は受注した仕事の一部をさらに二次下請けへと発注している。このように主契約者は下請けの広範なネットワークを使い、すべての部品やサブシステムを含んだ兵器システムを開発生産する責任を委託されている[10]。この下請けの連鎖構造それ自体が、兵器の〝分割〟発注が可能であることを事実をもって証明している。国防総省は兵器を一括発注することによって、10、11、14の協議調達項目の利用に根拠を与えてきたといえよう。競争が可能となる単位にまで国防総省が兵器を〝分割〟して調達を行えば、協議調達条項を利用しなければならない軍需品は極めてわずかなものとなることは確実である。

国防総省の浪費に関する議会の公聴会は、兵器システムは分解することができ、それゆえに多くの部品が公開調達で可能なことを明らかにしている。

「議長：……海軍の歴史において最大の革新の一つである原子力潜水艦の開発を行ったリコーバー提督は次のように証言した。独自のそして完全に新しいプロトタイプの品目はある程度存在するが、それにもかかわらず標準的な品目と部品は多数存在する。それゆえに新部品でありながらも、防衛その他の理由で競争的公開と入札とならない部品は全体の五%である。九五%は標準化されており、競争で調達することができる。リコーバー提督はまさにそのことを行ったのである。(11)」

原子力潜水艦開発にかかわるこのような証言記録を読むと、協議調達を絶対に必要とする軍事上・科学技術上の制約は極めてわずかなものと判断せざるを得ないのである。

すでに見たように協議調達の利用は全調達額の八〇%以上であるが、これを企業規模別に見ると表1-3に見るように、中小企業が一〇%台、中小企業以外（従業員五〇〇人以上）が八〇%台であり、協議調達がおもに大企業によって利用されていることがわかる。

このような協議調達の利用による大企業の調達独占に対する危惧は、軍需調達法制定時にすでに大統領によって指摘されていた。一九四八年二月一九日の軍需調達法のサインにあたり、当時のトルーマン大統領は三軍と沿岸警備隊の長官および航空諮問委員会議長に次のような文書を送っていた。

「この法律は、軍部による調達に関する政府の基本方針を述べたものである。この法律は、全調達の公正な割合が中小企業に置かれるべきことを言明している。

表 1-3　企業規模・契約タイプ別の軍需調達額

（単位 100 万ドル）

		総 額	中小企業（%）		中小企業以外（%）	
1952 年	（公開）	4,479	2,545	56.8	1,934	43.2
	（協議）	37,003	4,521	12.2	32,482	87.8
1953 年	（公開）	3,089	2,035	65.9	1,054	34.1
	（協議）	24,733	2,573	10.4	22,160	89.6
1954 年	（公開）	1,789	1,150	64.3	639	35.7
	（協議）	9,659	1,752	18.1	7,907	81.9
1955 年	（公開）	2,389	1,501	62.8	888	37.2
	（協議）	12,544	1,713	13.7	10,831	86.3
1956 年	（公開）	2,815	1,750	62.2	1,065	37.8
	（協議）	14,935	1,725	11.6	13,210	88.4
1957 年	（公開）	3,321	1,973	59.4	1,348	40.5
	（協議）	15,812	1,810	11.4	14,002	88.6
1958 年	（公開）	3,115	1,794	57.6	1,321	42.4
	（協議）	18,712	1,935	10.3	16,777	89.7

出所：*Statistical Abstract of the United States*, 1959, p. 245 より計算.

これはまた、一般的方針である公開調達の例外とされ、法律によって明記されている事情以外は、供給品とサービスの購入と契約のすべては、公開によってなされるべきであると述べている。

この法律は、平時おいて前例のない自由な形式を特定の調達規則に対して認めた。その自由は、今日の国防活動において必要とされる柔軟性を許すために与えられた。しかしながら基本的要請は、依然として政府に有利な価格と十分なサービスを保障することにある。このことが遂行できる限りにおいて、規制は縮小され、国防総省の責任は拡大してきた。調達における柔軟性と迅速さへの自然に生じる欲求は、協議契約を過度に利用し、大企業への不当な依存状態を引き起こすだろう。このような危険が存在している。これらのことを引き起こしてはならない。[12]」

協議調達の過度の利用と大企業への不当な依存というトルーマンの危惧した事態は、統計が示しているように現実のものとなったのである。一九四七年軍需調達法は、国防総省の大企業への一括発注と大企業の調達独占に道を開くことになったのである。それゆえ中小企業のシェアは小さく、一九五七年から一九六五年の統計では一五・八―一九・八％の範囲にあった。[13] これは生活品や衣服等、中小企業への発注率が高い調達品も含んだ統計であり、航空機やミサイルなどの発注では中小企業シェアは数パーセントにすぎない。公平性の観点から価格競争を採用している公開調達を排除し、情実の余地の大きい協議調達を採用することによって大企業が軍需調達において独占的地位を確保することが可能となるのである。

このことは当然の結果として、中小企業が大企業の下請けとならざるを得ないことを意味するが、事態は大企業と中小企業の関係にとどまらない。大企業の獲得した軍需調達は下請けへ、そしてさらに二次・三次下請けへと流れていくのであるが、下請けが必ずしも中小企業とは限らないのであり、大企業が一次下請けになることもある。そしてこのシステムが利潤を肥大化させることになる。

大企業は直接製造に関与することなく、単に下請けを取り仕切ったことにより多大な利益を手に入れることもある。その利益分は当然価格に転嫁される。価格競争を排除している協議調達ならではの利益獲得システムといえよう。次の事例はそのことを示している。陸軍がミサイル運搬用トレーラーの調達に際して、協議調達とそれに基づく大企業間同士の発注—下請け関係をとりやめ、競争入札によって直接中小企業から買い付けたとき、それまで一台一万三〇〇〇ドルしていたトレーラーは、一台五〇〇〇ドルで調達できたのである。[14]

次に費用償還契約について検討してみよう。費用償還契約は第一次大戦の中で生まれた契約方法である。第一次大戦では航空機その他の新兵器が登場したのであるが、どの企業も航空機生産の経験はほとんどなく、それゆえに政府の要求する設計・費用・期日を満たせる自信をどの生産者ももっていなかった。そのような状況下では、不動固定価格契約は不可能であり、そこで利用されたのがコスト・プラス・コストの百分率（cost-a-percentage-of-cost）という契約方法であった。しかし第一次大戦後にはこの契約方式は議会によって不正な契約方式であるとされた。[15] その後、第二次大戦時には費用プラス固定手数料契約（cost-plus-fixed-fee contract）という方式が採用されるが、これは価格のつけすぎを引き起こす契約方法として問題となった。

費用償還契約はその導入経緯からもわかるように、研究開発や新兵器の生産など不確定要素が多く、事前に価格を確定することが困難なものに適用される。表1-4は固定価格契約と費用償還契約の利用実態であるが、一九五一年度から五九年度までの間に、費用償還契約の利用は一二・七%から四〇・九%へと上昇している。その中でも特に浪費の極めて大きい契約方法として問題になる費用プラス固定手数料契約の急増が目立つ。

この費用償還契約は、おもに戦後に急膨張することになる研究開発（以下R&Dとする）の契約方法として利用されてきた。[16] 政府からR&Dの仕事を委託される場合、民間企業はR&Dにおける予測不可能性ゆえに、費用

表 1-4　調達契約の分類

(%)

会計年度	1951	1952	1953	1954	1955	1956	1957	1958	1959
総計	100.0	100.0	100.0	100.0	100.0	100.0	100.0	100.0	100.0
固定価格タイプ	87.3	82.1	79.8	70.5	75.9	69.7	66.6	60.4	59.1
不動固定価格	43.9	29.8	31.8	38.0	39.7	36.4	53.3	27.8	32.8
固定価格・再決定契約	33.6	38.5	21.8	5.9	12.5	9.9	8.6	7.4	4.7
固定価格奨励契約	9.1	12.0	24.0	25.2	22.9	19.2	17.8	19.2	15.3
エスカレーションつき固定価格契約	0.7	1.8	2.2	1.4	0.8	4.2	4.9	6.0	6.3
費用償還タイプ	12.7	17.9	20.2	29.5	24.1	30.3	33.4	39.6	40.9
手数料なし費用償還契約	4	4.5	1.6	2.6	2.7	3.9	1.9	2.8	3.0
費用プラス固定手数料契約	8.6	13.3	16.3	23.8	19.7	24.1	29.9	33.2	34.3
費用プラス奨励手数料契約	……	……	2.2	2.5	1.4	1.9	1.2	3.2	3.2
特別費用償還契約	0.1	0.1	0.1	0.6	0.3	0.4	0.4	0.4	0.4

出所：表 1-2 と同じ, p. 94.

を償還してもらえる契約方法でなくてはリスクが大きすぎてR&Dを引き受けることができなかったのである。逆にいえば、費用償還契約が認められたことによって、民間企業はリスクの心配なく政府の軍事R&Dに積極的に乗り出せることになったのである。

しかしながらこの契約方法は民間企業のリスク回避手段にとどまらず、利潤増の手段に利用された。実際、再調整局が企業に対して国庫に返還を求めた超過利潤は、一九五一年から五八年六月までに七億二三〇〇万ドルに上っていた[17]。また、マクナマラ国防長官が一九六一年に実施した「費用削減計画」も「非競争的調達から競争的調達へ、そして費用プラス固定手数料契約から固定価格あるいは奨励価格への移行によって最も低い正常な価格で購入する[18]」ことを実施しようとしていた。

このように協議調達と費用償還契約（とりわけ費用プラス固定手数料契約）の利用によって、価格のつけすぎ＝浪費が生じていることを国防総省も認めているのである。費用を容易に修正でき、それを全額政府が支払い、その上、費用に見合った手数料が支払われるという制度のもとでは、契約者が費用を削減するインセンティブを持たないのも当然といえよう。

以上の検討から明らかなように、一九四七年の軍需調達法によって大企業による調達独占とリスクの排除＝利潤確保が制度的に可能となったのである。このことは同法が平時における軍需産業の育成という役割を担ったことを意味する。

2　政府軍需生産部門の縮小・解体

(1)　民間委託の推進

国防総省が兵器を調達するとき、どこから、どれほど調達するのか。言い換えれば、兵器のR&Dと生産の主体はどこか。このことについてアメリカの兵器調達に関してもっとも詳細な研究を行ったM・ペックとF・シェーラーは次のように概括している。「第二次大戦前には、政府兵器工場は陸軍の兵器のほとんどすべてと、海軍の兵器と船のかなりの部分を生産していた。……第二次大戦中、すべての分野において兵器生産の大部分は民間企業に移転し、そして定着した。しかしながら、契約者たちが政府の活動を競争的脅威と感じるほどの政府の兵器生産は依然として存在した[19]」。

第一次大戦においても、第二次大戦においても、必要とされる軍需品の量は政府兵器工場の生産量を超過し、それゆえに政府が民間企業の兵器生産に依存するのは当然のことであった。そしてこの場合、民間企業は政府資金によって建設された政府所有施設を利用して軍需生産を行うことが多かった。ちなみに一九四〇年七月一日から一九四五年一二月三一日の期間に、政府によって建設された施設は一七六億四一〇〇万ドルにのぼったが、このうち一五九億九八五〇万ドルの施設は民間企業によって利用されていた[20]。一九四〇年から四五年に建設されたこの政府所有施設の一部は、戦後民間企業に払い下げられた。戦時に軍部所有・軍部運営であって、戦後民間に払い下げられた施設は一六億五四〇〇万ドルであり、戦後引き続き軍部所有・民間運営のままであった施設は五二億八五〇〇万ドル相当であった。[21]

民間の軍需産業にとって「競争的脅威と感じるほどの政府の兵器生産」を縮小・解体することは、戦後政府の基本的方針であった。

アイゼンハワーは一九四六年に陸軍参謀長の職にあったが、当時彼は次のような政策提起をしていた。

「(1) 軍は兵器生産のためだけでなく、軍事計画を樹立する上でも、民間の援助を得なければならない。効果的な長期軍事計画は科学と技術の予測される発展のうえにのみ樹立できる。今後の科学の進歩はさらに速度を増し、またわれわれの作戦の範囲を広げるので、この相互関係はいっそう重要なものとなる。……広範な計画樹立を行うのに必要な能力ある人々を……適切に雇用するためには、民間機関が将来の軍事問題についてわれわれの展望に利益を見いだすことが必要であるし、またそれらの諸機関が諸計画と研究・開発当局と密接に協力することが必要である。最も効果的な手順は、契約によって計画を援助させることである。

…………

(3) …………

最近の戦争期に達成された科学および産業との協力の程度は最終的なものと絶対に考えてはならない。われわれの経験からして、われわれがこれからいくつかの仕事を実施しようとしている方法の他に、質的にすぐれた外部の機構を陸軍内部でまねをする理由はほとんどない。わが国民にとっての経済的利益と、陸軍にとっての効率上の利益は前記の方法、すなわち軍と民間との結合という方法を実行させる根拠となる。[22]」

アイゼンハワーのこの提案は、すぐれた民間の機構を軍部内にわざわざ作る必要はなく、民間の資源・技術を「契約によって」利用することが企業「にとっての経済的利益」および「陸軍にとっての効率上の利益」という観点からして望ましいというものであり、民間委託・依存の方向を鮮明に打ち出している。

実際この民間委託・民間依存によって政府軍需生産部門の縮小・解体は進展していた。例えば一九三四年のビンソン＝トランメル法（the Vinson-Trammel Act）は、海軍が使う飛行機とエンジンの一割は海軍の飛行機工場で生産されなければならないと規定していたが、一九五〇年までに海軍の工場は飛行機とエンジンの生産を事実上中止していた(23)。

また朝鮮戦争最中の一九五二年に国防総省は「Directive No. 4000.8」なる次のような内容の行政命令を出している。

「III　軍需供給システムを統制する基本

B　商業的および産業的タイプの設備

必要とされているものが、……民間の商業的設備から入手できる場合、そのような軍部の設備が使用されつづけることはない(24)。」

ここでは一九五二年という朝鮮戦争下、より効率的に調達を行うことを目指し、民間から調達できるものは民間から調達すべきことを命令している。つまり政府部門の肥大化を抑制しようという動きを見ることができる。

すでに見たように、朝鮮戦争以降の時期は国家財政が軍事費を中心に膨張した時期であり、それゆえに各産業に与えた国防費の影響が増大した時期であった。そのことを考え合わせると、国家財政、とりわけ肥大化した国

（単位 100 万ドル，%）

1957		1958	
21,485	100.0	24,197	100.0
19,133	89.1	21,827	90.2
1,602	7.5	1,444	6.0
462	2.2	531	2.2
261	1.2	395	1.6

防費を政府兵器生産の増大という方向に使うのではなく、民間企業への調達に向け、民間軍需産業をより活性化しようという政府の意図を行政命令に読み取ることができよう。このことは逆から見れば、軍需産業の兵器調達獲得への要求が強く、政府へ圧力をかけた結果ともいえよう。

この時期軍需調達がどこからどの程度行われていたのかを見たのが表1-5である。この表によれば（Statistical Abstract においてこのような統計分類が利用できるのは一九五二年以降である）政府の工場からの調達額は全体の一―三%と極めて少なく、約九〇%は国内企業から行われていることがわかる。この時期には、政府の軍需生産部門はすでに縮小・解体されていたとみなしてよいであろう。

その後、第八三下院政策関連小委員会は民間企業と競合している政府運営の商業タイプ機能に関する検討を行い、報告書を提出した。そしてこの小委員会の勧告に沿って一九五五年に予算局から全行政機関に対して「Bulletin 55-4」なる次のような行政文書がだされた。

「もし連邦政府が利用する製品やサービスが、民間企業から通常の経路で調達できるならば、連邦政府はそのような製品やサービスを提供するどのような商業活動も始めてはならないし、行われもしないというのが行政の一般方針である。この方針の例外は、そのような製品とサービスの民間企業からの調達が、公的利益にならないということがはっきりと示された場合にのみ機関の長によってなされるであろう。[25]」

この予算局文書が出された一九五五年という時期は、表1-5から明らかなように政府兵器工場からの調達は全体の二―三%にすぎず、兵器の九〇%以上はすでに

表 1-5　軍需調達分類

	1952		1953		1954		1955		1956	
総　　計	43,569	100.0	31,812	100.0	13,279	100.0	16,582	100.0	19,590	100.0
合衆国内活動企業	41,482	95.2	27,822	87.5	11,448	86.2	14,930	90.0	17,750	90.6
合衆国外活動企業	1,319	3.0	3,418	10.7	1,411	10.6	1,111	6.7	1,406	7.2
政府内	768	1.8	572	1.8	420	3.2	541	3.3	434	2.2
教育および非営利機関										

出所：表 1-3 と同じ, p. 245.

民間企業から調達されていた。にもかかわらずなぜ右のような予算局文書が出されたのか。

それは依然として残存していた政府部門をより一層縮小すべしということである。五〇年代の末においても次のようなことが生じていた。軍部の空輸は一九五九会計年度で四億三六〇〇万ドルにのぼっていたが、このかなりの部分は民間機ではなく空軍の輸送部隊の所属機で行われていた。しかし空輸会社はこれに圧力をかけ商業空輸を利用する法案を通過させたのである。また海上輸送は四億一四〇〇万ドルであったが、ここでも企業圧力によって民間海運業者との契約が増えている[26]。

しかしながら、この時期の民間委託をすすめる政府の政策を理解する上で重要なのはR&D費の動向である。図1-4は連邦R&D支出の変化をみたものである。ここから明らかなように、一九五五年頃の連邦政府のR&D費は、国防総省の軍事的R&D費を中心に急膨張している。ゆえに「Bulletin 55-4」は、急増する軍事R&Dを民間企業に委託することを促進する役割を果たしたといえよう。

また行政改革委員会として有名な第二次フーバー委員会（一九五三―五五年）もその勧告において、民間から調達できるサービスや製品に関する活動を軍部が放棄することを強く主張した上で、軍部におけるR&Dに関してはこれまでの契約システムを支持し、次のように述べている。

「研究開発・設計機能は一般に民間機関によって最もよく遂行される。第二次大戦の終結以降、軍事省（Military Department）は研究開発機能の設備と人員を大きく拡張してきた。遂行された機能は、もし適切に民間経済におかれたならば実現されたであろうよりも効率性の低いものであった。特別小委員会は、一九五四年には民間へ移転したほうが適切である一億二五〇〇万ドルの仕事が存在しているとの評価を下した。[27]」

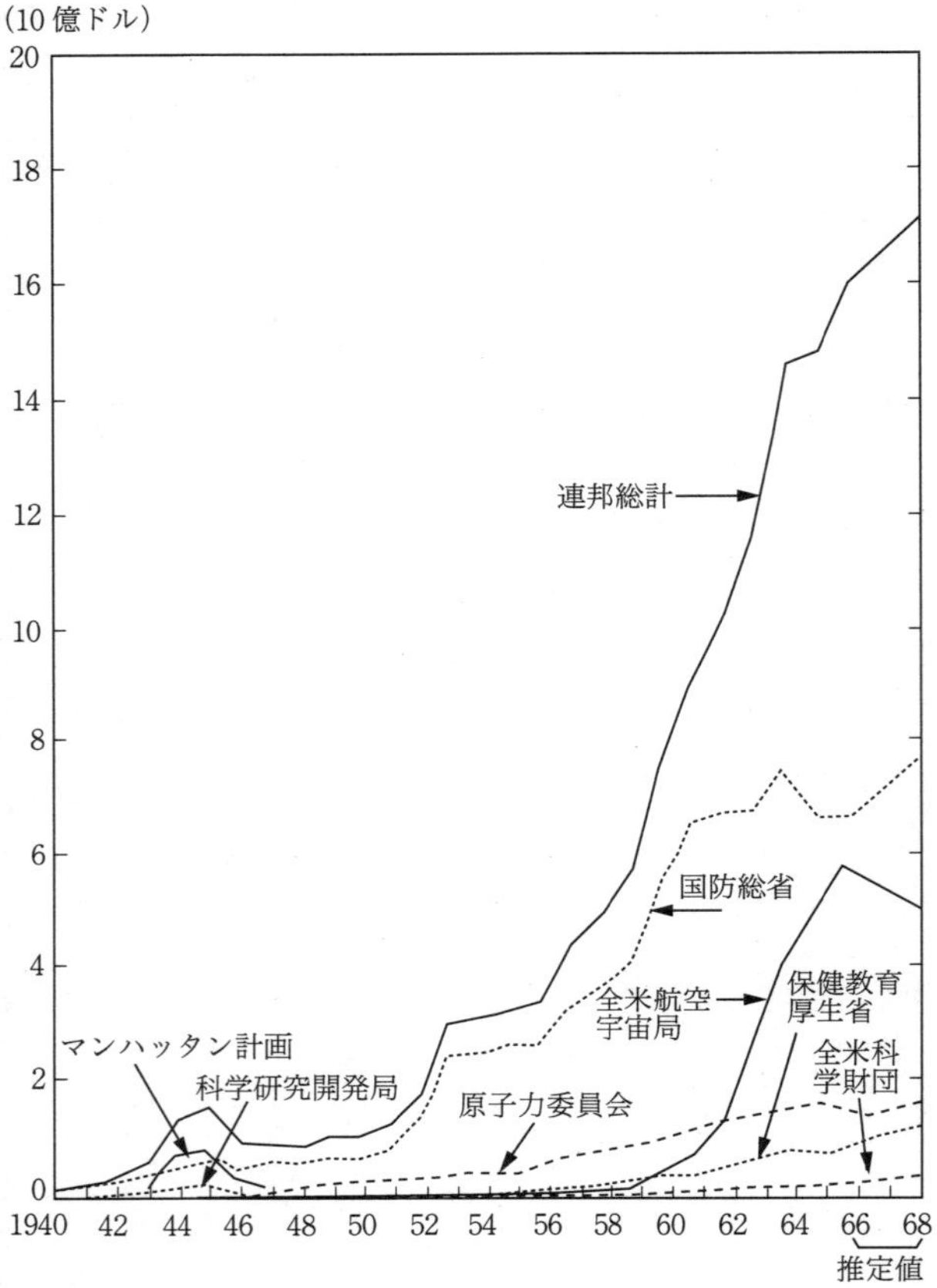

出所：Clarence H. Danhof, *Government Contracting and Technological Change*, 1968, p. 74.

図 1-4　連邦研究開発支出（研究開発施設を含む）

表 1-6　研究開発額

（単位 100 万ドル）

年	総計	資金源				実施主体				B/A (%)
		政府A	企業	大学	非営利機関	政府B	企業	大学	非営利機関	
1946	1,780	910	840	30		470	1,190	120		51.6
1947	2,260	1,160	1,050	50		520	1,570	170		44.8
1948	2,610	1,390	1,150	70		570	1,820	220		41.0
1949	2,610	1,550	990	70		550	1,790	270		35.5
1950	2,870	1,610	1,180	80		570	1,980	320		35.4
1951	3,360	1,980	1,300	80		700	2,300	360		35.4
1952	3,750	2,240	1,430	80		800	2,530	420		35.7
1953	4,000	2,490	1,430	80		770	2,810	420		30.9
1953-54	5,150	2,740	2,240	130	40	970	3,630	450	100	35.4
1954-55	5,620	3,070	2,365	140	40	950	4,170	480	120	30.9
1955-56	6,390	3,670	2,510	155	55	1,090	4,640	530	130	29.7
1956-57	8,670	5,095	3,325	180	75	1,280	6,600	650	140	25.1
1957-58	10,100	6,390	3,450	190	70	1,440	7,730	780	150	22.5
1958-59	11,130	7,170	3,680	190	90	1,730	8,360	840	200	24.1
1959-60	12,680	8,320	4,060	200	100	1,830	9,610	1,000	240	22.0

出所：*Statistical Abstract of the United States*, 1954, p. 514；1963, p. 543 より作成.

フーバー委員会では、経済性・効率性の観点からR&Dの民間委託を提言しているのであるが、これはすでに国防総省の「Directive No. 4000.8」と予算局の「Bulletin 55-4」においてサービス（R&Dも含まれる）の民間からの調達命令という形で推し進められてきたものであった。

そこで連邦R&Dの民間委託が実際どのようであったかを表1-6で見てみよう。政府が自らの資金を使い、政府自身の研究機関で行っているR&Dは、絶対額では増えているものの、政府内部R&D実施比率は一九四六年の五一・六%から一九六〇年の二二%へと低下している。政府R&D資金が最も流れ込んでいるのが民間企業であることは表より一目瞭然である。つまり、政府R&Dの民間委託の進展をこの表は示しており、図1-4とあわせて考えると軍事R&Dの民間委託が進展したと考えてよい。また表1-7は一九六〇年度の省庁別R&D支出状況であるが、空軍は八七%、海軍が七〇%、そして陸軍が六五%、その他の国防総省機関が九〇%の委託

表 1-7　連邦政府の研究開発に対する省庁別支出（1960 年度）

（単位 100 万ドル）

	総　計	機関内	機関外	機関内/総計（%）	
	8,022.3	1,842.4	6,179.9		
空　　軍	3,013.1	404.2	2,608.9	13.4	22.3
海　　軍	1,461.0	441.0	1,020.0	30.2	
陸　　軍	1,181.3	417.6	763.7	35.4	
その他（国防総省）	417.9	43.0	374.9	10.3	
原子力委員会	790.5	12.2	778.3	1.5	
NASA	424.9	229.5	195.4	54.0	
保健教育厚生省	321.6	87.9	233.7	27.3	
農　務　省	144.0	89.9	54.1	62.4	
全米科学財団	72.2	5.3	66.9	7.3	
内　務　省	67.9	57.2	10.7	84.2	
連邦航空局	51.5	7.5	44.0	14.6	
商　務　省	32.4	23.2	9.2	71.6	
そ　の　他	44.0	23.9	20.1	54.3	

出所：J. Stefan Dupré and Sanford A. Lakoff, *Science and the Nation*, 1962, p. 14.

率であり、これは軍事R&Dが民間企業を主体として行われていることを示している。ここに兵器生産のみでなく、R&Dをも含めて軍需産業が成長していく姿をみることができよう。民間委託と産業育成の関連は明らかである。

(2)　R&Dと科学技術者の役割

「軍需発注（軍需市場）—軍需会社」の関連に焦点を絞り、とりわけ調達制度と民間委託を検討することを通じて、国防総省と軍需産業の「結合」の内実を明らかにしてきた。この結合はより広い視野にたてば、「戦略—軍事技術（兵器体系）—軍事予算—軍需発注（軍需市場）—軍需会社」という関連のなかで分析することが必要である。ここでは軍事予算に結実する「戦略—軍事技術（兵器体系）」と企業との関係を検討してみよう。

国防総省と軍需産業の結合は、軍需発注が実際になされる以前の政策決定レベルでも行われている。受注の確保は戦略および軍事技術（兵器体系）を企業がどのように先取りし、掌握するかということにかかっているからである。「つまり政府内部での戦略—軍事技術（兵器体系）—軍事予算の動きを企業内部でいわば先取りし、研究して、新しい戦略の方向を予測し、長期の投資計画をきめるのである。そうしなければ、はげしい受注競争にうちかつことはできない」[28]のである。国防総省から軍需調達品を具体的に提示されてからでは、すでに遅しということになる。

それでは「長期の投資計画をきめる」上で何が重要か。それは戦略をも規定する軍事技術の開発力である。表1-8は空軍の兵器システム支出の内訳を見たものである。兵器システムの開発・生産・実践配備という三段階での費用割合をみると、R&D支出の比重が増大していることがわかる。このR&D支出は絶対額においても増加を続けてきた。一九二〇年代の航空機プロトタイプ費用は一万ドル以下であったが、それが一九三〇年代後半には六〇万ドル、一九四〇年代には数百万ドル、一九五五年のジェット戦闘機では一〇〇〇-二〇〇〇万ドル、B-70にいたっては数億ドルに達した。[29] このことは連邦政府の兵器調達支出に占めるR&Dの比重の上昇にも現れており、その比重は一九四五年の五%から、一九六〇年の四〇%へ、そして一九七五年には五七%に達している。[30]

表1-8　空軍兵器システム支出内訳

(%)

システム	R&D	生産への支出	配備	合計
B-36	2	25	73	100
B-47	3	47	50	100
B-52	5	50	45	100
B-58	18	52	30	100
B-70 (small force)	30	43	27	100
B-70 (large force)	12	45	43	100
F-86	1	23	76	100
F-100	3	39	58	100
F-105	21	49	30	100
F-108	23	42	35	100
Atlas-Titan	20	39	41	100
Dynasoar	19	43	38	100

出所：Merton J. Peck and Frederic M. Scherer, *The Weapons Acqusition Process: An Economic Analysis*, 1962, p. 315.

このことは産業の労働者構成にも現れている。航空機産業をとってみると、科学技術者は一九五四年の四万八五〇〇人から一九五九年には九万四九〇〇人へと九六%増大している。これとは対照的に、生産労働者は一九五四年の五四万一〇〇〇人から、一九五九年には四五万一一〇〇人へと一七%減少している。[31] もっとも生産労働者の減少に関して言えば、R&Dの比重の上昇が決定的な要因であったとはいえ、戦時下と異なり冷戦下では兵器が大量生産品でなくなったこととも関係している。例えば爆撃機生産では、第二次大戦中B-29は三七〇〇機以上、朝鮮戦争時B-47は約二〇〇〇機、一九五〇年中葉から末までB-52は約六〇〇機、一九六〇年初期B-58は二〇〇機以下の生産であった。[32]

このようにR&Dがますます重要な役割を果たすことになったのは、戦後アメリカが採用した核抑止戦略と深いつながりをもっている。つまり敵の攻撃にも生き残り、かつ敵にそれ以上の大量の打撃を与える力をもつことによって、事前に敵に攻撃を思いとどまらせるという「抑止戦略」に立つ限り、防御力とともに、敵の防御をかいくぐり攻撃できる兵器が要求されることになる。それゆえに、一方における技術上の優位は、他方におけるそれへの追いつき追い越しを惹起し、その悪循環の中で新しい兵器を開発すべくR&D投資が肥大化していくことになる。

このような状況下では、国防総省自身が絶えず新兵器を求めて巨額のR&D資金を支出するのみならず、軍需企業は、より優れた兵器を国防総省へ売り込むべく激しく競争することになる。その際に決定的に重要なことは、国防総省からR&D契約を獲得することであり、それを可能とする開発・技術力をもつことである。それゆえに各企業は競って優秀な科学技術者を獲得しようとするのである。

一九五五年に国防副長官のD・クォーレスは、技術者の不足は「侵略者の既存のどのような兵器よりも国家の安全保障にとっては潜在的に大きな脅威である」[33]と述べている。国家の安全保障にとって科学技術者が必要不可欠だということは、とりもなおさず兵器のR&Dと生産を支えるために十分な能力をもった科学技術者が必要だということを意味しており、またそのことは各軍需企業の立場からすれば、軍需契約の獲得に際して量質ともに十分な科学技術者の存在が決定的に重要であることを意味する。[34]

実はこの科学技術者の存在とその重要性は、国防総省と軍需産業両方にとって当てはまることなのである。一九五九年の統計によれば政府は一四万九八二七人の科学技術者を雇用していたが、そのうちの三六%すなわち五万六一五五人は国防総省に所属しており、これは他の連邦機関に比べて圧倒的に高い比率である。(35)

ここで注目すべきは科学技術者の獲得をめぐる政府と民間の「獲得競争」という事態とその帰結である。国防総省と軍需産業が共に、兵器体系高度化の中で科学技術者をますます必要としているということは、科学技術者の獲得をめぐる「競争」が生じることを意味している。

安全保障に不可欠な科学技術者をいかにして国防総省にひきつけ、保持するかに関する方策を勧告した「コーディナー報告」(「専門家と技術職の俸給に関する国防諮問委員会の報告」一九五七年)は次のような事実認識を示していた。

「最高水準にある文官の雇用において、国防総省は稀少な技能を求めて産業と直接競争している。産業はより大きな経済的誘引を自由に提供できる。結果として、国防総省はしっかりとした経歴を持った文官――技術者、科学者、管理者の驚くべき損失を被っている。(36)」

ここでは有能な科学技術者の雇用をめぐって国防総省は企業に遅れをとっているのみならず、「損失を被っている」と指摘されている。さらに同報告書によれば、国防総省の科学技術者が企業に奪われていくのは一九五一年以降顕著になり、これはその後増大を続け、一九五六年にはGS‐12以上の上級ポストにあった人々の企業への転職率は一九五一年の四倍となっていたという。(37)ここでのGSとは一九四九年分類法による一般俸給表のことであり、等級GS‐1からGS‐18までとなっている。(38)表1‐9も政府から企業への科学技術者の移動を示している。

表 1-9　科学技術者の移動状況

俸　　給	政府から企業へ		企業から政府へ	
	企業への移動人数	%	政府への移動人数	%
12,000 ドル未満	297	21.6	66	6.0
12,000～15,000 ドル	46	31.7	7	2.4
15,001～20,000 ドル	12	27.3	7	4.4
20,000 ドル超	0	0	1	2.3

出所：Bureau of the Budget, *Report to the President on Government Contracting for Research and Development*. 87th Cong., 2nd Sess., 1962, p. 68.

国家安全保障会議のスタッフとして国防政策の作成に携わってきたS・ハンチントンは次のように述べている。「軍需会社に雇われた将校は通常著名な人物ではなく、名誉職としてよりもいわば〝現役〟(in operational) として会社へ入ってきた比較的若い人々であった。将校のうちほとんどは、ある特殊な科学部門における技術的エキスパートであり、多くは陸海軍の技術部門において高い地位に就いていた人々であった。軍需産業に雇われた技術者たちは戦後一〇年間に私企業に雇われた陸・海軍の将校グループの中でも唯一最大のグループを構成した。航空会社とその関連企業だけで、それらのうちの重要な部分を占めていた」[39]。このように国防総省の科学技術者が、航空機・ミサイル・電子関連機器等のR&Dや生産を行っている軍需企業へ転職していったのである[40]。

以上のような事態を見るとき、なぜに国防総省から軍需企業への転職が増大したのか。そしてさらに、このような事態の進展は、国防総省と軍需産業の関係に何をもたらすことになったのかを明らかにしなければならない。

転職増大の理由を考えるときに注目すべきは、戦後一貫して追求されてきたR&Dおよび兵器生産の民間委託政策である。この政策によって国防総省は、一九六〇年までにR&D支出の七〇%以上を民間に委託するようになっていたし、それもR&Dの初期段階から委託するというものであった。

このことから二つの事態が生じる。その第一は、国防総省における科学技術者の行う仕事の内容の変貌である。すなわち民間委託の進展によって、国防総省の科学技術者は企業から提出される開発計画や見積もり文書などを検討するだけの〝デスク・エンジニア〟にならざるを得なくなる[41]。第二の事態は、国防総省と軍需企業との俸給格差の拡大である。R&D契約において国防総省は、主に費用償還契約を利用して企業と契約を結んでいるのであるが、実はこの契約方法の採用が企業に科学技術者をひきつける手段を提供しているのである。つまり、企業は開発費用の中に科学技術者の俸給を含ませ、そのことによって彼らの高い俸給を実現しているのである。[42]

この俸給格差を統計で確認してみよう。中位の科学技術者の俸給を産業と政府で比較すると、一九四七年には産業対政府＝一〇〇対九一・五であったのが、一九五八年には一〇〇対八七とその格差は広がっている。[43] 図1-5は一九五六年における産業と政府の俸給比較である。その格差は一五―二〇％であるが、上級の科学技術者になるにつれて俸給格差は広がっている。産業の俸給が平均値であることを考慮すれば、軍需企業それも大企業における上級科学技術者の俸給は一層高いことが予想される。

以上見てきたように、国防総省の科学技術者は、民間委託政策の中で実際のR&Dを国防総省内で行うことができなくなったこと、また費用償還契約の採用によって企業が高い俸給を科学技術者に支払うことが可能となったことによって、民間企業への転職が進んだと判断してよいであろう。

一九五〇年代のこのような科学技術者の軍需産業への転職が何をもたらしたかは、政府のR&Dを問題にした一九六二年の「ベル報告」（「R&Dの民間委託に関する大統領への報告」）に明瞭に語られている。

「技術的性質の政策決定と政府自身がすべき管理機能の遂行を契約者にますます大きく依存しているがゆえに、本質的な管理機能を行う政府の能力は減退してきた。[44]」

すなわち、この報告はR&Dの民間委託によって、政府の管理能力が解体してきたという認識をしているのである。そしてその上で、①どのようなR&Dが委託されるべきかに関する検討、②R&D契約の基準の検討、③

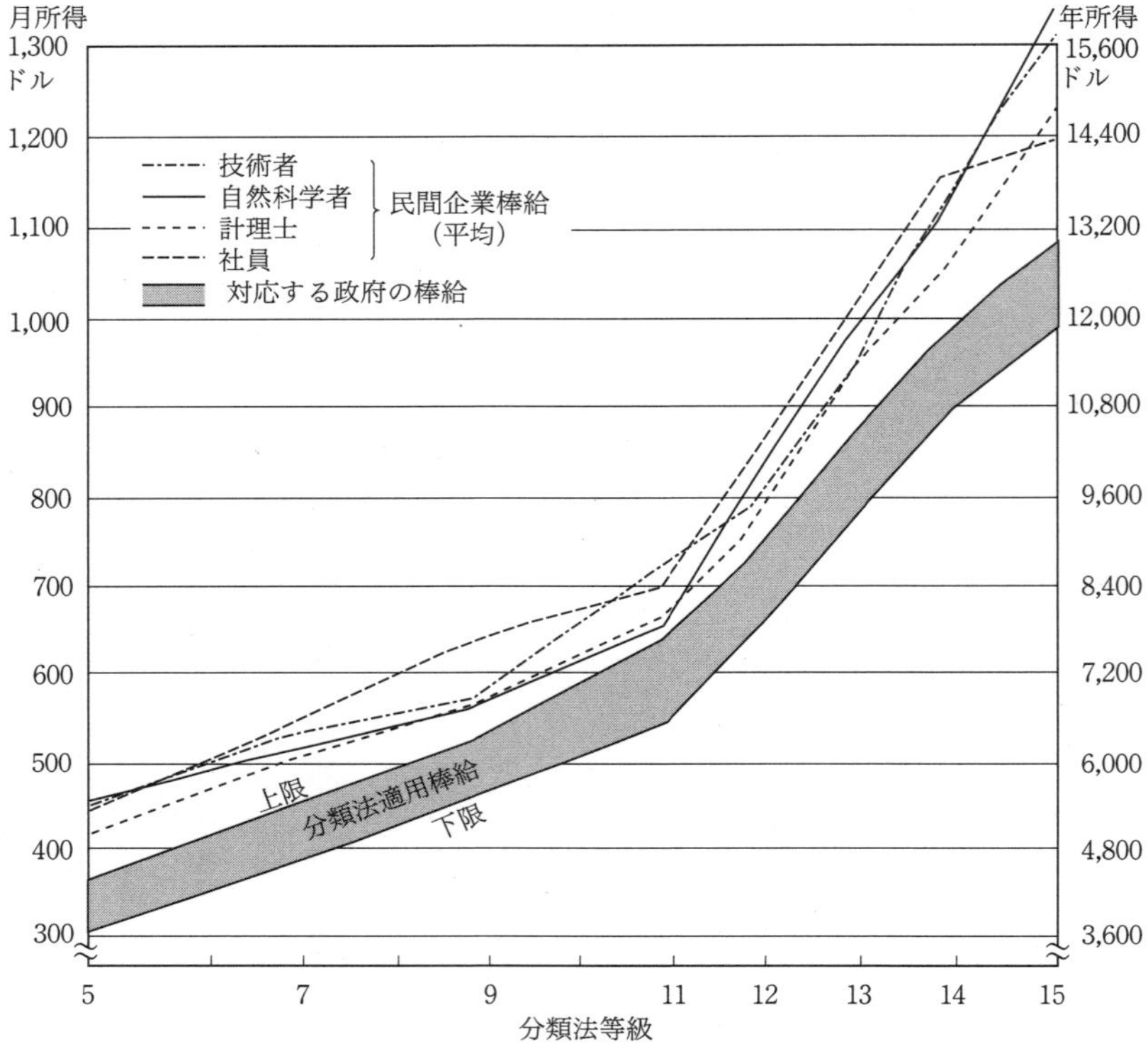

出所：Defense Advisory Committee on Professional and Technical Compensation, *Report of the Defense Advisory Committee on Professional and Technical Compensation*, Vol. II, 1957, p. 32.

図 1-5　産業対政府の俸給比較

R&D活動を直接に遂行する政府能力の検討、を行っている。[45] この三つの検討課題の基礎には、「もし、われわれが公的機能の遂行と公的資金の利用に対して適切な責任をもとうとするならば、どんな契約者にも移転することのできない管理の基本機能がある[46]」という認識が存在する。国家資金の支出を伴う公共政策の決定に、政府自身が責任を負うべきであると改めて強調されねばならない点に、本来、国防総省がすべき兵器R&Dや戦略研究などが、企業への委託政策によって、軍需企業の主導でなされていることが示されているといえよう。そのことを証明するかのように、かつてロッキード社の技術者であったR・オルドリッジは、「今日の兵器システムの多くは、軍事メーカーのほうから国防総省に売り込んだ提案から生まれたものだ[47]」と明言している。

軍需企業が有能な科学技術者を占有することによって、国防総省の持つ「管理の基本機能」を奪い取り、戦略—軍事技術の過程を自らも研究し、逆に国防総省に兵器の採用をせまるまでに至っている事態は巨大な浪費を生み出す基盤ともなっている。

企業は国防総省への新兵器開発の売り込み競争において、性能・経費・完成時間などに関して「楽観論」をふりまき、契約を獲得しようとするのが常である。六〇年代国防予算効率化の理論書となった『核時代の国防経済学』の中で、C・ヒッチとR・マッキーンは次のように指摘している。

「残念なことに、研究開発に従事する会社の間の競争は、現在のところ、主として予備設計preliminary designの段階に集中している。すなわち、〃各会社から新しい兵器体系の開発案を（紙の上での予備設計、という形で）提出させ、それらの案のうちから一つ（もしくはせいぜい二つ）だけを選んで、ひきつづき支持を与える〃というやり方が、各軍共通の慣行になっているのである。その結果、各会社は、争って〃最も魅力のありそうな、最も有望そうな設計図〃をつくることに熱中している。しかし、この種の競争は、楽観と誇張の競争になる場合が、非常に多い。そして誇張の度合が大きい会社ほど、契約を獲得するのである」[48]。

その楽観論は、企業の科学技術者によって「科学的な論証」を与えられる。国防総省はそれを批判的に検討することのできる技術力を奪われているし、企業と結びついた軍事官僚によって、この楽観論受け入れの態勢は強固なものとなる。ここにおいて、一九五〇年代を通じて巨額の軍事契約においては、最初の見積もりを三〇〇―七〇〇%上回る経費を含み、また一九五〇年代、六〇年代において一〇〇億ドル以上の二四の兵器システムにおいて、兵器電子システムの性能が設計通りだったことはほとんどないという事態が生じる[49]。効率性・経済性を追求する立場で推し進められた軍事R&Dの民間委託は、国防総省の科学技術力を解体し、巨大企業に有能な科学技術者の占有を許し、受注競争の中で逆に巨大な浪費を生み出すシステムを作り出したといえよう。

このように、戦略―軍事技術の動きを企業が先取りし、国防総省に採用をせまっていく過程こそが軍需企業における資本蓄積の特徴であると断言してよいであろう。つまり、「〝投資戦略〟が〝軍事戦略〟に影響を与え、その方向を決定している。これがよくいわれている現代の〝産・軍〟結合の特徴である」[50]。これこそ軍事費の下方硬直性なる事態を生じせしめた一つの大きな力なのである。

八〇年代において政府のあらゆる部門で推進された「民間委託」は、このようにすでに五〇年代に政府の軍需部門において遂行されていたのである。そこでは行政の持つ意思決定機能の空洞化さえ懸念されていたのである。

3　軍需調達と予算編成過程

これまでの検討において、巨大軍需企業による戦略―軍事技術過程の先取りと、兵器開発を国防総省に認めさせることが可能となる根拠を示してきた。ここではより具体的に政策決定のあり方を考察し、最終的にいかにして軍事予算の編成が行われているかを検討する。

国防総省に戦略―軍事技術の採用を強制していくというとき、軍需企業は大別して二つの方法で――非公式の方法と公式の方法――それを実行する。

非公式の方法とは、繰り返し批判をされてきた方法である。すなわち、企業は「天下り」した軍事官僚の人的関係を利用して、兵器調達決定に権限を有する現役の軍事官僚を接待したり、企業に将来のポストを約束したりすることによって、国防総省の戦略・兵器R&D計画に関する情報の入手と、自社の兵器売り込みを行うのである。[51]これは受注競争に勝ち抜く手段として企業にとって欠かすことのできないものとなっている。

また公式の方法とは、諮問委員会を利用する方法である。諮問委員会とは戦略や兵器R&Dなどの政策を諮問するために専門家を大学や企業から集めて構成している委員会であり、国防長官事務局や各軍に設置されている。当然のことながら、諮問事項に関して専門的知識をもっている軍需企業の科学技術者もメンバーとなる。

このような事態に対して科学と政府の関係を研究してきたD・プライスは次のような危惧の念を抱いていた。「われわれはすでに、執行部が立法部に優越しているということに頭を悩ませてきた。いまやわれわれは、公選執行部が彼ら自身の行動を真に理解できないのではないのか、われわれが単なるみせかけとなって、その背後に決定を現実に統制する科学者――かれらの多くは専任の公務員でさえなく、その第一次的忠誠は大学または会社に捧げられている――の権力をかくしているのではないかと心配している」。[52]大学や企業の科学技術者が諮問委員として、実質的に政府の政策決定を左右しているのではないかというこの危惧は、軍需企業の科学技術者がその高い技術力・専門的知識を基礎にして諮問委員会でイニシアティブを発揮することを考えるならば当然のことといえよう。

そしてさらに次のような事態に目を向ける必要があろう。それは、国防総省内の政策決定においてR&D関連組織の役割が上昇し、科学技術者の地位と権限が大きくなっていることである。海軍研究局、海軍作戦部準備担当次長、空軍開発担当参謀次長、陸軍参謀室R&D主任官などは、軍の最高司令官に対して独自に助言を行うことが可能となっている[53]。

軍部内での政策決定に科学技術者が大きな影響力を持ち、そしてこの軍部内の科学技術者よりも軍需企業の科学技術者の方が専門性においても優位にあるということは、企業が軍需調達を（広くは国防政策）左右するという事態を生み出す。だからこそ、アイゼンハワーは軍産複合体の不当な影響力を問題にした告別演説で「公共の政策自体が科学上・技術上のエリートのとりこになってしまうという……危険に対して警戒を怠ってはならない[54]」と警告したのである。

次に政策遂行の裏づけとなる予算編成は、いかなる手続きでなされているか検討してみよう。行政府内で予算編成過程に大きな権限を有しているのは予算局である。その権限が国防総省との関係で発揮されたのが一九五〇年度予算編成であった。

一九五〇年度国防総省予算編成において、大統領は国家安全保障会議や統合参謀本部に相談することなく、予算局の助言に基づき一五〇億ドルという歳出限度の上限を設定した。しかし三軍の見積もり合計は三〇〇億ドルであり、予算局の提示した限度枠の二倍にも達するものであった。そこで国防長官フォレスタルは、一六九億ドルに縮小した国防予算を大統領に提出した。しかしその金額が拒否されたため、国防総省は一五〇億ドルを七億七〇〇〇万ドル上回る予算を要求したのであるが、それも拒否された。そして予算局は最終的に一九五〇年度国防総省予算を約一三〇億ドルとしたのである[55]。予算局がその権限と判断により、軍事費に対しても大きな影響力を行使できた時期が存在していたことがわかる。

ところが一九五〇年代後半、ソ連のスプートニク打ち上げ成功による「ミサイル・ギャップ」論が重視されるにつれ力関係はまったく逆転する。一九五九年の主要国防問題に関する公聴会でのスタンス予算局長の次のような証言はそのことを明瞭に語っている。

「スタンス：われわれは通常国防予算に関しては、予算局独自でヒアリングを行うことはしない。そこには時間的問題がある。それゆえにわれわれは、国防長官に対する三軍の要求に関して合同の検閲を行う。この合同検閲は、国防長官事務局と予算局によって行われる。……国防総省予算を検閲するのにわれわれが用いているのは、例外的な手続きである。
ヴィスタル：あなたは許容限度額について語った。許容限度額はどのようにして決定されるのか。
スタンス：国防総省に関して許容限度額といった覚えはない。それは他の機関に適用されるものである。
ヴィスタル：それならば国防総省に対する許容限度額は存在しないのか。
スタンス：国防総省に対しては許容限度額を設定しない。[56]」

ここには国防予算編成における二点の特徴が語られている。①予算の検閲は、他の省庁の場合と異なり、国防総省と予算局の合同検閲である。②予算局は歳出許容限度額を国防総省に対してのみ設定しない。ここにわれわれはアメリカの行財政機構における国防総省の特権的地位を確認できる。問題はなぜ予算局が国防予算のみをこのように例外的に扱うのかということである。この当然の疑問に対して予算局長スタンスは次のような理由を挙げて答えている。

「第一は、国防予算の規模が非常に大きいことである。……第二は、今日、この国でわれわれが持っている最も大きな関心の一つである国防体制の基本的な重要性である。第三は、時間的要因である。国防長官の検閲の後での予算局検閲は多くの時間を必要とするだろう。そのすべてを検閲する時間はない。……第四の理由は、軍の指揮官としての大統領との関係にある。[57]」

予算局長がここに挙げた四つの理由は、突き詰めて考えれば①冷戦下でのアメリカの政治的・軍事的必要が財政的制約をしのいでいるということ、②国防に関する予算局の行政能力が低いということに尽きる。

国防総省予算を特別扱いする第一と第三の理由は、国防予算の規模が大きい、予算検討の時間がないというものであるが、国防費が統制可能な国家予算の八〇%を占めているにもかかわらず、その審査に予算局分析スタッフの一〇%しか携わっていないという現実を見るとき、[58]予算局は国防予算統制を行う意志をもっていないのではないかとさえ思えるのである。

現代の兵器システムが高度な科学的知識と技術に支えられていることを考えると、その予算化にあたっては、それを検討できる専門性が必要とされる。ところが予算局はそれをもっておらず、国防総省の科学技術者に依存しなければ予算を十分に検討できない状況にあり、それゆえに予算局単独では時間不足になるというのが実態であろう。

予算局が国防予算を統制できないとする第二の理由は、国防が戦後アメリカにとって重要事項になったということであった。ここには極めて明瞭に軍事的必要の優位が語られている。また大統領が軍の最高指揮官であるがゆえに、他の省庁に対するように国防総省には対応できないというのが最後の理由であった。しかし一九五〇年度予算編成過程でみたように、大統領自身が予算局のもつ専門性にその財政政策上の判断を依存していることを考えれば、大統領が最高指揮官であるということによって、国防総省に予算編成上の特権を付与する理由はないといわざるを得ない。それにもかかわらず特権が認められているところに、軍事的必要の優位と国防予算を精査する予算局行政能力の低さが示されているといえよう。

アメリカにおいて「軍産複合体」といわれているものの実態は、このような内容をもったものとして理解されるべきであろう。一九五〇年代後半には「大規模な軍事組織と軍需産業の結合」＝「軍産複合体」は、確固としたものとしてアメリカ社会の中に定着していたのである。

以上において予算局と国防総省の関連を検討し、五〇年代後半における国防総省優位の構造を明らかにしてきたが、予算編成過程に関してもう一つ触れておくべきは、三軍の予算と国防総省予算との関連である。

予算要求にあたって三軍は軍全体としての統一性や効率を考慮することなく、各々独自に兵器調達計画を作成していた。しかしながらこのような軍事予算作成方法では、ますます高度化する新兵器によって、軍事費がコントロール不可能な状態となる。とりわけミサイル・ギャップが喧伝されて以降、三軍はB-70爆撃機、アトラスミサイル、タイタンミサイル、ポラリス潜水艦など、重複を考えることなく各軍独自の兵器調達を行おうとしたのである。このような提案に対して国防長官は、各軍から要請のあった予算を管理する手段を持ち合わせていなかった。(59)

そこで一九六一年におけるマクナマラの国防長官就任を機に、国防総省予算を三軍の寄せ集め予算としてではなく、一つの省として統一的で効率的な予算にしようとする動きが始まった。予算作成手法として［三軍別計画(Planning)―任務別計画（Programming）―予算編成（Budgeting）］というシステム（System）が導入された。既存の三軍別計画と予算編成の間に〝任務別計画〟という新たな機能を挿入することによって、予算編成につながる権限を国防長官の下に集約し、統一的・効率的な予算を実現しようというものであった。(60)これが行財政効率化手段として注目を浴びることになったＰＰＢＳである。

このような行財政効率化への動きそのものが、軍事官僚機構と軍需産業の結びつきによる軍事費肥大化メカニズムの存在を示しているといえよう。

4　軍産複合体分析の射程

(1)　R＆Dと人的資源政策

これまで［戦略―軍事技術―軍事予算―軍需発注―軍需会社］の関連の中で、軍産複合体の経済的関係を分析してきた。そこでは国防総省と軍需産業の関連が、兵器のＲ＆Ｄと調達をめぐって密接で強固な利害を共有していることを明らかにしてきた。しかし、いわゆる「軍産複合体」といわれるものの影響はアメリカにおいてより一層の広がりをもっている。それは「安全保障」がもつ包括性であり、「狭義の軍事」を超えて「広義の軍事」、すなわちアメリカの技術力あるいは経済力一般の水準を引き上げることが、アメリカの安全保障を確保する上で必要不可欠であると見なすからである。軍事というものが総力戦であるということから考えれば、これはある意味で当然のことである。

そこで問題は、経済力を支える技術開発力の水準をいかに引き上げるか、あるいはＲ＆Ｄの遂行が成果をあげうる体制をいかにして作り上げるかということが課題になる。ゆえにＲ＆Ｄの担い手である科学者・技術者の育成が問題となる。

アメリカにおいて、国家レベルでＲ＆Ｄと人的資源の関連が最も明瞭に意識され、政策として具体化されたのは一九五八年の「国防教育法」においてであった。一九五七年にソビエトがスプートニクの打ち上げに成功し、そのことによってアメリカはソビエトの科学技術水準に脅威を持った。その「スプートニク・ショック」あるいは「ミサイル・ギャップ」に促迫されて、「国防教育法」は制定されたのであるが、同法はその目的を次のように規定している。

「議会は、ここに青年男女の知能及び技能の涵養が国家の安全を図る上に必要であることを認め、かつ、宣言する。現下の緊急事態は、より多くの、かつ、より適切な教育の機会が活用されることを必要としている。わが国の防衛は、複雑な科学原理から発展した近代技術の習得にかかっている。またそれは、新しい原理、新しい技術および新しい知識の発展および発見にかかっている。

われわれはわが国の人材をより多く見いだし、教育するため一層努力しなければならない。そのためには、有能な学生は何人も財政困難の理由で高等教育を受ける機会を失うことがないように保障する計画を立てなければならない。……。

議会は、州および地方公共団体が教育に対して監督を行い、第一次の責任を負う原則を再確認し、かつ、宣言する。しかし、国防上重要な教育に関する計画に対して、連邦政府が補助金を与えることは、国家の利益を図る上で重要である。

現下の教育上の緊急事態に対処するためには、政治のあらゆる分野における、より一層の努力が必要とされる。したがって、この法律の目的は、合衆国の必要に答えるに足る資質を備えた人材の訓練を確保するために、各種の十分な援助を個人、州およびその付属機関に与えることである。[61]」

ここには、ソビエトの科学技術水準に遅れをとることは、アメリカの国家安全保障上の脅威であり、安全保障の水準を引き上げるには、高等教育における人材育成が不可欠であり、そのために多くの有能な若者が高等教育を受けることができるようにしなければならないと明言されている。

この法律は、アメリカの安全保障を支える科学技術水準を高めるための人材育成を目的に制定され、財政的裏づけをもった強力な科学技術者育成策として登場した。これにより、教育への連邦の積極的関与が始まることになる。

この法律は全一〇章からなっている。そしてその「第四章 国防のための特別研究費」において、「局長は、本条に定める大学院計画による研究を許された個人に対して、本章に基づく特別研究費を授与するものとする」(四〇三条)と規定し、これをフェローシップ(Fellowship, 授業料免除や奨学金の形態で直接学生に与える援助)と呼んでいる。

大学院教育への連邦援助は、このフェローシップ以外にも拡充された。それはトレーニーシップ(Traineeship, 個々の学生への援助ではなく、トレーニングプログラムに対する援助)、フェデラル・リサーチ・グランツ(Federal research grants, リサーチ・アシスタントシップによる院生への援助)、インスティテューショナル・グラント(the institutional grant, 教育環境改善への補助)である。一九五八年以前の大学院教育に対する連邦政府の主要な援助がリサーチ・アシスタントシップのみであったことを考えれば、格段に進んだ研究環境整備である。トレーニーシップは、国防教育法成立後、大統領科学諮問委員会の勧告を受けてNSF(全米科学財団)、NIH(国立衛生研究所)、NASA(全米航空宇宙局)、AEC(原子力委員会)などがフェローシップとともに制定したものである。(62)

この中でとりわけ人材育成において大きな役割を果たしたのは、フェローシップとトレーニーシップであった。表1-10はこの二つの受給者数の推移を見たものである。一九六一年の博士号取得以前の受給者は五四四五人であり、ピーク時の一九六九年にはその数三万四一〇〇人に上っている。この結果は博士号の取得に影響を与え、図1-6見るように、この時期に博士号の取得者数も急増した。七〇年代の減少は、一九七三年に国防教育法フェローシップの段階的廃止が決定されたためであり、またベトナム反戦運動の中で、反技術主義の風潮が広まり、学部でも大学院でも学生数が大幅に減少したことを反映している。

表1-10　フェローシップおよびトレーニーシップの推移

会計年度	総　計	数　学	物　理	工　学	生物学	社会科学
1961	5,445	629	1,273	638	1,782	1,123
1962	9,245	852	1,684	860	3,911	1,938
1963	11,224	899	1,955	1,050	4,940	2,380
1964	12,757	1,024	2,461	1,402	5,337	2,533
1965	16,683	1,211	2,974	3,092	6,329	3,077
1966	21,929	1,824	4,353	4,190	7,536	4,026
1967	28,895	2,598	5,424	4,784	9,250	6,839
1968	33,901	3,024	5,960	5,507	10,161	9,249
1969	34,100	2,734	5,776	5,058	10,882	9,650
1970	30,646	2,006	4,459	4,323	11,182	8,676
1971	26,694	1,073	4,071	3,540	9,669	3,341
1972	23,579	776	3,212	2,953	8,851	7,787
1973	19,335	447	1,893	1,938	8,114	6,943
1974	13,084	343	1,183	1,225	6,111	4,222
1975	10,787	208	592	715	6,098	3,174

出所：Office of Technology Assessment, *Demographic Trends and the Scientific and Engineering Work Force*, 1985, p. 48.

アメリカ国内での人的資源の有効活用・再生産が以上のようにして強化されたとすれば、さらにこれに加えて、アメリカの科学技術者の再生産を考える上で欠かせないのは、外国人科学技術者のアメリカへの移住である。各国はこれをアメリカへの「頭脳流出」として把握し、自国の教育成果のアメリカへの移転であり、アメリカとの技術格差の固定化要因であるとして問題としてきた。アメリカは教育投資を行うことなく、その「成果」のみを労働市場を通じて取得できるわけである。アメリカは労働市場を世界的レベルへ拡大し、世界各国の科学者や技術者をアメリカへ集中させることができたのである(63)。

このように科学技術政策のなかでも人的資源政策をアメリカは積極的に採用してきた。この影響は軍需産業を超えて、アメリカのR&Dおよび産業全体に影響を及ぼ

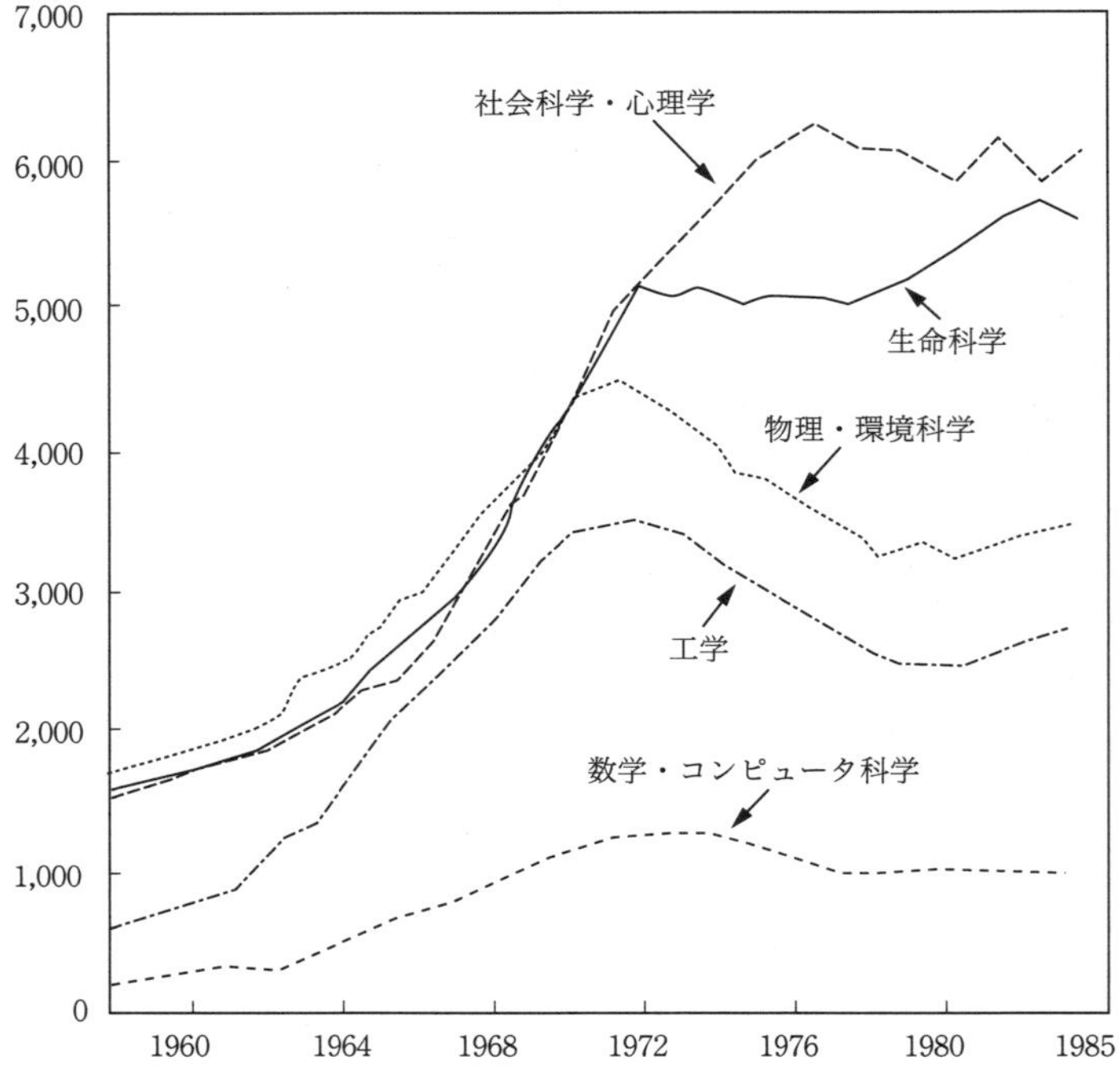

出所：表 1-10 と同じ，p. 43.

図 1-6　博士号取得者の推移

すものである。

(2)　「産業政策」と「経済成長政策」

安全保障にその政策的根源をもちながらも、政策的影響が経済全体に及ぶことになるのは人的資源政策だけではない。アメリカの航空宇宙や半導体やコンピュータなどの産業は、軍事的な視点から育成されながらも、その発展は産業全般に大きな影響を与えてきた。それゆえに安全保障にかかわる産業をどのように育成・発展させるかということは、冷戦下の政治的・経済的課題であった。南克巳氏はそのような視点から政府と産業の関連を分析した。

南氏は、第二次大戦後の冷戦下で政府によって育成された航空宇宙産業・エレクトロニクス産業・原子力産業を従来の重化学工業と区別して「IB」として把握した。このような産業は、鉄鋼や自動車等の在来産業に比較して、R&D支出が多く、従業員にしめる科学技術者の比率が高く、またR&D支出の圧倒的部分が国防総省から支出されているという特徴を有している。これらＩＢ産業は、政府によって上から、すなわち軍事的必要によって創出された産業であることを氏は明らかにした。これは「政治」と「経済」の関連を産業論的に分析したものであり、氏の分析の特徴は、この政治の論理を経済の論理に結びつけたことにあり、またアメリカ型「産業政策」を明らかにしたものといえよう。

確かにアメリカのコンピュータや半導体産業はその生成期において、その販売の圧倒的部分を軍需市場に依存していた。それゆえに南氏が「軍事基幹部門をI-Bとして一括し、再生産論的にＩＭ（軍用生産手段部門）とIIＭ（軍需品部門）とに分割していないのは、簡略化ということのほかに、なお現段階の恒常的軍需基幹部門が在来の「動員」戦略下でのそれにたいして示す一特徴をなす、「民需」生産部面とは隔結（むしろ不連続ともいうべき）精密・高度生産力および膨大な研究開発中枢部としての側面を、とくに考慮してのことにすぎない[64]」と述べているのは理解できる。しかしながらその後、コンピュータ産業や半導体産業の軍需市場への依存度は小さくなり、民需市場への依存度をますます高めていくことになるのであり、軍需生産部面と民需生産部面の「隔結」「不連続」は、その後大きく変容していくことになる。その後の展開は、軍需と民需の関連を検討することを求めている。

アメリカにおいては政府が産業の盛衰に関与する「産業政策」は存在しないといわれているが、安全保障＝軍事政策の一環として、実質的に国防総省が産業政策を行ってきたことを多くの研究者は認めている。その意味で、アメリカで日本の通産省ともっとも似ている省庁は国防総省であるとも指摘されている。安全保障にとってのハイテク産業の重要性を考えると、ハイテク産業の衰退はアメリカの安全保障を脅かすものとして位置づけられる。そこからハイテク産業をいかにして強化するかが「産業政策」として浮上することになる。生成期において軍需への依存で発展したこれらの産業は、民需市場への依存を高めながらも、民需市場での競争力を維持・回復する上で再び安全保障という視点から政府へ依存する可能性をもっている。

ことはさらに軍事技術と民生技術の相互利用の問題にまで波及する。両者の関連を分離した状態にしておくのか、それとも相互浸透の水準を引き上げる政策に政府がかかわるのかが問われることとなる。

ところで右のようなアメリカ経済分析は、アメリカの経済変動といかなる関連をもっているのであろうか。南氏は、「国家独占的＝軍事的統体の維持・再生産の必要と、他方それを支える経済循環プロパーとのあいだの矛盾・対抗へと発展する」(65)という形で、戦後アメリカ経済の矛盾を把握している。つまり、航空宇宙産業やエレクトロニクス産業、原子力産業の維持・再生産をアメリカの経済力が支えきれなくなると指摘しているのである。しかし南氏のこの指摘を「軍需インフレ」論としてのみ狭く理解すると、その後のアメリカ経済の展開と齟齬をきたすことになる。

問題は次のように理解すべきであろう。軍事戦略的に「常時即応戦略」を採用している限り、一定の軍事水準を絶えず維持しておくだけではなく、相手の軍事技術水準への対応の必要から軍事レベルの維持・更新が求められるが、これはどのようにして可能だろうか。両大戦や朝鮮戦争時の「動員戦略」の場合には、政府は国民に増税を求め、そのことによって軍事態勢を一時的に強化することができた。しかし冷戦下とはいえ、「平時」にそのような増税に対する承認をうることは難しい。それゆえ、そこから導き出されるのは「経済成長政策」である。経済成長は増税を行うことなく税収を確保し、軍事機構の維持を可能とし、さらに国民の生活水準を引き上げ、そのことによって内外の政治的・経済的対立を解消する手段を提供する。冷戦下では、軍事だけでなく国民生活の水準も体制間競争の対象なのである。アメリカが経済成長を強く志向する理由はここにある。だとすれば、冷戦に規定されたアメリカ経済の矛盾を「軍需インフレ」として狭く把握するのではなく、「経済成長」を追い求めるアメリカ政府の政策が、どのような結果をアメリカ経済にもたらすことになるかという視点から研究することが必要であり、そのことによってアメリカ経済の動態はよりよく理解できるはずである。このことを次章において検討してみよう。

注

(1) 以上については次の文献を参照されたい。岡倉古志郎「アメリカの政治体制」(アメリカ学会編『原典アメリカ史 第六巻』岩波書店、一九八一年、所収)、横田茂『アメリカの行財政改革』有斐閣、一九八四年、山田浩『核抑止戦略の理論と歴史』法律文化社、一九七九年。

(2) *Statistical Abstract of the United States*, 1963, p. 625.

(3) Neil H. Jacoby and J.A. Stockfish, "The Scope and Nature of the Defense Sector of the U.S. Economy," in J.A. Stockfish (ed.), *Planning and Forecasting in the Defense Industries*, 1962, p. 4.

(4) Dwight D. Eisenhower, "Farewell Radio and Television Address to the American People," in *Public Papers of the Presidents, Dwight D. Eisenhower 1960-61*, 1961, p. 421. (邦訳、小原敬士編『アメリカ軍産複合体の研究』日本国際問題研究所、一九七三年、二一五ページ)。

(5) 島恭彦『軍事費』岩波書店、一九六六年、三七ページ。この視点を引き継いだ包括的な研究としては次の文献を参照。坂井昭夫『軍拡経済の構図』有斐閣、一九八四年。

(6) Report of the Subcommittee on Defense Procurement to the Joint Economic Committee, *Economic Aspects of Military Procurement and Supply*, 86th Cong., 2nd Sess., 1960, p. 24.

(7) 契約関係から軍産複合体の分析を行った研究として次の文献が有益であり、本章も多くのことを学んでいる。片岡寛光「政府と民間企業の契約関係―アメリカ合衆国における二つのモデルと「軍産複合体」―」(小原敬士編、前掲書所収)、池上惇『現代資本主義財政論』有斐閣、一九七四年、第二部「軍事的開発過程の財政支出」。

(8) J. Stefan Dupré and W. Eric Gustafson, "Contracting for Defense : Private Firms and the Public Interest," *Political Science Quarterly*, Vol. LXXVII, June 1962, p. 162.

(9) Richard F. Kaufman, *The War Profiteers*, 1970, pp. 102-103.

(10) J. Stefan Dupré and W. Eric Gustafson, *op. cit.*, pp. 165-167.

(11) Report of the Subcommittee on Defense Procurement to the Joint Economic Committee, *op. cit.*, p. 50.

(12) *Ibid.*, p. 95.
(13) W.L. Baldwin, *The Structure of the Defense Market 1955-1964*, 1967, p. 9.
(14) Victor Perlo, *Militarism and Industry*, 1963, pp. 35-37.（清水嘉治・太田譲訳『軍国主義と産業』新評論、一九七〇年、四五－四八ページ）。
(15) Dean Francis Pace, *Negotiation and Management of Defense Contracts*, 1970, p. 214.
(16) Clarence H. Danhof, *Government Contracting and Technological Change*, 1968, p. 162.
(17) 金田重喜「アメリカにおける軍需産業の実態」『世界経済評論』一九六三年一〇月、一二七ページ。
(18) Report of the Subcommittee on Defense Procurement to the Joint Economic Committee, *Impact of Military Supply and Service Activities on the Economy*, 88th Cong., 1st Sess., 1963, p. 23.
(19) Merton J. Peck and Frederic M. Scherer, *The Weapons Acquisition Process : An Economic Analysis*, 1962, pp. 98-99.
(20) Robert J. Gordon, "$45 Billion of U.S. Private Investment Has Been Mislaid," *The American Economic Review*, Vol. LIX, June 1969, p. 226.
(21) *Ibid.*, p. 227.
(22) Seymour Melman, *Pentagon Capitalism*, 1970, pp. 232-233, Appendix A.（高木郁朗『ペンタゴン・キャピタリズム』朝日新聞社、一九七二年、三五九－三六〇ページ）。
(23) Merton J. Peck and Frederic M. Scherer, *op. cit.*, pp. 98-99.
(24) Materials Prepared for the Subcommittee on Defense Procurement of the Joint Economic Committee, *Background Material on Economic Aspects of Military Procurement and Supply*, 86th Cong., 2nd Sess., 1960, p. 158.
(25) *Ibid.*, p. 131.
(26) Victor Perlo, *op. cit.*, p. 99.（前掲邦訳、一二七ページ）。
(27) Commission on Organization of the Executive Branch of Government, *Research and Development in the Government*, 1955, p. 16.
(28) 島恭彦、前掲書、三七－三八ページ。
(29) Merton J. Peck and Frederic M. Scherer, *op. cit.*, p. 350.

(30) Jacques S. Gansler, *The Defense Industry*, 1982, p. 102.

(31) Merton J. Peck and Frederic M. Scherer, *op. cit.*, p. 162.

(32) *Ibid.*, p. 161.

(33) *Ibid.*, p. 170.

(34) 島恭彦氏は現代資本主義国家の社会経済的機能を明らかにする方法として、経費・政府雇用・政府資産の三側面からの国家機能への接近を提起している。そして軍事技術の高度化によって、軍事雇用におけるシビリアン増大が進展していることを指摘している。（島恭彦『現代の国家と財政の理論』三一書房、一九六〇年、七四－七五ページ）。氏の指摘をもう一歩前進させるには、政府と企業の両部門にまたがって存在する科学技術者の相互関連を検討する必要がある。

(35) National Science Foundation, *Scientific and Technical Personnel in the Federal Government 1959 and 1960*, 1962, p. 6.

(36) Defense Advisory Committee on Professional and Technical Compensation, *Report of the Defense Advisory Committee on Professional and Technical Compensation*, Vol. II, 1957, p. 4.

(37) *Ibid.*, p. 4.

(38) 人事院事務総局管理局法制課『米国公務員制度概要』一九五七年、一三一－一三七ページ。

(39) Samuel P. Huntington, *The Soldier and the State*, 1957, p. 365.（市川良一訳『軍人と国家（下）』原書房、一九七九年、九四ページ）。

(40) 一九五九年には、国防総省から軍需契約額上位一〇〇社への転職者数は七二一名であったが、この中に科学技術者も含まれている（William Proxmire, "Retired-Ranking Military Officers Employed by Large Contracts," in Herbert I. Schiller and Joseph D. Phillips (ed.), *Super State : Reading in the Military-Industrial Complex*, 1970, pp. 73-74）。

(41) Merton J. Peck and Frederic M. Scherer, *op. cit.*, pp. 92-93.

(42) Defense Advisory Committee on Professional and Technical Compensation, *op. cit.*, p. 70.

(43) Merton J. Peck and Frederic M. Scherer, *op. cit.*, p. 91.

(44) Bureau of the Budget, *Report to the President on Government Contracting for Research and Development*, 87th Cong., 2nd Sess., 1962, p. 4.

(45) *Ibid.*, p. 5.

(46) *Ibid.*, p. 8.
(47) R・C・オルドリッジ、服部学訳『核先制攻撃症候群』岩波書店、一九七八年、一三ページ。
(48) Charles J. Hitch and Roland N. Mckean, *The Economics of Defense in the Nuclear Age*, 1960, p. 251.（前田寿夫訳『核時代の国防経済学』東洋政治経済研究所、一九六七年、三五九ページ）。
(49) Sidney Lens, *The Military-Industrial Complex*, 1970, p. 4.（小原敬士訳『軍産複合体制』岩波書店、一九七一年、五ページ）。
(50) 島恭彦、前掲書、一六ページ。
(51) Merton J. Peck and Frederic M. Scherer, *op. cit.*, p. 242.
(52) Don K. Price, *The Scientific Estate*, 1965, p. 16.（中村陽一訳『科学と民主制』みすず書房、一九六九年、一六ページ）。
(53) Don K. Price, *Government and Science*, 1954, p. 174.（中村陽一訳『政府と科学』みすず書房、一九六七年、一六一ページ）。
(54) Dwight D. Eisenhower, *op. cit.*, p. 421.（前掲邦訳、二一五ページ）。
(55) Samuel P. Huntington, *op. cit.*, pp. 445-446.（前掲邦訳、一七〇－一七一ページ）。
(56) Hearings before the Preparedness Investigating Subcommittee of the Committee on Armed Services, *Major Defense Matters*, Part 2, U.S. Senate, 86th Cong., 1st Sess., 1959, pp. 210-211.
(57) *Ibid.*, p. 242.
(58) Richard F. Kaufman, *op. cit.*, p. 153.
(59) J. Ronald Fox, *Arming America : How the U.S. Buys Weapons*, 1974, pp. 93-94.
(60) Charles J. Hitch, *Decision-Making for Defense*, 1965, p. 30.（福島康人訳『戦略計画と意思決定－ＰＰＢＳとシステムズ・アナリシス』日本経営出版会、一九七一年、五九ページ）。
(61) National Defense Education Act of 1958.（平塚益徳監修『増補改訂 世界教育辞典 資料編』ぎょうせい、一九八〇年、九二一－一〇〇ページ）。
(62) Office of Technology Assessment, *Demographic Trends and the Scientific and Engineering Work Force*, 1985, pp. 44-46.
(63) Walter Adams (ed.), *The Brain Drain*, 1968.（笠井章弘訳『頭脳の国際移動－これからの人的資源政策－』ダイヤモンド社、一九七一年)。
(64) 南克巳「アメリカ資本主義の戦後段階―若干の基礎指標」『土地制度史学』第四五号、一九六九年、七五ページ。
(65) 南克巳「アメリカ資本主義の歴史的段階」『土地制度史学』第四七号、一九七〇年、二五ページ。

第二章　成長志向財政とニュー・エコノミクス

1　新しい財政政策の登場

(1)　ニュー・エコノミクスの枠組み

一九四六年に成立した「雇用法」は、「最大の雇用や生産、購買力の促進を、連邦政府の継続的政策および責任」とした。しかし終戦から五〇年代に至る時期は、戦間期に抑制されていた民需が拡大し、さらに冷戦の開始によって軍需も拡大し、そのようにして雇用と生産そして購買力は拡大したのである。雇用法によって連邦政府に課された責務が、経済政策として明瞭な形をとったのはケネディ政権以降と考えることができる。そのことを検討してみよう。

ケネディ＝ジョンソン政権期（一九六一年一月―六九年一月）の経済政策が、〝ニュー・エコノミクス〟と名付けられたケインズ的経済理論によって運営されてきたことは周知のところである。そして一九六〇年代の経済的繁栄（「黄金の六〇年代」）は、このニュー・エコノミクスの現実社会への適用の成功例として評価されることが多い。

ケネディ政権の経済諮問委員長を務めたW・ヘラーや同委員であったJ・トービンらは、新しい経済理論を政策として実現する上で、大統領に対する経済学教育が重要であったことを強調している。(1) そもそもニュー・エコノミクスそれ自体は、理論としては学界において目新しいものではなかったし、現実の政策運営においてもすでにスカンジナビア諸国やイギリスやオランダなどで採用されていた経済政策なのだと。それゆえ、このケインズ的経済政策をアメリカの現実の政策運営の中へ導入すること、これこそがニュー・エコノミクスの役割であったというのである。

しかし政権に携わる人々、とりわけ大統領が新しい経済理論を学び、理解することによって、新しい経済政策が採用されていく。そのような過程として現実の政策決定プロセスを把握することは、現実の政治的・経済的利害関係とその交錯から生じる〝方向づけられた政策選択〟という分析視角を失うことを意味する。

ニュー・エコノミクスの現実社会への導入プロセスを理解しようとするならば、次のことが問われねばならない。ケネディ政権がアイゼンハワー政権から引き継ぐことになった政治的・経済的課題とは何であったのか。そして、その課題に対処するためにケネディはいかなる理論と政策を採用せざるを得なかったのか。このような歴史的文脈を問うことによって、ニュー・エコノミクスが学界の中から、現実政治の中へ導入されることになった理由も理解できるはずである。

アメリカの財政政策の研究においては、これまでケインズ的財政政策の視点からする研究が支配的であった。これに対して、「戦後の各政権期の政策体系あるいは現実の政策展開においてケインズ的な景気対策や経済成長促進という政策課題はあまり大きな規定性を有していなかった」(2) とし、それらよりもむしろ、アメリカの「基軸国としての役割」と「福祉拡充傾向」こそが政策課題として大きな規定性を有していたと主張する研究者もいる。その際、とりわけ後者の「福祉拡充傾向」に決定的重要性を付与している。

本章では覇権国としての地位の維持、および国内の政治的経済的利害調整という政策課題を遂行する上で中心

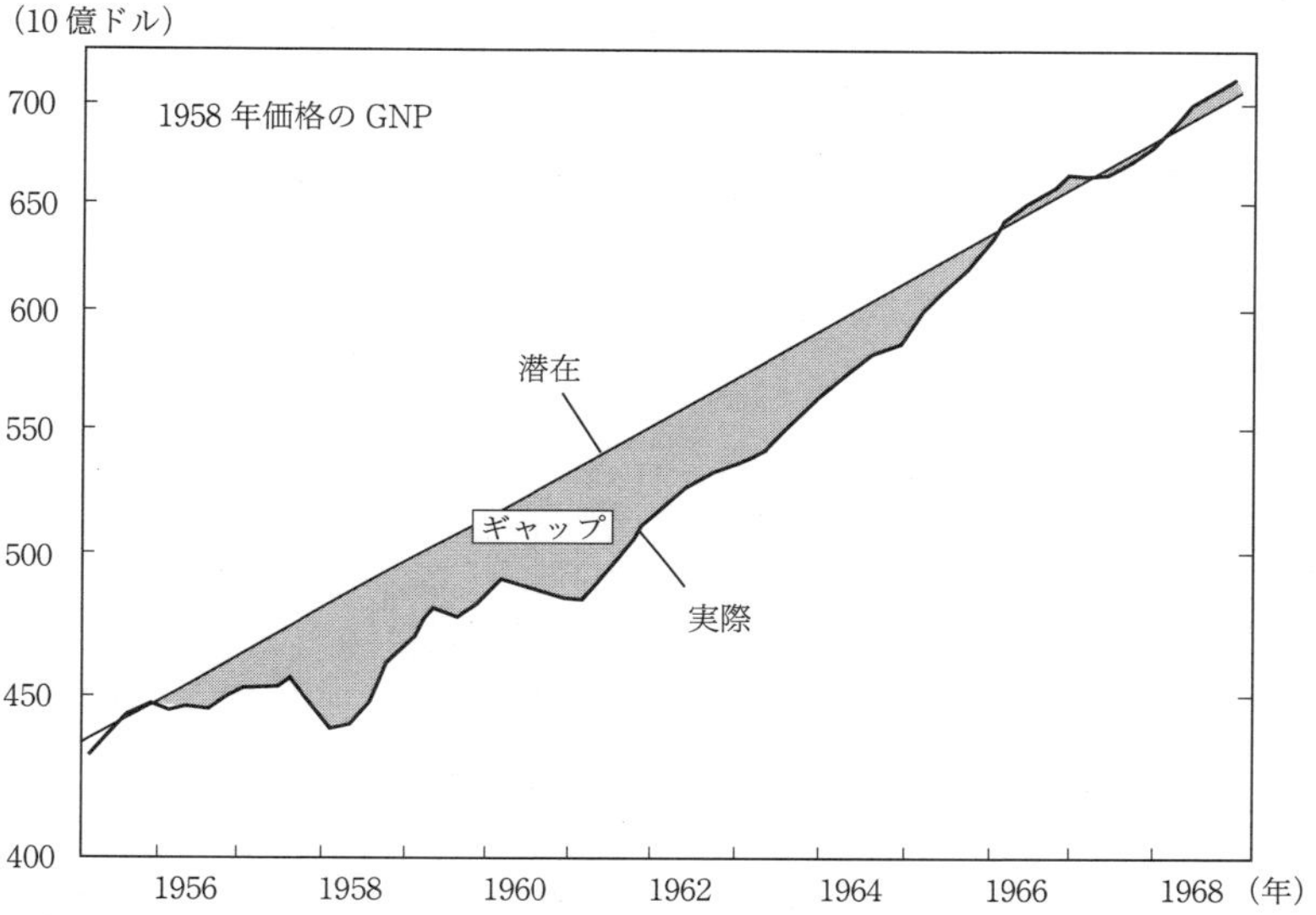

出所：*Economic Report of the President,* 1969, p. 65.

図 2-1 潜在 GNP と実際の GNP

的役割を担ったのは、経済成長促進的経済政策であり、ケネディ政権以降の経済政策や財政政策においては、経済成長促進的政策こそが、「大きな規定性を有していた」と考えている。(3)

一九六〇年代中葉から始まった「大砲もバターも」（ベトナム戦争と貧困との戦い）の時期を経て、六〇年代末のインフレーションの形成と定着に至る事態は、実はニュー・エコノミクスによる経済成長促進政策の採用という視点から接近してはじめて理解しうると考えるからである。以下具体的に検討してみよう。

アメリカ経済は一九六一年の初頭から六九年一月まで、最長の景気拡大期間であった第二次大戦中の八〇カ月を大幅に凌ぎ、九五カ月にも及ぶ景気拡大を続けていた。戦後の景気拡張期間を長い順に取り上げても四五カ月、三五カ月、二五カ月にすぎず、これと比較してケネディ＝ジョンソン政権期の九五カ月間の景気拡大というのは群を抜く実績であった。(4) またGNPを見ると、アイゼン

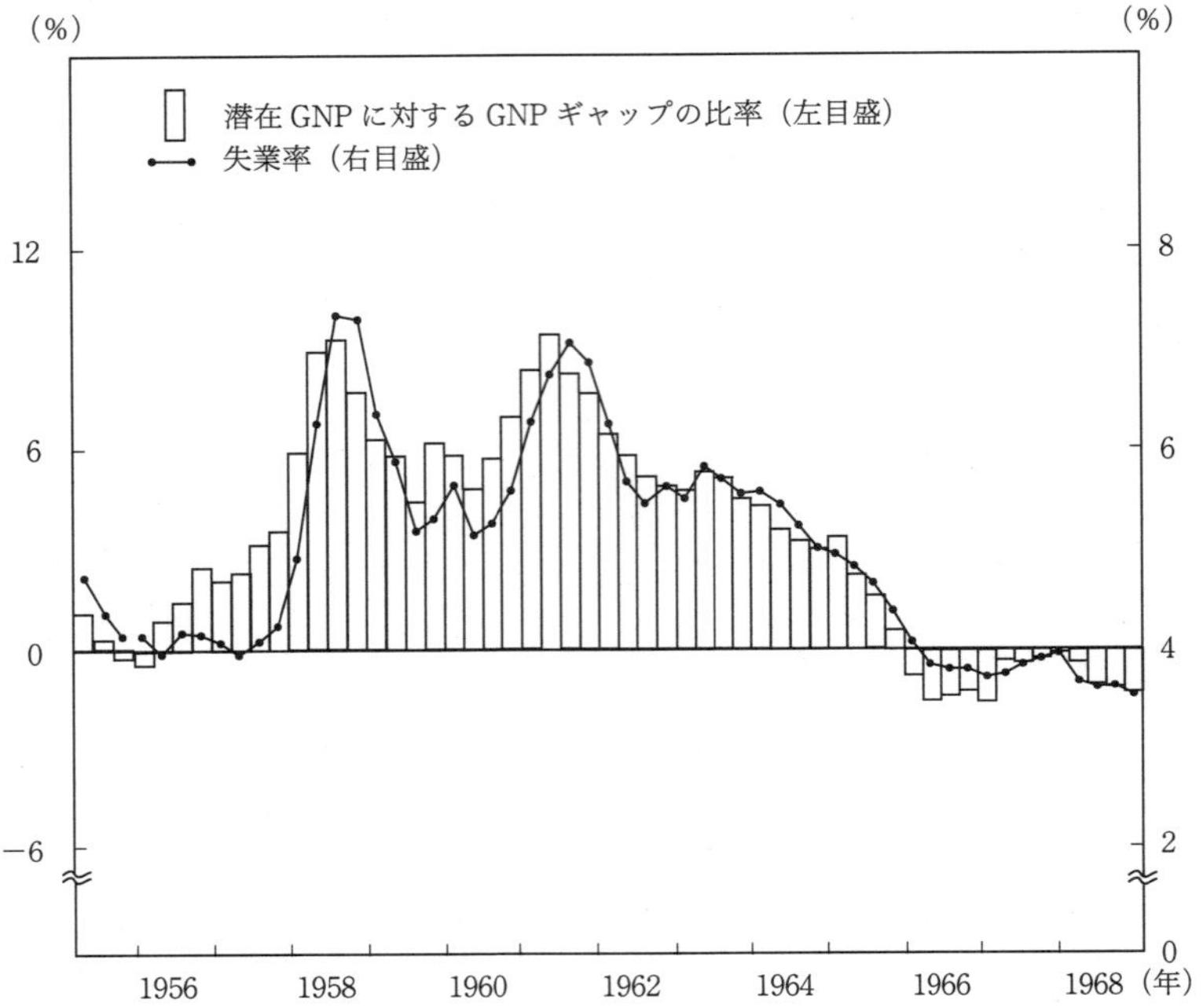

出所：図 2-1 と同じ.

図 2-2　GNP ギャップと失業率

ハワー政権八年間の年平均GNP伸び率は二・五%にすぎなかったのに対し、ケネディ＝ジョンソン政権の八年間は、その二倍以上の年率五・二%の高い伸びを実現していた。図2-1はGNPの伸びを、図2-2は失業率の推移を一九六八年末まで見たものである。これを見てわかるように、一九六一年以降の経済は成長を続け、失業率は下落し、一九六五年には目標水準の四%に達していた。これらはまさに〝黄金の六〇年代〟を象徴する経済指標といえよう。そしてこの経済実績があったればこそ、ニュー・エコノミクスは高い評価を得ることになったのである。

それでは、アイゼンハワー政権期の二倍以上の経済成長を可能としたこのニュー・エコノミクスの〝新しさ〟とは一体どこにあったのだろうか。トービンは、ニュー・エコノミクスの特徴を次の五点にあるとしている。①景気循環は避けがたいものではない。政府は目標とした失業率の経済成長経路に経済をもっていくことができる。②経済目標のため財政政策を自由に活用する。③マクロ経済目標の実現のために、財政政策と同様通貨政策を活用する。④成長志向経済政策の立場をとる。⑤完全雇用の目標として、失業率を四％とする。[5]

ここに挙げられている五点は、それぞれ別々のものではなく、密接に関連しあっている。その関連を理解するために第一に指摘しておきたいのは、ニュー・エコノミクス以前、とりわけアイゼンハワー政権期に、〝景気循環〟の存在が経済政策の出発点におかれていたということである。景気循環は企業だけでなく政府の思考と行動にも大きな影響を与えていた。そこでは、景気循環は避けがたいものであり、ゆえに政府の仕事は景気の動向を正しく予想し、景気変動の振幅を緩和することにあると考えられていた。だがニュー・エコノミクスはこのような〝循環心理〟を、完全雇用政策を遂行する上での大きな障害とみなしたのである。なぜなら景気循環論的立場では、たとえ生産資源が不十分にしか利用されておらず、また経済が完全雇用状態からはるかにかけ離れている状況にあったとしても、景気が上昇局面期にある場合には、政府は経済刺激策を採用すべきでないと判断されることになるからである。ヘラーはそのことを次のように指摘している。「繁栄していることと経済が上昇していることをとかく混同しがちな伝統的な考え方は産出ギャップがまだ大きく残っているうちに、つまり、完全雇用にはまだほど遠いうちに、財政政策に対して経済刺激作用の停止を求めるあやまったシグナルを送った[6]」。

そこでニュー・エコノミクスはこの循環心理にもとづく政策を打ち破るため、生産資源の利用度を定め（例えば失業率四％）、そのことによって成り立つGNPを「潜在GNP」とする概念をつくりあげ[7]、潜在GNPの経済成長経路に現実の経済を近づけるという経済目標を基準に、政府の政策の適否を判断するという新たな基準を作りあげたのである。そしてそこに自らの合理的判断の基礎をおいたのである。

伝統的経済学のもっている欠陥に対するニュー・エコノミクスの批判は決して根拠のないものではなかった。それを理解するために、アイゼンハワー政権期の有名な〝景気判断の誤り〟を一例としてあげることができよう。一九六〇年一月に大統領経済諮問委員長を務めていたA・バーンズは、政府が景気を刺激するなんらかの政策をとらなければ景気は後退し、大統領選挙直前の一〇月に経済は悪化しているだろうと判断した。しかし景気刺激策が必要というバーンズの提案は次の二つの理由で受け入れられなかった。第一に、他のエコノミストがバーンズのように六〇年の経済を弱気には見ていなかったこと。第二に、財政金融政策を景気刺激策として使うには、景気の後退がもっと明瞭でなければできないという考えがあったこと。結果的にバーンズの助言とそれに同調したニクソン（当時副大統領であり、ケネディと大統領選挙を戦っていた）の提案は大統領のアイゼンハワーには受け入れられなかった。景気はバーンズの予想通り一〇月には悪化した。この景気の後退によってニクソンは、ケネディとの選挙戦で不利な立場に追い込まれることとなったのである。後にニクソンは、一九五九年から一九六〇年の緊縮的財政政策は誤りであったと述べることになる(8)。

すなわち、景気循環論に立脚するエコノミストは、景気の局面をいかに判断するかで意見が食い違う可能性が高く、それゆえに景気刺激策導入の是非に関する判断基準が、ニュー・エコノミストほどに明瞭ではないのである。これは景気循環を政策の根底におく経済政策の宿命といえよう。これに対して、潜在GNPを基準に経済運営を行うニュー・エコノミクスにおいては、経済学者たちの意見の不一致は極めて少なく、ゆえにより合理的に見えるのであった。ここに伝統的経済学にない一つの〝新しさ〟を見ることができよう。

第二に指摘しておきたいことは、財政赤字についてである。財政赤字をタブー視する考えが、アイゼンハワー政権において存在したのは事実だが、しかしアイゼンハワーも絶対的財政均衡論者であったわけではない。確かに彼は均衡予算を強調しはしたが、それをあらゆる他の経済目標に優先させるべきものだとは主張しなかったし、実際そのような行動もとらなかった。彼は一九五七年から五八年の不況期には政府支出の増大を認め、それが五八および五九会計年度の赤字の増大につながったのである。(9) しかし先に見たように、六〇年度予算に関しては、彼は経済刺激的財政政策を採用すべき時期ではないと判断した。

このような政策運営から言えることは、アイゼンハワーのような景気循環論的立場からする政策運営は、景気の局面判断において潜在GNPのような客観的指標を持たないがゆえに、景気の悪化が極めて明瞭である場合以外は、どうしても均衡論的財政政策に傾斜することになりがちだということである。また、終戦直後と朝鮮戦争時のインフレ体験がそのような傾向を増幅させているとも言えよう。景気循環論的発想と異なる理論的枠組みが提供されない限り、財政均衡への志向が強く存在するのは当然なのである。そしてこの景気循環論を政策策定の基礎から取り除く役割を果たしたのが、ニュー・エコノミクスの「潜在GNP」概念だったことはすでに見た通りである。

ニュー・エコノミクスは、潜在GNPを補完する財政面における新概念として「完全雇用予算」と「完全雇用余剰」を導入した。これは潜在GNPが実現された時点で予算均衡が実現すればよいとする考えに基づいている。このことを政策判断の基準にし、ある時点での財政政策がどの程度抑制的か、あるいは拡張的かを判断しようとしたのである。例えばこれに基づいてアイゼンハワー政権における一九六〇年度予算の二七億ドルの黒字を、抑制的な一二五億ドルの完全雇用余剰と見積もったのである。(10) ニュー・エコノミクスは潜在GNPと現実のGNPのギャップが存在する限り、財政赤字の状況にあっても、また景気の上昇期であっても景気刺激策を必要と判断するのである。そして潜在GNPが達成されたときに実現するのが完全雇用予算なのである。

第三に失業率四%の選択について指摘しておきたい。これは一九五〇年代中頃の失業率四%、インフレ率四%というフィリップス曲線に照らして選択された。四%よりも低い失業率を選択することは、たとえ理論的に可能であったとしても政治的論争に引き回されることになるとみなされ[11]、また逆に五％や六％という高い失業率を選択することは、前政権から七％を超える失業率を引き継ぎ、経済の拡大を取り戻すことを大統領の内政上の第一課題であるとしていたケネディ政権にとって不可能なことであった。そしてなによりもこの四％の失業率は分配問題を回避する上で必要とされていたのである。このことをトービンは次のように述べている。「ニュー・エコノミクスを実践した人々は、まともに分配問題に立ち向かう必要はなかった。もし、かれらのマクロ経済的な政策が効果をあげて成功するならば、六〇年代の景気回復と成長とによって、考えられるいかなる再分配よりも、貧しい人々や恵まれない人々の所得をずっと大幅に引き上げ、政治的社会的分裂をずっと小さいものとするであろうことは、はじめからはっきりしていた[12]」。すなわち政治的摩擦を引き起こすことになる分配問題を扱わず、それを回避しながら政治的社会的分裂を小さくすること、そのために失業率四％が選択され、経済成長が追求されたのである。

政治的論争に引き回されることなく、政治的社会的分裂を小さなものにできる失業率（ここでは四％）を設定し、それに基づいて計算された潜在GNPに現実のGNPを近づけるように財政金融等の政策運営を行う。そして潜在GNPが実現されたら、その後はファイン・チューニング（微調整）を行うことによって経済成長経路を維持する。これがニュー・エコノミクスの提起した新しい理論的枠組みである。

このような経済理論が、ケネディ政権の抱えていた政治的・経済的課題の解決にとっていかなる役割を果たしたのかを見てみよう。ケネディはニクソンとの選挙戦において五％の経済成長の実現を訴えていたし、その可能性を多くのエコノミストに問うていた[13]。このことは何よりも一九五〇年代を停滞の時代と考え、彼はアメリカを再び活性化することを政治的使命としていたからである。

五〇年代の停滞するアメリカ像は次のような指標によって裏づけられていた。まずアメリカとソビエトの実質

GNPの伸びを見ると、一九五一－六一年の間に、アメリカの伸びは二・一％にすぎなかったのに対し、ソビエトは六・四％とアメリカの三倍もの高い成長を実現していた[14]。遅れは対ソビエトに対してだけではない。表2-1が示しているように、一九五〇年から五九年の間に日本は六・一％、イタリアは四・七％、ドイツは四・五％、フランスは三・六％の成長を実現しているのに対し、この時期アメリカは二・二％の成長にすぎなかったのである。ケネディが大統領選挙において、成長率五％を提起し、また大統領に就任するや、ヘラーにヨーロッパの経済成長の調査を命じたのは、以上のような現実を前にしていたからである。

ケネディ政権発足時の経済状況を知るために、『一九六二年大統領経済報告』の記述を見てみよう。

「昨年の一月、経済は不況下にあった。失業率は約七％、製造業では約二〇％の施設が未稼働の状況にあったし、そして実際の産出高は潜在産出高よりも年五〇〇億ドルも低い水準にあった。これらの数字は一九六〇－六一年の景気後退を反映しているだけでなく、一九五七－五八年不況からの回復も不完全であることを示している。ゆえに我々の課題は、一つの不況からの回復ではなく、二つの不況からの回復である。また毎月三億ドル以上の金がアメリカから流出している。この三年間に、アメリカは総額一〇〇億ドルの基礎収支赤字を計上してきた。この大規模なそして継続的な赤字こそは、ドルに対する信任を弱めてきたのである[15]。」

表2-1　GNPの伸び（年変化）

（％）

国	1913-59	1950-59
日本	2.6	6.1
イタリア	1.7	4.7
ドイツ	1.4	4.5
フランス	1.5	3.6
オランダ	1.3	3.4
ノルウェー	1.9	3.1
スウェーデン	1.7	2.8
アメリカ	1.8	2.2
カナダ	1.5	2.0
デンマーク	1.2	1.8
イギリス	0.8	1.7

出所：*Economic Report of the President*, 1962, p. 114.

ここには七％の高失業率、引き続く景気の低迷、そして金流出によるドル危機、これがケネディ政権が引き継いだ経済環境であったことが示されている。失業と景気の低迷——これは国内における政権の基盤を不安定化させる。またドル危機——これは国際社会におけるアメリカの覇権的地位の弱体化に繋がる。ゆえにケネディ政権はこの二つの課題への対応を求められていたのであった。もっともそれが過度に誇張されたものであったかどうかは別に問われなければならない問題ではあるが。

それに加えて、「冷戦」という政治環境もケネディ政権を取り囲んでいた。ソビエトによる一九五七年のスプートニク打ち上げ成功は、アメリカに大きなショック（「スプートニク・ショック」）を与え、科学技術面での強化を促していた。そしてまた、ケネディが大統領に就任するや否や、ベルリン危機が発生したのである。

景気を回復させ、失業を減らし、そして国際収支の赤字を削減することは、国内経済に活力を取り戻し、ドルに対する信任を回復することにつながる。それは社会主義国のみならず先進資本主義国に対しても、覇権国としての地位を確固なものとすることになる。このような目的を達成する上でニュー・エコノミクスが提起した失業率四％に基づく成長促進的経済政策は、ケネディ政権にとって必要不可欠かつ適合的な処方箋であったといえよう。

この経済成長志向的ニュー・エコノミクスの歴史的役割をヘラーは極めて明瞭かつ簡潔に、次のように要約している。

「経済的成功は三つの重要な点で大統領の国際的目標に役立つ。(1)物質的には、それは対外援助および防衛努力のための、また大砲もバターもの建て前でベトナム戦争をまかなうための手段を与える。(2)思想的には、活力あるアメリカ経済は、全世界に見せつけるための近代資本主義の陳列箱である。(3)戦略的には、拡大する経済と縮小する国際収支赤字は、国際政治における大統領の立場を強化する。……国内においては、経済の成長と繁栄を可能にする政策は〝国を再び前進させる〟とか、偉大な社会に向かって進ませるという大統領の約束に内容を与える。……国民の希望を満たす費用を成長する打出の小槌……からまかなうことができるときは、思想的障害は溶け去り、合意が対立に代わるのである。[16]」

ケネディとニュー・エコノミクスは成長志向的経済政策という点では、完全なる一致を見ていた。問題はさまざまな利害関係が交錯する政治の舞台で、いかなる経済成長促進政策の採用が可能かということにあった。

(2) ガイドポスト政策の役割

いかなる経済成長促進政策を導入するにせよ、最大の問題はインフレを引き起こすことなく経済成長を持続させることである。そのためにニュー・エコノミクスは、〝賃金・物価ガイドポスト〟(Wage-Price Guidepost) 政策を導入した。後に見るようにニュー・エコノミクスの評価においては、一九六四年減税による投資刺激政策が注目されてきた。しかしながらこのケネディ減税の意義と限界を正しく理解しようとするならば、ガイドポスト政策に見られる「政府」と「企業」と「労働」、この三者の関係を把握しておくことが必要不可欠である。ヘラーは述べている。「持続的成長が実現できたのは、経済政策が高い生産性とコスト・価格の安定のための施策に〔最気刺激策と―筆者〕同等の順位をつけたからにほかならない[17]」。

ガイドポストは、ケネディ政権の手になる初めての『一九六二年大統領経済報告』において正式に政策として提起された。この政策は、政府が労働側および企業側に賃金と価格の自主的抑制を求めたものであり、具体的には、賃金と製品価格の引き上げ幅を生産性上昇率の範囲内にすることを求めるものであった。

この政策のマクロ的な位置づけを同報告は次のように述べている。

「わが国における経済的厚生の巨大な増加は、ここ一―二年の物価動向に大きく依存している。物価の安定は、……われわれを国際収支の均衡へ導くことになろう。そしてこのことは、完全雇用を強力に遂行する上で生じる障害を取り除くことになろう。

すくなくとも一定の期間、経済を弱めることによって国際収支を改善することは常に可能である。経済の拡大を抑制し、そして反転させることは、財とサービスへの需要を減らし、輸入に対する需要を減少させることになるだろう。また利子率を急に引き上げることは、おそらく外国資本をアメリカへ引き付けることになるだろうが、しかしこのようなことは新規の設備投資と住宅建設への国内支出を減らすことになろう。国際収支均衡へのこのような方法は、国民すべての利益、とりわけ労働と企業双方の利益を危険にさらす。すなわち労働側にとっては、このような政策は失業を増大させ、他方で企業側にとっては利潤の減少となるからである。労使双方とも物価の安定から利益を得る立場にある。そしてこの物価の安定は、国際収支均衡と完全雇用および急速な経済成長が調和的に共存できる基礎となっているのである(18)。」

すなわち国際収支の改善を図りながら急速な経済成長により完全雇用を実現することが、労使双方およびアメリカにとって利益となる。そしてこの容易でない、ある場合には矛盾する経済目標を達成するために必要なのが賃金と物価の安定だというのである。その意味で、賃金・物価ガイドポスト政策は経済成長志向政策をとるニュー・エコノミクスにとって必要不可欠な政策ということができる。

このガイドポスト政策がどのような分析から引き出されたのか検討してみよう。この政策の提起にあたり、ケネディ政権の経済学者は一九五五―五八年のインフレのメカニズムに注目していた。

この時期は消費者物価で八%、卸売物価で八・九%の上昇率であった。このような物価上昇を引き起こしたのは超過需要にあると考えられ、実際製造業全体でみると、この超過需要は五五年末にかけて存在したことが確認できる。しかし製造業の生産労働者雇用数は五六年後半から減少し始め、五七年には五五年よりも減少しており、また製造業の週平均労働時間も、五五年の四〇・七時間から五六年には四〇・四時間、そして五七年には三九・八時間へと減少している。

実はこの時期の需要の特徴は、機械や設備関連産業などの耐久財に対して強い需要が存在したことにあり、それゆえに金属、機械、輸送機械などの価格上昇が著しかった。実際この期における卸売物価上昇の四分の三以上は、金属、金属製品、機械および自動車などの上昇によるものであった。鉄鋼業ではストライキのあった五六年の第三・四半期を除いて、五五年第二・四半期から五七年第一・四半期まで設備稼働率は九〇%を超えていた。また自動車産業も好調であり、五五年の生産台数はそれまでの記録を更新した。このような好景気を反映して物価と賃金の上昇が生じたのである。

超過需要の存在した自動車産業における賃金は五五年の労働協約によって、そして鉄鋼業では五六年の労働協約によって決定されていた。どちらも三年間の協約であり、これが必ずしも需要の強くなかった他の経済部門にも波及し、賃金と製品価格の引き上げに繋がった。大企業と大労組は労働市場と製品市場に強い影響力をもち、このことが五五年から五八年のインフレを引き起こした構造的特質であるという(19)。

またこれらの産業はアメリカの重要な輸出産業でもあった。金属・機械、輸送機械はアメリカの製造業輸出総額の約三分の二を占める産業であり、貿易収支の動向に大きな影響を与える産業群なのである。これらの産業の製品価格が上昇したため、国際収支が悪化することとなった。

図2-3はこの時期の貿易収支および国際収支の動向を示している。この図が示しているのは一九五七年以降の貿易収支の悪化、すなわちアメリカ企業の国際競争力の低下という事態なのであり、ここには五五―五八年ま

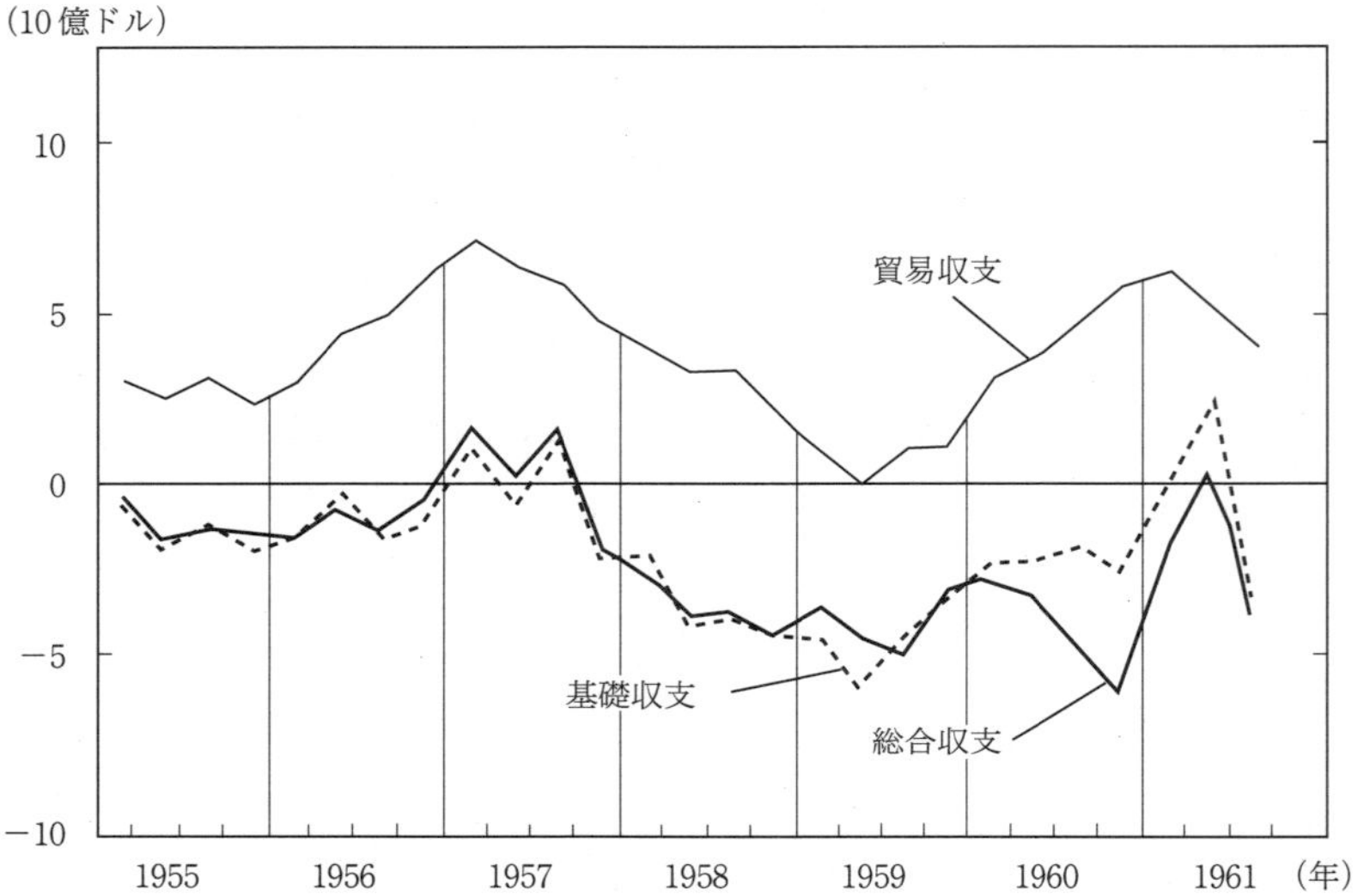

出所：表 2-1 と同じ，p. 152.

図 2-3 国際収支

でのインフレが反映している。そしてこのことは世界の輸出総額に占めるアメリカのシェアの低下に結びついた。製造業の世界輸出総額に占めるアメリカの比率は一九五六年には三〇％であったのに、五八年には二七・五％にまで低下した。鉄鋼業でのシェアの落ち込みはさらに大きい。全世界輸出総額に占めるアメリカの比率は、一九五六年の一九％から五八年の一四％にまで五ポイントも落ち込んだのである。[20] このような状況から引き出された教訓は、製品価格の上昇を押さえることによって、国際競争力を強化するというものである。

ドルの流出が問題になっているこの時期、貿易収支の悪化はドル不安を激化させる要因であり、それゆえに貿易収支の改善はアメリカ政府にとっても重要な政策課題であった。

次に製品価格に影響を与える賃金の動向を表2-2で見てみよう。一九四七年から五三年には、農業を除く民間産業の平均時給の年平均伸び率は六・二％、製造業では六・八％と高い伸びを示していた。

この時期の生産性を時間あたり産出高の伸びで見ると、各々二・七％と三・二％となっており、賃金の伸びを生産性で吸収できる状況にはなかった。これは五三－五七年の時期においても同様である。このコスト上昇分を企業は製品価格に転嫁したと考えられる。しかし五七－六一年には民間産業の時給は四％、産出高二・五％、製造業の時給は三・九％、産出高は三・七％と賃金の上昇率と生産性の上昇率との乖離幅は縮小しており、このことが五八年以降の物価の安定に寄与していると考えてよいであろう。

表 2-2　給与と生産性の変化

項　　目	年変化率（%）			
	1947-61[1]	1947-53	1953-57	1957-61[1]
民間産業（農業を除く），全従業員				
平均時給[2]	5.1	6.2	4.6	4.0
時間当たり産出高	2.5	2.7	2.3	2.5
製造業，全従業員				
平均時給[2]	5.5	6.8	5.0	3.9
時間当たり産出高	2.9	3.2	1.8	3.7
製造業，生産労働者				
平均総時間収入	4.7	6.1	4.2	3.1
平均時間当たり収入（残業および産業間シフトを除く）	4.7	5.9	4.2	3.4

注：1)　推定.
　　2)　全従業員の賃金・サラリーと雇用主が支払う社会保険，私的年金，健康福祉基金，障害および軍の予備兵への給与など.
出所：表 2-1 と同じ，p. 175.

　このような物価上昇と賃金の上昇を引き起こしているのは、大企業と大労組の「市場支配力」であると考えられていた。すなわち「現在の不完全な世界では、市場支配力がかなり強く、賃金や価格の安定を相当程度左右できる分野が存在している。世の中の景気がよいときには、この支配力が、早熟性インフレを生じさせるように使われる可能性がある。……早熟性のインフレを阻止したり制限するために、なんらかの抑圧的圧力[21]」が必要なのであり、そのために考案されたのがガイドポストなのである。

　この賃金・物価ガイドポストの内容と同様の経済関係は、一九四八年のGMとUAW（全米自動車労組）の間で締結された労働協約に見ることができる。この協約では、実質賃金の上昇を生産性の上昇と年々の改善要素（消費者物価指数の変化等）

を考慮して決定している。この協約について次のような評価を下す研究者もいる。「ＵＡＷとＧＭの間で取り交わされた合意を通して、賃金は生産性とインフレーションを加味した水準にまで調整され、そしてまた、消費者購買力は生産能力の拡大にあわせて調整された。これはケインズ主義国家抜きでのケインズ主義的所得政策であった」[22]。しかし、政府の政策を詳細に検討すると明らかなように、このような評価は、ケインズ主義的財政政策における賃金・物価ガイドポスト＝所得政策の過小評価である。賃金・物価ガイドポストは、生産性と賃金・物価の枠組みに政府自身が参加し、政府のケインズ主義的成長政策を担保する手段であったのである。

政府の関与を具体的に検討して見よう。「市場支配力」を問題にする場合に注目されたのは鉄鋼業であった。他の産業に素材を供給し、労働者の組織率も高い鉄鋼業の賃金と価格を安定化させることが、アメリカの物価安定につながるという判断からである。一九五六年の労働協約（三年間の協約）において、鉄鋼業の労使は賃金の年平均伸び率を八％とした。そしてこれに続く協約は一九六〇年に締結されたが、この協約では労働者一人当たりの雇用コストの伸びは年三・七％とするという合意がなされていた。この六〇年の協約こそはケネディ政権にとって物価安定への動向を予測させる望ましい指標であった。物価安定の保障があってこそ、経済成長政策に積極的にのりだせるからである。

しかしケネディの大統領就任後、賃金と物価安定への見通しを打ち破る動きが現れた。先の協約の実施は一九六一年一〇月となっていたが、会社側は賃上げが実施される一〇月一日から製品価格も引き上げると発表したのである。

そこでケネディは一二の鉄鋼会社社長に書簡を送り、そのなかで物価安定の必要性を力説し、そして鉄鋼製品価格の上昇が国際収支に与えるダメージについて次のように述べている。

「わが国経済の強さにとって鉄鋼価格が持つ特別の重要性を強調することによって、鉄鋼労働者の賃金上昇を押さえることの重要性を過小評価しようとしているのではない。わたしはまた、一九五八年以降、雇用コストの上昇を鉄鋼各社が吸収することによって、賃金と物価の悪循環を押しとどめる努力をしてきたことを理解している。もし今回、鉄鋼業界が価格引き上げを断念するならば、来春には三年半におよぶ物価安定の環境下において労使の交渉が可能となるであろう。そうすれば、今度は労働側がその持続的な物価安定と見合う水準に賃金要求を押さえることになるのは明らかである。鉄鋼業界の道義的立場は、今回の価格据え置きによって来春には強化されるであろう。(23)」

さらに一週間後には、鉄鋼労組の会長にも書簡を送り、次回の交渉(一九六二年三月)では、賃金要求を生産性伸び率の範囲内で行うことを要請したのである。結果として、ケネディの努力は功を奏し、鉄鋼価格の引き上げは見送られ、この経験に自信を深めたケネディ政権は六二年一月にガイドポスト政策を提起したのである。成長促進的経済運営を目指そうとするニュー・エコノミクスにとって、必然的に生じるであろう賃金と物価の上昇をいかにして押さえ込むかということは、決定的に重要なことであった。ガイドポストによって、政府は生産性を基準に労使関係に一つの枠組みを提供したのであり、この関係が守られている限り、物価は安定的に推移すると考えられていたのである。

しかしガイドポスト政策に試練はすぐに襲ってきた。この政策が発表されて三カ月も経たない六二年四月に、USスチールが製品の価格を三・五%引き上げることを発表し、それにベスレヘム・スチールなど他の鉄鋼五社が追随したのである。政府と企業で費用と生産性上昇の測定において大きな隔たりがあったことが、この対立を激化させることとなった。ほとんどの企業はその個々の経営状態について、単位あたり労働コストが上昇し、投資資金の不足を理由に価格の引き上げを提案していたが、政府の採用している鉄鋼業全体に関する統計は、生産性の上昇が賃金の上昇を完全に相殺していることを示していた。すなわち、一九六二年三月の協約においては、鉄鋼労組の賃金上昇はなく、約一〇セントの社会給付を獲得したのみであった。これは給与として見ると、二・五％の上昇であった。政府は一九六二年の生産性上昇率を三％と推定しており、もし三％の給与（賃金プラス社会給付）の上昇だとすると、給与は時給一二セントの上昇になると見積もっていたのであり、ゆえに一〇セントの上昇は生産性上昇率の範囲内の上昇であった。にもかかわらず鉄鋼会社六社が値上げを発表したのである。(24)

一二巨大鉄鋼会社のうちの八社をとりあげて一九五八年と一九六一年における利潤を比較すると、USスチールでは利潤が三七％減少しているが、他の七社は平均して二％の減少にすぎなかった。このような経営状況が、USスチールの値上げ要求となっていたのであるが、しかし、物価全体の安定と鉄鋼業のもつ物価に対する影響を考え、政府はこの値上げを阻止するために動き、そし再び成功した。結果としてUSスチールと他の五社は値上げの撤回に追い込まれたのである。(25)

政府は値上げを阻止し、ガイドポストを守ることに一応成功したといえる。しかし、二つの問題が明らかになった。一つは、鉄鋼業界においても生産性の格差、経営状況の格差が存在することであり、それに対して一律にガイドポストを適用することの難しさが明らかになったということである。もう一つは、鉄鋼価格の値上げが撤回されるや、六二年五月二八日に一日の株価の下がり幅としては一九二九年の株価の大暴落以来最大の暴落が生じたのであり、この株式市場の反乱に政府がいかに対応するかが新たな課題として浮上したのである。

2　六四年減税とその経済的影響

(1) 減税選択の論理

ケネディ政権は、ガイドポスト政策を鉄鋼業界に守らせることに一応成功した。その意味ではインフレなき経済成長への基礎はできあがったといえよう。しかしその代償として政府が受け取ったのは産業界との軋轢であり、そして株式相場の大幅下落と景気後退への不安であった。ここからケネディ政権はその政策選択を方向づけられることとなった。当時ケネディの特別補佐官をつとめていたA・シュレジンガーは、この方向づけられた政策選択に関して次のように述べている。「株式市場の下落が全般的な経済の下落を誘発するのではないかという予想は、夏まで持ち越した。これは政府の経済学者と経済成長計画のための学者の集まりの間に新しい傾向を生み出し、ヘラーとサミュエルソンは一年前にクラーク上院議員提案の公共職業法案で敗れたのを思い起こし、いまや歳出の道は絶望的な政治の藪の中に迷い込んで行くだろうと判断した。審議会、ハリスの財務省派、および大部分の経済学者は経済を刺激する唯一の現実的方法は減税であるということで一致した[26]」。

株式市場の下落が景気後退を引き起こすのではないかという心配、そして景気を刺激する手段としての歳出増は困難であるという政治的力関係、そのような状況下において減税こそが景気刺激の現実的方法であるとケネディ政権は判断せざるを得なかったのである。

ケネディが完全にニュー・エコノミクスの立場に移行したのは六二年五月のイェール大学での演説においてだといわれている。彼はこの演説において、財政赤字がインフレを引き起こし、財政黒字がインフレを抑制するというのは神話であり、その神話が政府活動を妨げていると批判した[27]。

ケネディは一九六三年一月一七日の『予算教書』において、減税を議会に提案し、その詳細は一月二四日の「減税と税制改革に関する特別教書」において発表された。

この減税は前例のない計画だったといわれている。なぜならそれは、減税が提案され実施されたのは、すでに景気後退の恐れもなくなり、加えて連邦財政が赤字であり、そして歳出が増加傾向にあるという中で実行されることになった、それまで最大の大幅減税であったからである。(28) この事態を減税を必要とした時期（一九六二年前半）と減税提案の時期（一九六三年一月）、そして議会を通過した時期（一九六四年二月）との時間的ずれの問題として片づけることはできない。景気の状況や連邦財政の状況にかかわりなく、ニュー・エコノミクスはその理論的立場（潜在ＧＮＰ、完全雇用余剰）から景気刺激策を主張していたからである。

『予算教書』はそのことを明瞭に述べている。

「一九五七年からの実際の経済力と潜在的経済力のギャップは、依然として解消されていない。未利用の生産能力はあまりにも大きく、失業率もあまりにも高い。……もしわれわれの経済に最大限の効率を発揮させようとするならば、民間投資と生産への刺激に対する税のしめつけを緩めなければならない。(29)」

「われわれの現在の選択は、減税か均衡予算か、ということにあるのではない。選択はむしろ低経済成長から生じる慢性的な赤字を選ぶのか、それとも資源の完全利用および高度経済成長を可能とする減税プログラムから生じる一時的な赤字を選ぶのか、ということにある。……もしわれわれが経済を回復させることになる減税を採用しないならば、経済はその潜在力以下であり続けるだろう。そして連邦の歳入は低水準のままであり、それゆえ財政赤字は存続することになろう。減税計画の採用は経済活力を高め、将来、歳入を急速に増加させる経済基盤を提供することになろう。(30)」

このように経済を刺激する減税策は、アメリカ経済のもっている潜在力を引き出し、そのことによって政府の歳入は増加し、将来的には財政赤字が縮小すると考えられていたのである。これらは「潜在ＧＮＰ」や「完全雇用予算」の理論に基づいた考えであった。

この減税政策に対してH・スタインは次のような評価を与えている。「経済の総支出を増やすことによって実質生産と雇用を引き上げようとする場合、歳入以上に歳出を増やすという形で財政政策を活用しようとしたという意味において、その革命はケインジアン的であったということである。しかし、それはまた、支出の増加よりも減税に依存したこと、納税者としての企業と裕福な人々の利益に十分に敬意を払ったこと、完全雇用予算の形であったにせよ均衡予算原則をある程度は尊重したことによって、「保守主義」の方向をとり入れていた」[31]。ケネディは産業界との一致点をさぐりつつ、また議会の予算均衡主義者とも一致できる政策として、この減税政策を位置づけたのであり、そうすることでこの減税法案を通過させることができたのである。ケネディ減税の性格が極めて適切に要約されている。

減税内容とその経済的効果を見てみよう。ケネディは「減税と税制改革に関する特別教書」において七点にわたって提案を行っている。①個人所得税率を現行の最低二〇%―最高九一%から最低一四%―最高六五%に変更する。②法人税率を五二%から四七%に引き下げる。③二万五〇〇〇ドル以下の法人所得に対する税率を三〇%から二二%へ引き下げる。④納税額一〇万ドル以上の企業の早期納税化をすすめる。⑤キャピタルゲイン課税を改訂する。⑥現行税構造における不公正を除去する。⑦個人所得税および法人税の課税ベースを拡大する[32]。総額一三六億ドルに上る減税がこの政策の中心であった。この減税効果がいかなるものであったかについて、負担の公平という視点からの考察も必要であるが[33]、ここでは景気刺激効果という視点から考察する。

(2) 経済成長とその効果

図2-4は一九六一年から六五年までのGNPの変化額を見たものである。六四年から六五年への伸びの大き

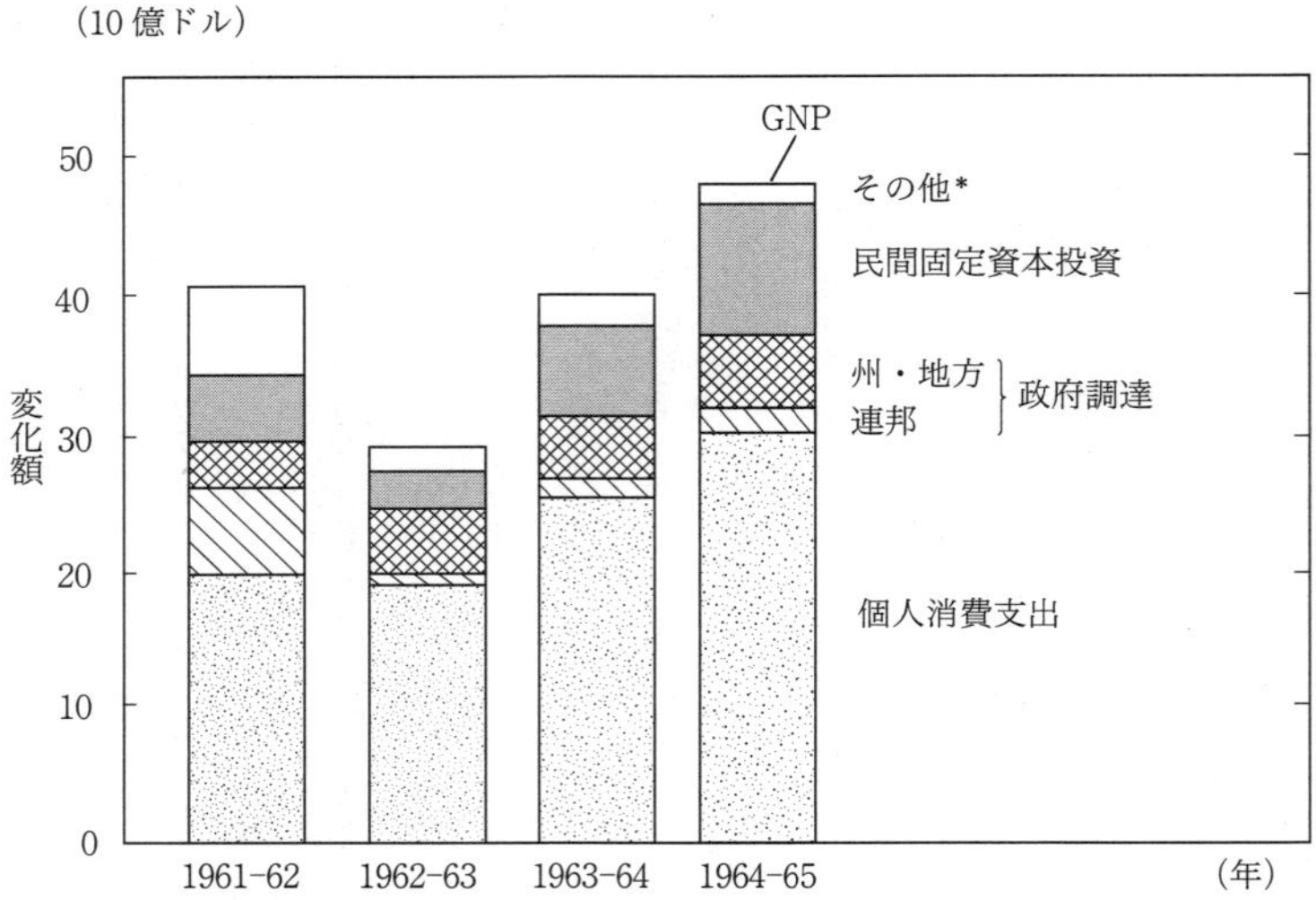

＊ 住宅建設，在庫投資の変化，財・サービスの純輸出．
出所：*Economic Report of the President*, 1966, p. 33.

図 2-4　GNP の変化額

さが明瞭である。六四－六五年をそれ以前の時期と比べてみよう。六一年から六二年にかけては約四〇〇億ドルのGNPの増加である。この時期は六〇－六一年の不況からの回復期であり、このように生産額が増加することによって、六一年初頭に七%であった失業率は、六二年の中期には五・五%にまで低下した。この年の特徴は連邦政府調達の額が大きく(六一年のベルリン危機による)、そしてその他の項目(住宅投資、在庫投資、財とサービスの純輸出)の増加額が大きかったことである。しかしながらこの動きは民間固定資本投資の増大に結びつかず、六二年から六三年にはGNPは約三〇〇億ドルの伸びにとどまっている。

その後一九六四年二月の減税導入以降経済成長は大きくなり、六三年から六四年のGNPの増加は約四〇〇億ドルになり、六四年末に失業率は五%に下落した。統計分析によれば、一九六五年初頭までに消費と投資支出増加に対する減税の貢献は年二〇〇億ドルにのぼっていた。そしてそれは六五年末には三〇〇億ドルに達したという。図2-4の一九六一―六二年と一九六三―六四年のGNPの増加規模はどちらも約四〇〇億ドルと等しいが、その構成は大きく異なっている。六一年から六二年のGNP増大の特徴は、政府支出、住宅建設、在庫投資、輸出によるものであったが、六三―六四年は個人消費と民間設備投資の伸びに支えられた増加であった。六四年から六五年にはこの傾向はさらに顕著になっており、個人消費と民間固定資本投資、これら二つの要因がGNPの増大に大きく寄与しているのがわかる。

このように六四年と六五年は消費が急速に伸びた年である。自動車産業でストライキのあった一九六四年の第四・四半期を除いて、すべての四半期に七〇億ドル以上消費が増大した。このようなことがあったのはそれまで二度だけであり、一度は朝鮮戦争の開始のときであり、もう一度は一九五九年の初頭であった。この時期、もっとも増大したのは所得の動向から大きな影響を受ける耐久財の販売である。たとえば一九六三年末から六五年末までに、自動車販売はそれまでの記録を塗り替え、年平均一一%の伸びを示していた。また非耐久財とサービスに対する支出も年率五・五%の伸びを実現した。

このような力強い個人消費は、減税による可処分所得の増大によるものであった。六二年と六三年には実質可処分所得の年伸び率は三・九%であり、六四年減税以降は二年間で、可処分所得は年平均六・三%も伸びている。六四年と六五年の消費増加額は六一〇億ドルであり、同期間に可処分所得は六六〇億ドル増加していた。このように消費増加額は可処分所得増加額の九一%に相当した。[34] このことは減税によって得られた可処分所得の増加分が貯蓄へ向かわずに消費へ向かったことを示している。

民間投資も消費支出と同様大きく伸びており、民間設備投資は一九六四年には一一・五%、六五年には一五・五%の伸びであった。六二年と六三年の年平均伸び率が七・五%であり、六四年と六五年の高い伸びが確認できる。またこの時期には、企業の設備投資計画は絶えず予定を上回り、設備投資の上方修正を続けていた。[35]

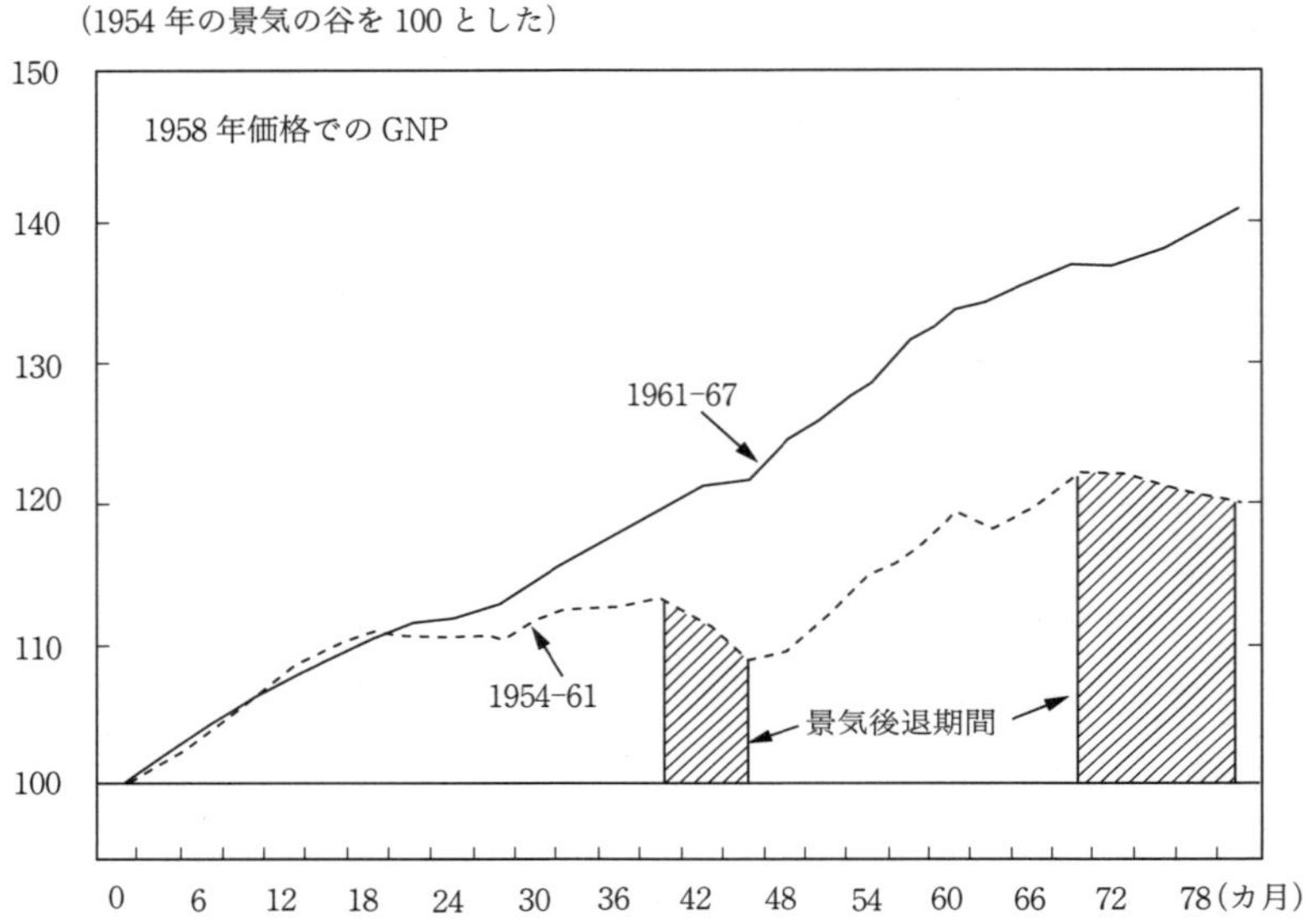

出所：*Economic Report of the President*, 1968, p. 60.

図2-5　実質GNPの推移

このようにして経済成長は続き、一九六三年の第四・四半期から六五年の第四・四半期までGNPは七・三%の高い伸びを示した。そして前掲図2-1に見られるように一九六五年には潜在GNPと実際のGNPの間のギャップはなくなり、失業率も目標の四%に達するまでになったのである。完全雇用の実現である。また大幅減税による高度経済成長の実現は、歳入の増収に結びつき、一九六五年には歳出一二三五億ドルに対し、歳入は一二四七億ドルとなり、一二億ドルの黒字を計上するまでになっていた。高度経済成長を実現しながら財政均衡をつくりだす、そのことにニュー・エコノミクスは一時的に成功したのである。

このような経済成長を一九六一年一月のケネディ政権発足以降の経済実績と結びつけて見ると、次のような経済的成果を確認できる。図2-5はそれを見るための資料である。一九五四年から六一年の時期は極めて明瞭に景気循環を示している。これに対し一九六一年以降の景気の拡大は、六五年時点（六〇カ月経過時点）まで景気の後退を経験することなく成長を続けているのである。そして経済的記録が更新されていくことになる。それを産出、就業、そして所得面でみると、一九六一年第一・四半期から一九六六年第一・四半期の間に、国民総生産は二一八〇億ドルの増加、実質ベースでみて三〇％の増加を実現した。また七〇〇万以上の就業機会がつくりだされ、失業率は七％の水準から四％以下の水準まで低下した。税引後一人当たり実質所得は二〇％増加し、税引後法人利益は倍増し、全雇用者の物価上昇分を除いた実質給与は約三〇％増加している。また製造業労働者の平均週賃金は一八％（六一年以前の五年間は一％下落であった）も上昇している。(36)

このような経済実績によって、それまでの景気循環論的考え方は後方に押しやられることとなるのである。景気の後退を伴うことなく成長を続けた経済は、経済政策に対する考え方をも変えていったのである。ヘラーによれば以上のような経済実績を前にして、多くの人は経済運営に関する弾力性を認めはじめた。民主党は消費促進から投資重視へと転換し、また共和党の保守的な人々の中にも繁栄持続管理のための政府の役割に関する認識が広まり、そしてこのような管理が個人の選択の自由を破壊することにならないということを理解するようになった。その上、「拡大政策、特に減税というかたちでの拡大政策の成果は、左派右派双方の執念深い空論家たちの立場を危うくし、その数を減らした。心は開かれた。共通の基盤は大きくなった」(37)。成長志向経済政策に対する「楽観論」が政府、議会、エコノミストなどの中に浸透し、経済政策に関する「共通の基盤」が形成されていったのである。

このような経済成長の中で、ジョンソン政権は社会保障の分野の改革にも着手する。「偉大な社会計画」＝「貧困との戦い」と言われてきた社会保障計画の実施である。この社会保障計画が社会各階層に対してどのような影響を与えたのかは、独自に考察する必要があるが、ここで指摘しておきたいのは、この計画が高度経済成長を前提として成り立っていたことである。それゆえに、成長が実現できなくなったとき、アメリカは大きな政治的経済的ジレンマを抱えることになるということである。経済成長志向的経済政策の追求は、この問題とも関連しているのである。

3　インフレーションの基盤

(1)　ガイドポストの無力化

一九六一年から景気の拡大を続けてきたアメリカは、六五年から六六年にかけて景気の過熱を心配せざるを得ない事態に突入した。この事態に政府はいかに対処したのか。そしてこれまで多くの研究者が指摘しているように、政府の対応は景気抑制策として失敗だったとすれば、それはいかなる意味において失敗だったのか。この点はニュー・エコノミクスを評価する上でも避けて通れない論点である。

インフレへの序章となるこの時期が抱えていた問題を理解するには、第一に、インフレなき成長の土台となっていた「政府」と「資本」と「労働」の関係がどのように変化したのかを見る必要がある。この三者の安定的関係が、物価の安定を維持しながら高度成長を実現する上で必要不可欠な条件であったことは、すでに明らかにしてきた通りである。ゆえにこの三者の関係がどのような状況にあるのかを理解することは、インフレがアメリカ社会の中に定着する原因を理解することにつながる。

第二に、財政金融面からいかなる景気抑制策が講じられたかを検討する必要がある。その際、それはただ単なる景気抑制策の失敗だったのか、それとも成長志向的経済政策をその特質とするニュー・エコノミクスが必然的に陥らざるを得ないものだったのか、景気抑制の失敗の構造を明らかにすることが必要不可欠となる。

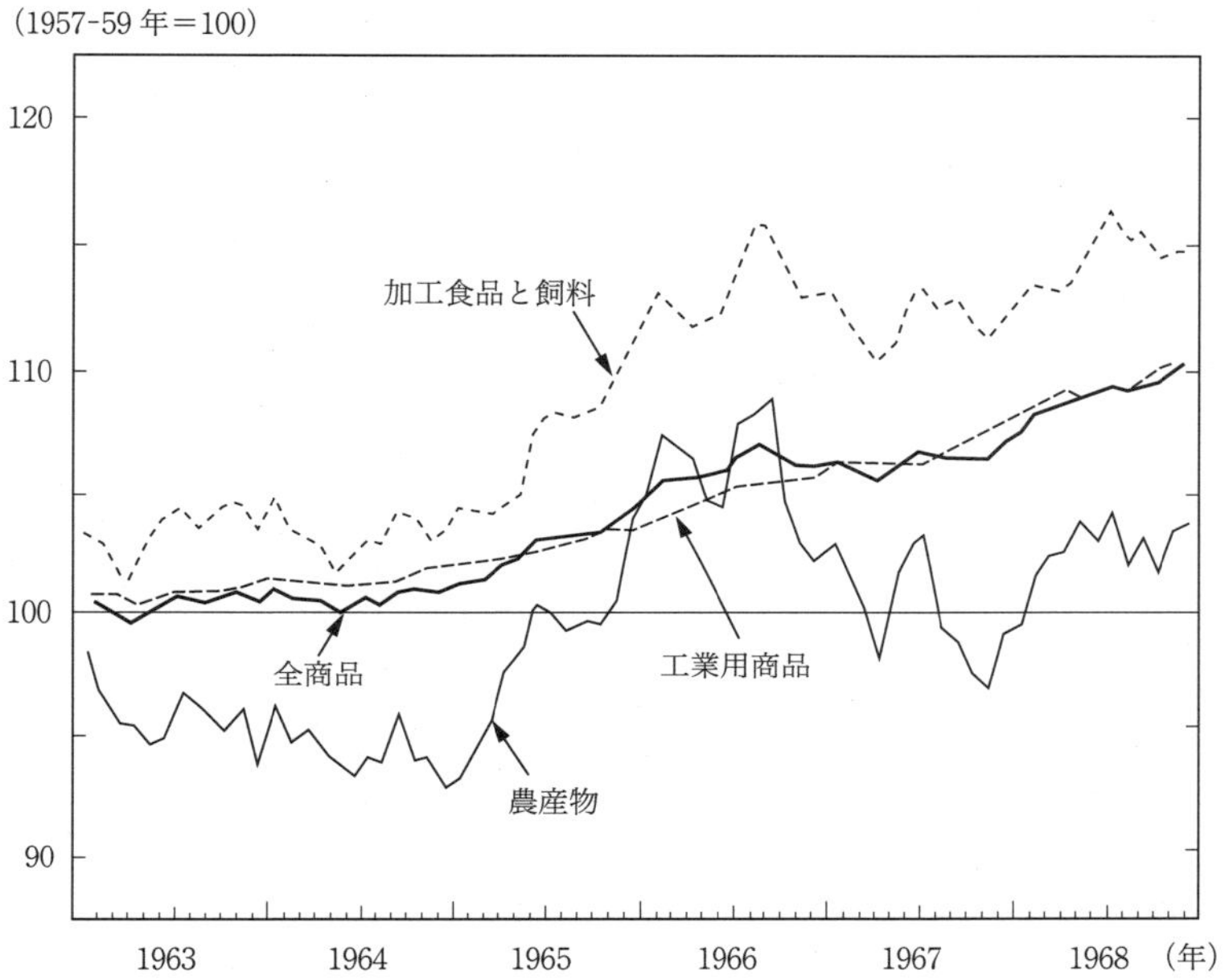

出所：図2-1と同じ，p. 48.

図2-6 卸売物価

そこでまず第一に、賃金・物価ガイドポストの検討を通じて、政府と企業と労働の関係を見てみよう。図2-6は卸売物価の推移を、そして図2-7は消費者物価の推移を見たものである。図2-6と2-7が示しているように、一九六〇年から六四年まで、卸売物価は〇・五%程度の上昇にすぎなかったし、消費者物価も年率一・二%上昇しただけであった。ところが六五年には、卸売物価が朝鮮戦争時の一九五一年以降最大の上昇率となる三・四%の上昇を示したのである。この年に消費者物価は二%の上昇であったが、六六年には三・三%の上昇を示した。図から明らかなように、卸売物価上昇の最大の原因は農産物、加工食品、飼料価格の上昇であった。卸売物価は一九六六年には一・七%の上昇に落ち着くが、これは農産物価格の下落を反映したものである。しかしそれに代わって非電気機械、

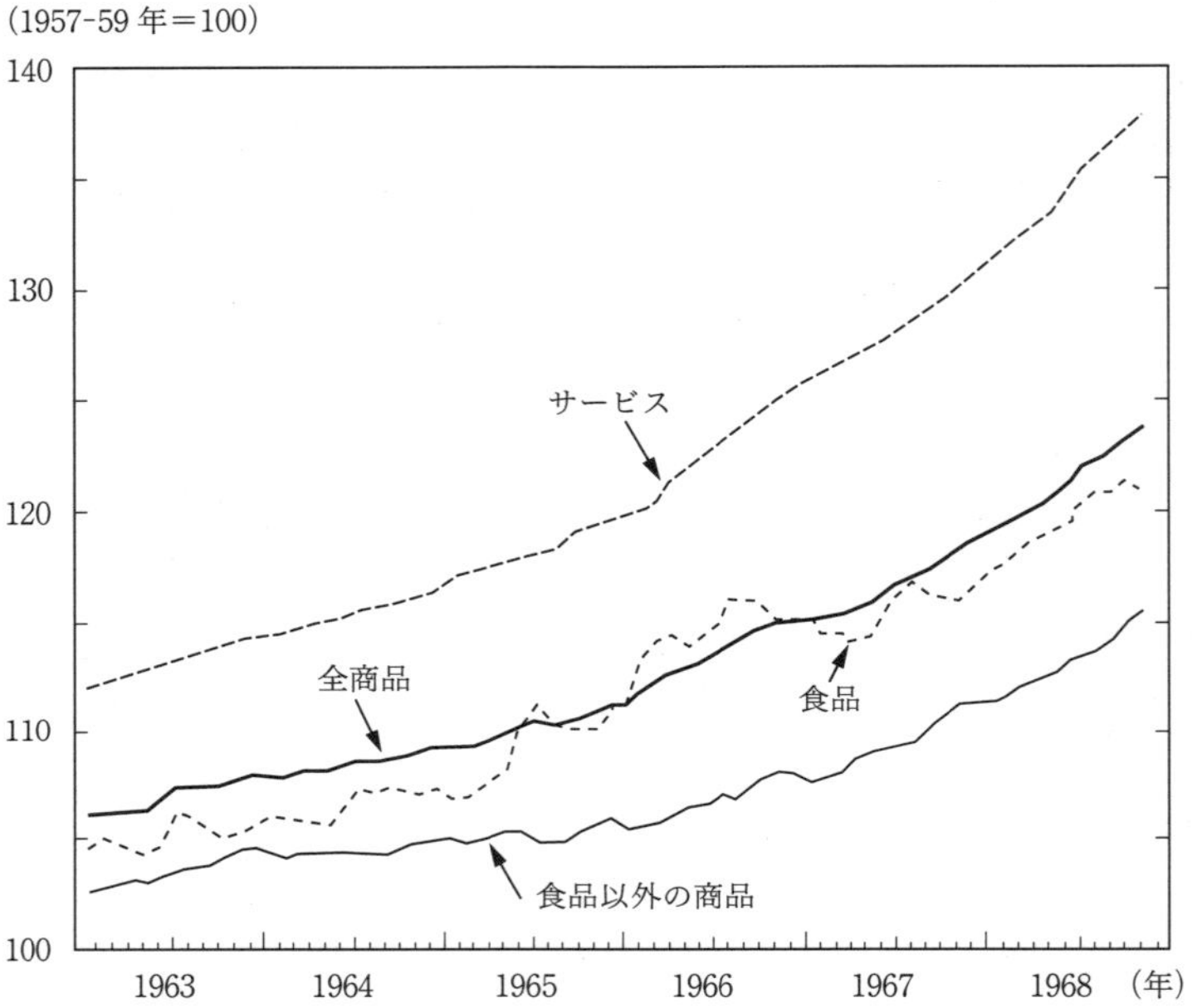

出所：図 2-1 と同じ，p. 49.

図 2-7　消費者物価

電気機械設備が各々四・六％、五％と上昇し始めた。一九六六年の三・三％の消費者物価上昇率に大きな役割を果たしたのは食料品の三・八％、サービスの四・九％の上昇である。サービスのなかでもとりわけ医療と金融分野の上昇率は大きかった[38]。

このような物価の動きに対して政府は、賃金ガイドポストのより厳格な運用によってインフレを押さえようとした。政府は一九六二年四月の鉄鋼業との対決以降一九六五年一一月まで、価格決定をめぐって産業界と公然と対立することを避けようとしてきた[39]。そこで六五年の春に卸売物価が上昇し始めたとき、政府はガイドポストを守らせるために、その力をまず賃金の抑制に向けたのである。そして『一九六六年大統領経済報告』において年率三・二％の賃金ガイドポストを設定したのである。政府は明瞭に目標値を設定することによって、賃金の面から物価抑制に対する強い意思表示を行ったのである。

この三・二%賃金ガイドポストは、一九六〇年から六四年にいたる生産性の伸びを基準に策定されている[40]。そしてこの時期は表2-3にも示されているように全労働者(農業を除く)の賃金は三・一%上昇、製造業労働者では二・九%の上昇であった。またこの時期は、図2-6と2-7が示しているように物価が安定していた時期でもあった。その意味で、失業率を除けば政府の政策目標の一つの基準としうる時期であったといえよう。

表2-3　所得変化

産業	年変化(%)			
	1960-64	1964-65	1965-66	1966-67
農業部門以外の民間労働者	3.1	3.8	4.1	4.7
製造業	2.9	3.2	4.2	4.0
耐久財	2.8	3.0	3.9	3.4
非耐久財	2.8	3.1	3.8	4.9
鉱業	1.9	3.9	4.8	4.6
建設業	3.6	4.2	4.9	5.4
輸送・公益事業				
通信	3.8	3.3	3.2	3.4
電気・ガス・衛生	3.5	4.3	4.1	4.2
運搬・倉庫	4.2	3.7	3.6	3.8
近郊輸送機関	2.9	3.6	3.1	4.9
卸売業	3.0	3.6	4.6	5.5
小売業	3.6	4.0	4.9	5.2
金融・保険・不動産	3.3	3.9	3.8	5.2
サービス,その他				
ホテル・モーテル	4.3	5.4	5.1	8.4
ランドリー・ドライクリーニング	3.8	5.6	5.3	8.1
農業	2.5	5.2	8.3	8.7

出所:図2-5と同じ,p. 109.

しかし、この三・二%の賃金ガイドポストに対して労働側は強く反発した。AFL-CIO(アメリカ労働総同盟産別会議)は次のような事実をあげ、政府の賃金抑制策を批判した。

「重要な産業部門における単位労働コストは一九六〇年以降低下傾向にある。また大統領経済報告は単位労働コストが、昨年〇・八%低下したと報告している。単位労働コストのこの相対的安定にもかかわらず、……消費者物価は近年年率一%以上上昇している。これは賃金上昇分を打ち消すものである。しかし賃金ガイドラインは、労働者の生活にとって重要な要因である生活費の上昇を考慮していない。労働者の購買力の上昇は生産性の伸び率よりも低く、利潤と配当は従業員の給与よりも急速に伸びている。一九六五年の企業の税引前利益は一五％上昇している。税引後利益に至っては二〇％も上昇している。政府は労働者の賃金に対してはガイドポストを設定するが、企業の利潤や配当に対してはガイドポストを設定していないのである。[41]」

このような労働側の批判に対して、政府は反論するのではなく、むしろその主張を認める報告書を出している。『一九六七年大統領経済報告』は、賃金と物価の対策の問題点として次の二点を指摘している。第一に、消費者物価が一九六六年に三・三％上昇しているのに、それ以下の三・二％の賃金ガイドポストを労働側に遵守させることは難しい。第二に、企業利潤は労働所得よりも伸びが大きい。[42] このようにして、政府は賃金ガイドポストを提案した一年後に労働側の立場を認めることになったのである。ガイドポストの前提となる六五年には、卸売物価は三・四％上昇していたが、消費者物価の上昇は二％にすぎなかったのであり、その意味で、六六年初頭における三・二％のガイドポストは根拠があったとも言える。

これに加えて次のような事情も存在した。政府が抑制しようとした賃金上昇率は、産業ごとに不均衡に上昇していたのであり、そのことがガイドポストの土台を掘り崩しつつあった。先に見たように消費者物価のなかでサービス分野はもっとも急速に物価が上昇しており、それはまたそれまで製造業等に比べて低かった賃金を押しあげることにもなっていた。

表2-3が示しているように、六四—六五年の民間従業員の賃金上昇率は三・八％であったが、製造業は三・二％と政府が六六年に導入するガイドポストの上限であった。しかしこの時期、鉱業は三・九％、建設業は四・二％、電気・ガス・公衆衛生は四・三％、金融・保険・不動産は三・九％、ホテル等は五・四％、ランドリー・クリーニ

ングは五・六％、そして農業は五・二％と平均以上の賃金上昇であった。この上昇は六六年、六七年と続く。ガイドポストがその基本的枠組みを大企業と大労組の価格と賃金においていたことを思えば[43]、中小企業が圧倒的に多く、労働組合の組織率も極めて低いサービス産業において生じた賃金上昇に対してガイドポストが無力であったのは当然である。ある時期の資本と労働の分配比率を基準に、それ以降の生産性上昇率の範囲内に製品価格の引き上げと、賃金の上昇を押さえ込むというガイドポスト政策は、大企業・大労組の存在する産業分野によってではなく、むしろ中小企業が多く、労働者の組織率が低い産業分野の物価と賃金の上昇によって掘り崩されていったのである。

かつてケネディは鉄鋼業がアメリカの物価の先導的な役割を果たすとして、鉄鋼業界の製品価格の値上げをめぐって対立した。しかしながら卸売物価においては農産物、そして消費者物価においてはサービスが物価を先導するに及んで、政府の政策はかつてのように有効性を発揮できなくなっていたのである。

このような状況下においてガイドポストが完全に有名無実となったのは、一九六六年に航空会社整備工組合が年率四・九％の賃上げを勝ち取ったときである。なぜなら、政府は航空会社の運賃・航路など営業の重要決定事項に関して許認可権をもっており、それゆえに他の産業の賃金決定と異なり、政府の意向をもっとも忠実に反映できる分野とみなされてきたからである。にもかかわらず、三・二％の賃金ガイドポストを大きく上回る四・九％の賃上げが実現したということは、ガイドポスト政策が完全に無力化していること、すなわち政府はコントロールする力を失っていることを示すものと一般に受け止められたのである[44]。

景気が過熱を続けるなか、政府・企業・労働三者の関係は、物価安定のための基本的関係を維持できなくなったのである。一九六六年はこの意味においてアメリカ経済にとって一つの転換点だったといえる。

表 2-4　連邦財政活動

（10 億ドル）

項　　目	1960 IV-65 II	1965 II-67 IV	1967 IV-68 IV
連邦支出増	25.6	48.9	18.2
国防調達	3.4	25.4	5.4
その他の調達	7.4	2.8	2.6
OASDHI 給付	5.0	10.0	5.2
その他	9.8	10.7	5.0
連邦減税	12.0	−6.0	−13.0
企業	5.5	…	−3.5
個人	8.5	…	−7.3
OASDHI社会保険税	−3.0	−8.5	−2.2
間接税	1.0	2.5	…
拡張活動	37.6	42.9	5.0
完全雇用下の歳入増	30.5	27.0	14.0
完全雇用余剰の変化	−7.0	−16.0	9.0

出所：図 2-1 と同じ，p. 74.

(2)　政治的選択の回避

それではガイドポストが無力化した状況下、過熱し始めた景気に対して財政金融面ではいかなる対策が講じられたのであろうか。この面での政府の対策は次の三点、①増税、②歳出削減、③金融引締めに絞られる。この三つの政策をめぐるジョンソン政権の選択を見てみよう。

第一は増税の選択である。表2-4が示しているように、六五年半ばから六七年末まで軍事費は急増しており、ベトナム戦費は景気の過熱を促進する要因となっていた。この景気の過熱を懸念した経済諸問委員会は一九六六年予算に対して増税の勧告をしたが、ジョンソン大統領はその提案を拒否している。

その後のインフレ増進から判断して、増税を拒否したジョンソンは誤りをおかしたが、増税を提案したニュー・エコノミクスは正しかったと言えるであろうか。一九六六年一月の経済諸問委員会による増税提案が大統領に拒否されたことが、ニュー・エコノミクスの敗北であったといわれるが、果たしてそうであろうか。彼らがケネディをニュー・エコノミクスの理論で教育することに「成功」したのだといえるとすれば、今回はジョンソンの教育に「失敗」したということになろう。このような見方からは、「理論」通りに行動しない大統領や議会、そしてその他の政治勢力を批判することはできたとしても、現実を理解する力にはならない。

トービンによれば、「一九六六年ごろになると、経済学者は、政府をして経済に加わる衝撃を避けたり、相殺させうるように、予測し、分析し、政策を立てるのに十分な道具を持っていないということが、痛いほどわかってきた。当然、ベトナムのエスカレートは猛烈な衝撃の一つであった。……安定化政策の武器庫の中には、足りないものがいくつかあるということが経験を通じて痛いほどわかった。補整的財政という手段は、一般に、遅々として進行せず、公平とか優先順位という微妙な問題が求められるようになったというまさにその理由から、安定化という目標よりは政治的配慮のほうが先に立つのである」[45]。このようにトービンは率直に、ファイン・チューニングを実現する十分な手段を彼ら自身がもっていなかったことを認めている。「公平」とか「優先順位」は経済と政治の境界領域の問題であり、それゆえに「安定化という目標」と「政治的配慮」を関連づけた政策が必要とされるのである。言い方を換えれば、ニュー・エコノミクスは、景気刺激のために減税という保守的政策によって利害関係者から同意を取り付けることができたのであるが、ファイン・チューニングによる景気抑制策の実行に際しては、利害関係者から同意を取り付ける具体的手段をもっていなかったということである。

問題はなぜ大統領が増税を採用できなかったかにあるが、この時期に増税の選択をすることは、ベトナム戦争に伴う軍事費の急増に国民の関心を向けることになるのをジョンソンは嫌ったのであり、国民に戦争の経費を明確にし、戦争を続けるか否かの選択を国民に提起すること、そのような選択を彼は回避したのである[46]。

第二の選択肢は歳出の削減であった。表2-4を見てわかるように、一九六五年から六七年にかけて政府支出でもっとも大きかったのは軍事費であるが、OASDHI（老齢者遺族障害年金保険）の支出も大きい。しかもこれは八割以上社会保障税によって賄われている。すでに見たようにベトナム支出を削減せず、また福祉予算の削減もそのことによってベトナム支出をクローズアップさせることになることを考えればできない選択であった。

増税も歳出削減も、実は「政治」と「経済」の接点の問題である。この接点を国民の前に明らかにせず、国民に政治的選択を迫ることを回避しようとすれば、景気抑制策は第三の金融引締め策だけとなるのは当然であり、金融政策に過度の負担がかかることになる。一九六五年一二月にＦＲＢ（連邦準備制度理事会）は公定歩合を引き上げ、景気の抑制に動き始めていた。総需要を抑制する目的で公定歩合の引き上げが行われたのは六〇年代ではじめてのことであり、この公定歩合の引き上げに対してジョンソンは反対した。政権とＦＲＢとの対立はケネディ＝ジョンソン政権において初めてのことであった(47)。しかしながら金融引締めの効果は極めて不均衡であり、住宅建設でははっきりとした効果を発揮したが、民間設備投資はこの政策に反応せず、投資の拡大は続いた。そして一九六六年には信用逼迫が生じ、ＦＲＢは金融引締め策を撤回するのである。

Ｓ・ボールズらはこの時期の政府の政策選択を批判する。一九六六年に必要とされていた景気後退は選択されず、投資ブーム、高雇用財政赤字、拡大的金融政策によって総需要の異常な増大が生み出されたという。そして一九六六年が転換点であると認識したものはほとんどいなかったと指摘する(48)。

財政金融面での政府のこのような政策をただ単なる政策選択の誤りとすることができるであろうか。またベトナム戦争そして貧困との戦いという特殊な状況が政府の政策運営を困難にしたのであり、通常の状況であれば政府は微調整を続けながら経済的繁栄を継続できたといえるであろうか。この点に関しては、スタインの指摘に耳を傾けるべきであろう。彼は言う。「その試練がベトナム戦争による例外的な状況下で訪れたことは確かである。それにもかかわらず、たとえ政策を取り巻く状況が戦争によって複雑化していなかったとしても、政府のしてきたことをみると、インフレに至る前に経済の拡張を抑えることができたかどうか、深刻な疑問が残る。基本的な問題は、政府がわずかな、あるいは一時的なものであれ、経済不振のいかなる兆候にも失業の増大につながるという理由からきわめて神経質に反応し、そのような兆候が現れようものならインフレを抑制する政策を堅持しようとはしなかったことにあった(49)」。これこそがニュー・エコノミクスの経済成長志向政策がもたらした〝経済心理〟ではなかったか。経済政策から最気循環論的視点を取り去ったのはニュー・エコノミクスの「偉大な功績」であった。それゆえに「潜在ＧＮＰ」を基準に政策選択を行う彼らの間に、それ以前の経済学者のように景気循環の局面判断に関する違いは存在しない。成長軌道をいかに安定させるかこそが問題なのである。彼らは成長志向症侯群とでもいえるような思考を経済運営の中に持ち込んだのである。ジョンソンに景気抑制意識が極めて希薄だったのは、まさにニュー・エコノミクスが提供してきた成長志向症侯群に染まったからだといえるし、経済成長によって政治的・経済的課題を吸収できたこれまでの経験を継続させようとしたからである。

新しい経済理論が現実の経済政策として採用されていく過程は、その理論の正しさを政治家が理解したことによって実行に移されるというものではなく、むしろ政権が抱えている政策課題を解決する上で必要な政策を、経済理論が提供できるか否かにかかっている。すでに検討したように、ニュー・エコノミクスは景気刺激策として減税を提起することにより、現実政治のなかに入り込むことに成功した。それは「保守主義」の要素を政策の中に持ち込んだがゆえに、政治的に受け入れられたのである。

「六〇年代は、むしろ合意の政治の立場をとり、大部分の主要な経済的利害関係者からの支持を、少なくとも黙認をとりつけることができるような計画に力点を置いたのである」[50]とは、ケネディの経済諮問委員を務めたトービンの指摘であるが、この「合意の政治」とは、実はＡ・ウルフのいう「成長政治」と同義であり、それは「成長連合」によって支えられてきたといえよう[51]。政治的・経済的利害関係の対立を回避しようとする合意の追求は、「政治」と「経済」の接点を国民の前に明らかにせず、所得の再分配を提起するよりも、経済成長によって利害関係の対立を回避し、政治的・経済的課題を管理しようとしたのであった。

経済運営から景気循環論的発想を取り除き、潜在ＧＮＰを実現しながら経済成長を持続させる。そのような政策運営が可能であるとするニュー・エコノミクスは、景気の過熱の中でそのコントロールに失敗した。ニュー・

エコノミクスは景気刺激という点では、理論だけでなく、それを実現させることにも「成功」したと言えようが、景気抑制という点では、景気のファイン・チューニングという理論はもっていたが、それを実現させることができなかったのである。

ニュー・エコノミクスの失敗は、例外的に厳しい政治環境において生じたことだと判断すべきであろうか。答えは否であろう。これまで検討してきたように、政府と企業と労働の安定的関係が崩壊した後にも、「合意の政治」を追求しようとすれば、その実現は絶えざる経済成長から得られる経済余剰によって確保されざるを得ないのであり、逆にそれこそがアメリカ経済の中にインフレを定着させることになったのである。経済運営から景気循環論的発想を排除し、所得の再分配に結びつかざるを得ない問題を回避しようとする限り、インフレ経済は彼らの前に待ち受けていたのである。

4　ファイン・チューニングの限界

六六年一月に一度提案され、ジョンソンによって拒否されたファイン・チューニング（増税）は、遅ればせながら導入されることになる。失業率は六五年の四・五％から低下を続け、六六年以降は四％以下の水準となっていた。これとは逆に消費者物価は上昇を続け、六六年に二・九％、六七年に三・一％、六八年に四・二％、そして六九年には五・五％へとインフレが社会問題となる水準にまで立ち至ったのである。

失業率四％の「完全雇用」を政策目標としていたニュー・エコノミクスにすれば、右のような低失業率は行き過ぎた完全雇用とさえ言いうるものであり、それゆえにそれとともに生じたインフレを抑制することはニュー・エコノミクスにとって重要な政策課題となった。

この過熱した景気を冷却するために打ち出された政策は、六七年一月の六%の特別付加税であり、その後八月には税率を一〇%に引き上げた付加税が提案された。この増税法案は一年間の期限付き（六九年六月三〇日まで）増税であり、六八年六月二八日に「六八年歳入歳出統制法」(the Revenue and Expenditure Control Act of June 1968）として成立した。[52] この六八年歳入歳出統制法は、歳入だけでなく歳出においても緊縮政策を採用しており、景気過熱を抑制するために、六九年度予算において、ベトナム支出・国債利子・退役軍人恩給・社会保障給付など以外の支出を一月予算に対して六〇億ドル削減することを強制するというものであった。

このような緊縮財政政策は、過熱した景気を増税と歳出削減の両面から抑制しようとするものであり、一時的な調整の後に再び成長政策を可能とするための微調整であり、その意味で「ファイン・チューニング」の実施といえるものであった。[53] 遅ればせながら導入されたこの一〇%特別付加税が、ファイン・チューニングとしてインフレ抑制に十分な効果を発揮したのか否かが問題である。

表2-5を利用してそのことを検討してみよう。この表によれば六七年第四・四半期―六八年の第二・四半期にかけて、GNPは四一九億ドルの増加を示している。特別付加税が導入されたのは六八年の六月二八日であり、その経済的効果は六八年の第三・四半期以降に現れることになる。そこでこの時期を含む六八年第二・四半期―第四・四半期を見ると、GNPは三四九億ドル増となっており、六七年第四・四半期―六八年第二・四半期までの増加額より七〇億ドル減少している。

この増加額の減少を引き起こしたのは、個人消費支出と連邦政府調達額の減少である。個人消費支出は一八四億ドルと、六七年第四・四半期―六八年第二・四半期の二五七億ドル増に比べて七三億ドル減少している。これは個人消費部門の個人可処分所得増加額が二六七億ドルから一六二億ドルになったためである。もっとも個人は貯蓄を二六億ドル分取り崩しており、そのことによって合計一八八億ドル分の個人支出を行っている。この貯蓄

表 2-5　国民所得の構成変化

（単位 10 億ドル）

	1967 II -67 IV	1967 IV -68 II	1968 II -68 IV
GNP	30.8	41.9	34.9
企業在庫の変動	6	2.5	−0.8
最終売上	24.7	39.4	35.7
個人消費支出	11.9	25.7	18.4
企業固定投資	2.3	2	7.2
住宅建設	5.8	1	2.3
財・サービスの純輸出	−1.7	−1.4	1
財・サービスの政府調達			
連邦	3.5	6.5	1.6
州・地方政府	2.8	5.6	5.2
消費部門			
個人所得	23.6	32.9	30.1
個人可処分所得	18.1	26.7	16.2
個人支出	11.6	26.2	18.8
個人貯蓄	6.4	0.6	−2.6
政府部門			
歳入	8.2	15.2	15.4
歳出	7.1	13.3	4.9
財・サービス調達			
国防	2.5	4.4	1
その他	1.1	2	0.6
その他の支出	3.6	6.8	3.3
収支	1.1	2	10.6

出所：図 2-1 と同じ，p. 41.

の取り崩しは、消費者が増税の有効期限が一年であることを見て、時限つき増税であれば貯蓄を取り崩して消費してもその後にまた可処分所得が増えると考えての行動と判断できる。

またこの期間、連邦政府の財・サービス調達も六五億ドル増から一六億ドル増へと増加額が縮小している。これは政府部門の項目を見ると明らかなように、国防の財・サービス調達額が四四億ドルの増加から一〇億ドルの増加となったことを反映している。

逆に増加額が大きくなっている項目もある。その一つは民間固定資本形成であり二〇億ドル増から七二億ドル増へ、そして住宅建設も一〇億ドル増から二三億ドル増へと増大している。これは一時的な増税が投資を抑制しなかったことを示している。またこの時期にFRBは景気の後退を恐れて公定歩合を引き下げており、そのことによって、設備投資および住宅投資が増大したと考えることができる。

さらに純輸出額もマイナス一四億ドルから一〇億ドル増へと増大している。

以上のように、GNP増大額の減少にもかかわらず、民間固定資本形成が増大し、そして減少したとはいえ貯蓄を取り崩して個人が消費支出を維持したため、特別付加税がファイン・チューニングとして十分な景気抑制効果を発揮しなかったのではないか、という見解が成り立つ。(54) 増税期間を一年間とした点に、政治的選択を回避したジョンソン政権の姿勢を見ることができる。

経済学者の間での評価は別として、六九年一月に大統領に就任したニクソンがこのことをどのように判断したかは明瞭である。ニクソン政権は、ジョンソンによって採用された特別付加税導入による景気抑制効果は不十分と判断したのであり、それゆえに一層の緊縮政策を導入した。

ニクソンは六九年六月三〇日に期限切れとなる特別付加税を一二月まで延長し（その後税率を五％に引き下げて、七一年一月まで延長）、さらに一九六二年に導入された七％投資税額控除の廃止をも決定した。またこの増税とともにFRBによって金融引締めも実施された。(55)

以上のように、ニクソン政権は［特別付加税の延長＋金融引締め］というポリシー・ミックスを実行したのである。この政策の導入によって、アメリカの景気は六九年前半に減速を始め、さらに七〇年代の初頭には政府の予想を超えて景気は減速することになった。一九六一年以降続いた景気拡大は一〇六カ月に及んでいたが、ここに至り終了する。

ニクソンが大統領に就任した六九年一月に失業率は三・三％にまで低下していたが、六九年の第四・四半期には三・六％、七〇年の第一・四半期には四・一％、第二・四半期には四・八％と上昇し、そして第四・四半期には五・八％となった。(56)

このような失業率の上昇は、財政と金融の引締めによって生じただけでなく、ベトナム支出の削減によっても

表 2-6　国防関連雇用

（1,000 人，会計年度）

	1965	1968	1969	1970	1971
国防総省関連雇用	5,759	8,129	7,944	7,374	6,354
政府雇用	3,657	4,555	4,644	4,474	4,054
連邦軍事	2,716	3,460	3,534	3,398	3,034
連邦非軍事	928	1,075	1,090	1,056	1,000
州・地方	13	20	20	20	20
民間雇用	2,102	3,574	3,300	2,900	2,300

＊　1971 年度は推計値.
出所：*Economic Report of the President*, 1971, p. 41.

加速させられたのである。この点について見ておく必要がある。

ベトナムにおけるアメリカ軍の敗退と国内外における反戦運動によって、アメリカはベトナムからの撤退を余儀なくされ、「ニクソン・ドクトリン」（六九年七月）を打ち出した。このドクトリンは、アメリカ軍の撤退によってベトナム戦争のベトナム化を推し進めようとするものであった。

アメリカ軍の撤退に伴うベトナム支出の削減は、当然のことながら軍事関連雇用の減少を引き起こしたのであり、それがこの時期の失業率を上昇させる一要因ともなった。表2-6が示しているように、軍事関連雇用のピークは一九六八会計年度（六七年七月—六八年六月）の八一二万九千人（政府部門四五五万五千人、民間部門三五七万四千人）であった。これが一九七〇会計年度（六九年七月—七〇年六月）には全体で七三七万四千人（政府部門四四七万四千人、民間部門二九〇万人）へと七五万五千人減少している。さらに一九七一会計年度（七〇年七月—七一年六月）には全体で六三五万四千人（政府部門四〇五万四千人、民間部門二三〇万人）の雇用と大幅な減少を示しており、六九年から七一年の間に、政府部門で五〇万一千人、民間部門で一二七万四千人の雇用の減少が生じたのであり、合計では一七七万五千人の減少となっている。

とりわけ削減数が大きかったのは七〇年度であり、軍人で約四〇万人、文官で約一〇万人、民間部門で六〇万人の雇用減少となったのである。このように一九七〇年度には合計一一〇万人の雇用減が軍事費の削減によって生じたことになり、これがこの時期の失業率を上昇させた大きな要因となっている。ちなみにこの時期のアメリカ全体の失業者数は、一九六九年二八三万二千人、七〇年四〇九万三千人、七一年五〇一万六千人であった。六九年から七〇年の失業者数の増大は約一二六万人であり、軍事費の削減によって一一〇万人の雇用が失われたという統計からすれば、ベトナム支出の削減がこの間の雇用に与えた影響の大きさを窺い知ることができる。つまり、軍事費というそれまで失業率を低下させることに寄与していた要因が、今度は一転して失業率を押し上げる要因に転化したのである。(57)

軍事関連部門から放出された労働力は、スムーズに再雇用先を見つけることができなかったのである。軍事関連部門の雇用数の減少分をそれ以外の経済部門が吸収できるならば、失業率の上昇を抑えることは可能となったであろうが、この時期にはそのようなメカニズムは機能しなかった。

その理由は、ベトナム戦費調達のあり方と結びついている。第二次大戦および朝鮮戦争における戦費は増税によって賄われた。これに対してベトナム戦費は増税によらず、逆に減税を実施し、それによる経済成長がもたらすであろう歳入増によって戦費を賄おうとしてきたのである。その結果がインフレの激化であったことはすでに見たところである。

この第二次大戦および朝鮮戦争時の戦費調達とベトナム戦費調達との違いは、「戦後」の軍民転換を左右する「民需」の動向を規定した。もしベトナム軍需の減少分をその後の民需の拡大が埋め合わせてくれたならば、軍民転換への道は、失業率上昇を抑制する方向で機能したであろう。すなわち戦時下に軍需が拡大するもとで民需が抑制され、戦後に軍需の縮小とともに逆にそれまで抑えられていた民需が拡大するならば、新たな雇用が形成されたはずである。しかしながら、ベトナム後はこのような軍民転換メカニズムは機能しなかったのであり、ニクソン政権が抱えた政策選択の困難はここにもあった。

政治的および経済的対立を経済成長によって吸収しようとしてきたケネディ＝ジョンソン政権が生み出したインフレを、ニクソン政権はベトナム撤退（軍事費の削減）という政治的決定および一時的増税（ファイン・チューニング）という引締め策によって調整しようとした。しかしながらベトナム支出の削減と増税は、景気後退と失業増加を随伴せざるを得なかったのであり、ニクソン政権は自らの政治的立場を不利にするこのような政策を長期にわたって採用し続けることはできなくなるのである。ニクソン政権の政治的・経済的ジレンマは失業とインフレのジレンマとなって現れるのである。

5 「新経済政策」とインフレーション

ニクソンは六九年一月の大統領就任以降、「失業率の上昇をわずかにしつつ、インフレを抑え込む財政金融の狭い経路を見つけようと試みた」(58)のであるが、景気の後退とベトナム支出の削減による失業率上昇によって、そのような政策を継続することが不可能な立場に追い込まれていった。七〇年第四・四半期の失業率は五・八％まで上昇し、また政治的には七〇年の議会選挙と州知事選挙で共和党は敗北した。これによって、ニクソンは緊縮政策をこれ以上継続できなくなり、景気刺激策への転換を模索し始めたのである。

三大教書の一つである『七二年度予算教書』（七一年一月）と『七一年大統領経済報告』（七一年二月）には、政策の方向転換が示されている。予算教書は「完全雇用予算」の考えを採用し、景気刺激策として減税および歳出増を提案している。また大統領経済報告は一九七二年中頃までの経済目標を、失業率四・五％、インフレ率三％と設定した。加えて景気刺激のため金融緩和も実施された。

ニクソンが七〇年の景気後退に過度に反応したのは、失業率の上昇および議会選挙・州知事選挙での敗北という政治状況に対する危機意識によるものであったが、問題はニクソンの政策的判断がどのようにして形成されたかである。

そこには六〇年代の経済パフォーマンスが「黄金の六〇年代」と称され、多くの国民にとって極めて望ましい経済状況であり、アメリカの追及すべき目標だとする認識があった。ニクソン政権の経済諮問委員の一人であったスタインは次のように指摘している。

「政策の効果は、今から考えれば非現実的に見える期待に照らして評価された。これらの期待は部分的には、ケネディ時代およびジョンソン時代の初期に経済が成し遂げた異常な成果にもとづいていた。そのときの経験は、アイゼンハワーの引締政策からジョンソンの拡大主義への移行過程で短い期間に見られた低失業、低インフレが、長期のみならず移行期においても標準的な成果だとの印象を人々に与えた。ニクソン政権は、完全雇用――依然四%を意味した――と物価安定への速やかな復帰を約束することで、こうした予想を一層強めることになった。さらに時がたつにつれて、また一九七二年の選挙が近づくにつれて、政府の目標と予測に対する要求は厳しさをました。[59]」

六〇年代の「異常な成果」を「標準的な成果」と判断せざるを得ない状況、ここに政策判断を方向づけた「時代の空気」を読み取るべきであろう。つまり、ニクソン政権の需要管理政策に対する当時の評価は、ケネディ減税以降の経済成長の実績に基づいて行われたため、極めて厳しいものになったのである。これは政権および国民の経済的成果に対する期待値＝「標準的な成果」も歴史的に形成されるものであることを示しているのみならず、ケネディ政権の経済思想・理論であるニュー・エコノミクスがいかに広範にアメリカ社会に浸透していたかを物語るものである。[60] このことはその必然的結果として、経済成長と完全雇用に期待を抱きつつ、政権も国民もそして企業もインフレとその抑制コストを極めて低く見積もることになるのである。

七一年前半の経済指標を見ると、インフレは年率にして五・九％、失業率は六％であった。そのような状況下、経済パフォーマンスに対する「時代の要望」と「大統領再選」実現のために、ニクソンは拡張的財政金融政策と物価抑制のための強制的所得政策へと踏み込まざるを得なかったのである。それが七一年八月一五日の「新経済政策」である。

ニクソンは新経済政策において、「合衆国が新しい経済政策をとるときがきた。その標的は失業、インフレ、そして国際的投機である」とし、「完全雇用と経済成長と平和時の合理的な価格安定」への行動をとることを確約している。その具体的な政策は、減税による投資刺激策、連邦支出の削減、賃金と物価の九〇日間凍結、金ドル交換の一時停止、一〇％の輸入課徴金の導入である。(61)

景気刺激策の具体的内容と、その影響予測は次のようなものであった。

①年間一〇％の投資税額控除の一年間実施と、次年度からの五％の投資税額控除を実施する。これによって新しい仕事を創出し、また生産性の向上によってアメリカ製品の競争力が改善されることを期待している。

②自動車物品税七％の廃止を提案している。これによって一台当たり約二〇〇ドル安くなり、一〇万台多く売れる毎に二万五〇〇〇人分の新しい仕事が生まれると予想している。

③七三年一月からの個人所得税減税を七二年一月一日に繰り上げることにより、一年で五〇ドル余計に控除されることになり、そのことによって消費者の購買力が増え、雇用を増やすことにつながる。

結果としてニクソンの景気刺激策は効果を発揮した。実質GNPの伸びを見ると、六八－六九年が二・七％、六九－七〇年がマイナス〇・五％、七〇－七一年は二・七％であった。これに対し七一－七二年には一〇二〇億ドルのGNP増大、実質六・五％の極めて高いGNP伸び率を実現した。

そして高い経済成長率にもかかわらずインフレは抑制されたのであるが、それはニクソンの導入した強制的所得政策＝「九〇日間の賃金・物価凍結」によるものであった。ケネディ減税という景気刺激策では「ガイドポスト」政策が併用されたが、ニクソンの「新経済政策」に基づく景気刺激策では、インフレを抑えるために「九〇日間の賃金・物価凍結」という強制力を持つ統制手段が導入されたのである。この時期この統制は、経済界からも労働組合からも、さらには保守的経済学者からも支持を受けて実現したのである。(62)

ニクソンの所得政策の効果について概観しておこう。ニクソン政権成立後の時期にあたる六八年一二月－六九年一二月の消費者物価上昇率は六・一％、六九年一二月－七〇年一二月は五・五％、そして「凍結」が実施される前の七〇年一二月－七一年八月までの時期は、それまでの引締め策によって消費者物価上昇率は三・八％であった。これに対して七一年八月－一一月までの九〇日間の凍結期間では、消費者物価上昇率は一・九％とはっきりとした低下を示している。また賃金も、七〇年八月－七一年八月には六・九％の上昇であったが、この九〇日間の凍結期間である七一年の八月－一一月では三・一％の上昇にとどまっている。(63)

七一年八月－七三年一月までの期間は、賃金・物価の九〇日間凍結と大統領選挙期間を含んでいる。それゆえにその経済的実績の政治的意味は重要である。この時期の消費者物価上昇率は三・三％に過ぎなかった。(64)景気が急速に拡大しつつある中での物価上昇率としては上々の成果といえる。ニクソンが掲げた経済目標である七二年中頃の失業率四・五％、インフレ率三％は概ね達成されたのであり、この経済実績はニクソンを再選に導く原動力となったのである。ここに景気刺激策および所得政策がニクソンの「再選」という政治目的に従属させられた姿を読み取ることができる。なぜなら凍結が解除された後、それまで以上の激しいインフレを経験することになったからである。「アメリカ人は、ベトナム戦争の費用調達方法を誤ったジョンソン大統領の決定に対して経済的犠牲を払いつづけてきたが、今度は、ニクソン大統領の再選運動のための代償を支払う段となった」(65)とは、L・サローの指摘である。

その一方で「新経済政策」が、ニクソン・ショックとして、世界的なインフレを引き起こしたことも確認しておこう。一九七二年には主要先進国が同時に景気拡大局面に突入した。OECD諸国全体では、実質GNPの伸びは、一九七一年が三・六％、七二年は五・五％、七三年は六・三％であり、カナダ、フランス、西ドイツ、イタリア、日本、イギリス、アメリカでは、七二年下半期に年平均六・四％、七三年上半期には八・六％と極めて高い伸びを示していた。

このような先進国による同時的かつ急速な景気拡大は、工業原材料の価格を急騰させ、七二年下半期には食料以外の工業原材料が年率約二五％上昇し、七三年六月までの次の半期にはその価格は五〇％以上上昇した。七二年度にはこれにソ連を中心とする穀物不作が加わり、食料価格が急上昇したのである。このように、七三年末の石油価格高騰以前から、先進国においてはすでにインフレが進行していたのである(66)。

そもそもなぜ先進国において同時的かつ急速な景気拡大が生じたのだろうか。それは全くの偶然の結果なのだろうか。そこには「ニクソン・ショック」の影響を見るべきであろう。すでに検討したようにニクソンは七一年八月一五日に「新経済政策」を発表した。国内では減税による景気刺激策と九〇日間の賃金・物価凍結を組み合わせた。対外的には、金とドルの交換停止、輸入課徴金の導入、平価の変更を実施したのであり、これによってドルの切り下げ＝他国通貨の切り上げが実施された。

このことによってアメリカ国内の景気拡大と、他国の自国通貨切り上げから生じた不況対策＝積極的景気刺激策の並存が生じた。これが七二－七三年にかけての同時的景気拡大とインフレを引き起こした要因である。

注

（1） Walter W. Heller, *New Dimensions of Political Economy*, 1966, pp. 14-57.（野間英雄・小林桂吉訳『ニュー・エコノ

ミクスの理論』ぺりかん社、一九六九年、二五―七二ページ)。James Tobin, *The New Economics One Decade Older*, 1974, p. 6.（矢島鈞次・篠塚慎吾『インフレと失業の選択：ニュー・エコノミクスの反証と提言』ダイヤモンド社、一九七六年、一三ページ)。

(2) 渋谷博史『現代アメリカ財政論』御茶の水書房、一九八六年、ⅰページ。

(3) 西川宏氏は、ケネディ政権ではなくアイゼンハワー政権に「経済成長政策」の成立を見ている（西川宏『現代アメリカ連邦財政思想の研究』啓文社、一九七二年、第四章および第五章参照)。

(4) Arthur M. Okun, *The Political Economy of Prosperity*, 1969, p. 31.

(5) James Tobin, *op. cit.*, pp. 6–18（前掲邦訳、一四―二七ページ)。

(6) Walter W. Heller, *op. cit.*, p. 65.（前掲邦訳、八一ページ)。

(7) 潜在GNPと現実のGNPとのギャップに関しては、第二次世界大戦終結以前にBeardsley RumlやRichard Gilbertらによってすでに議論されていた（James D. Savage、*Balanced Budgets and American Politics*, 1988, p. 175)。

(8) Richard M. Nixon, *Six Crises*, 1962, pp. 309–310.

(9) James D. Savage, *op. cit.*, pp. 174–175.

(10) *Economic Report of the President*, 1962, p. 81.

(11) James Tobin, *op. cit.*, pp. 16–17.（前掲邦訳、二五ページ)。

(12) *Ibid.*, p. 53.（同右、六八ページ)。

(13) Arthur M. Schlesinger Jr., *A Thousand Days*, 1965, pp. 625–626.（中屋健一訳『ケネディ(下)』河出書房、一九六六年、一〇〇―一〇一ページ)。

(14) Arthur M. Okun, *op. cit.*, p. 35.

(15) *Economic Report of the President*, 1962, pp. 4–5.

(16) Walter W. Heller, *op. cit.*, pp. 11–12.（前掲邦訳、二二―二三ページ)。

(17) *Ibid.*, p. 70.（同右、八八ページ)。

(18) *Economic Report of the President*, 1962, pp. 167–168.

(19) *Ibid.*, p. 171.

(20) *Ibid.*, p. 172.

(21) George P. Shulze and Robert Z. Aliber (ed.), *Guidelines, Informal Controls, and the Market Place*, 1966, p. 44.（金森久雄・丸茂明則『所得政策論争―ガイドラインは有効か―』東洋経済新報社，一九六八年，五九ページ）。

(22) Michael J. Piore and Charles F. Sabel, *The Second Industrial Divide : Possibilities for Prosperity*, 1984, p. 82.（山之内靖・永易浩一・石田あつみ訳『第二の産業分水嶺』筑摩書房，一九九三年，一一一ページ）。

(23) *Economic Report of the President*, 1962, p. 182.

(24) John Sheahan, *The Wage-Price Guideposts*, 1967, p. 34.

(25) *Ibid.*, pp. 35-37.

(26) Arthur M. Schlesinger Jr., *op. cit.*, p. 648.（前掲邦訳，一二二ページ）。ハリスによれば，財政支出の要求は六一年に集中した。六二年は過渡的な年であり，均衡予算と減税の要求がだんだん重視されていった。六三年は財政支出に関する減税の最終的な勝利，停滞経済における財政赤字を記した年であった（Seymour E. Harris, *Economics of the Kennedy Years and a Look Ahead*, 1964, p. 97. 村松増美訳『ケネディ時代の経済』サイマル出版会，一九七〇年，八八ページ）。

(27) John F. Kennedy, "Commencement Address at Yale University," in *Public Papers of the Presidents, John F. Kennedy 1962*, 1963, p. 472.

(28) *Economic Report of the President*, 1968, p. 66.

(29) John F. Kennedy, "Annual Budget Message to the Congress, Fiscal Year 1964," in *Public Papers of the Presidents, John F. Kennedy 1963*, 1964, p. 27.

(30) *Ibid.*, p. 29.

(31) Herbert Stein, *Presidential Economics*, 1984, pp. 107-108.（土志田征一訳『大統領の経済学』日本経済新聞社，一九八五年，一一六ページ）。この減税に対する利害団体の動向については次の文献を参照。Cathie J. Martin, *Shifting the Burden : The Struggle over Growth and Corporate Taxation*, 1991, Capter 3.

(32) John F. Kennedy, "Special Message to the Congress on Tax Reduction and Reform," in *Public Papers of the Presidents, John F. Kennedy 1963*, 1964, p. 74. この分析については，西川宏，前掲書，第六章および第七章も参照。

(33) この点については，次の文献が詳しい。Joseph A. Pechman, "Individual Income Tax Provisions of the Revenue Act of 1964," *The Journal of Finance*, Vol. XX, No. 2, 1965.

(34) *Economic Report of the President*, 1966, p. 35.

(35) *Ibid.*, p. 36.
(36) Walter W. Heller, *op. cit.*, p. 77.（前掲邦訳、九五ページ）。
(37) *Ibid.*, p. 83.（同右、一〇一ページ）。
(38) *Economic Report of the President*, 1967, p. 75.
(39) John Sheahan, *op. cit.*, p. 62.
(40) *Economic Report of the President*, 1966, p. 92.
(41) John Sheahan, *op. cit.*, p. 48.
(42) *Economic Report of the President*, 1967, p. 127.
(43) ガイドポストを提起した際に、政府は大企業と大労組の産業部門は経済にとって特別な重要性を持っているとし、ガイドポストの対象となりうる合理的理由があると主張していた（*Economic Report of the President*, 1962, p. 185）。
(44) John Sheahan, *op. cit.*, pp. 57-60.
(45) James Tobin, *op. cit.*, p. 37.（前掲邦訳、四九－五〇ページ）。同様の指摘はＯＥＣＤの報告書にも見ることができる。「行政府は一時的な増税を一九六七年まで要求しようとせず、それが議会で成立したのは一九六八年六月であった。このように増大する国防費を中立化するための財政政策の採用が遅れたが、これは、需要管理上の必要性が社会政策の要請または「政治的必要」と考えられるものと矛盾するときに、いかなる困難に遭遇するかを示す最も顕著な例である」（OECD, *Towards Full Employment and Price Stability*, 1977, p. 47. 小宮隆太郎・赤尾信敏訳『世界インフレと失業の克服』日本経済新聞社、一九七八年、一四－一五ページ）。
(46) Samuel Bowles, David M. Gordon, and Thomas E. Weisskopf, *Beyond the Waste Land : A democratic alternative to economic decline*, 1983, p. 101.（都留康・磯谷明徳訳『アメリカ衰退の経済学』東洋経済新報社、一〇四ページ）。一九六四年の大統領選挙のときジョンソンと共和党のゴールド・ウォーターは、ベトナム問題を論争に取り上げないことに同意していたという指摘もある（Anthony S. Campagana, *U.S. National Economic Policy 1917-1985*, 1987, p. 317）。
(47) Arthur M. Okun, *op. cit.*, p. 69.
(48) Samuel Bowles, David M. Gordon, and Thomas E. Weisskopf, *op. cit.*, p. 103.（前掲邦訳、一〇六ページ）。一九六八年になって一〇％の特別付加税が導入されたが、これは資本財需要を押さえることができなかった。この事実も一九六六年の重要性を示している。

(49) Herbert Stein, *op. cit.*, p. 119.（前掲邦訳、一二九ページ）。

(50) James Tobin, *op. cit.*, p. 52.（前掲邦訳、六七ページ）。

(51) アメリカの政治学者アラン・ウルフは、「成長連合」による成長政治がケネディ政権期に全面開花したと指摘している（Alan Wolfe, *American's Impasse : The Rise and Fall of the Politics of Growth*, 1981, 杉本正哉訳『現代アメリカ政治の軌跡』日本経済新聞社、一九八二年）。次の文献は、同様のことを「ケインズ連合」という視点から分析している。萩原伸二郎『アメリカ経済政策史―戦後「ケインズ連合」の興亡―』有斐閣、一九九六年。

(52) 最初に増税が提案されたのは一九六六年一月であった。経済諮問委員会が提案したこの増税案は、ジョンソン大統領によって拒否された。その後、六七年一月の予算教書において六％の特別付加税が提案され、また八月には税率を一〇％に引き上げた付加税法案の検討を議会に提案していた（*Economic Report of the President*, 1969, p. 38）。

(53) ニュー・エコノミクスを信奉する経済学者の立場からすれば、これは遅すぎた「ファイン・チューニング」であり、彼らはその遅れの原因を権力が行政と議会に分散していることにあるとし、そのことが機敏かつ弾力的な財政運営を妨げていると指摘する（James Tobin, *op. cit.*, pp. 76–77. 前掲邦訳、九七―九八ページ）。

(54) この特別付加税の効果に関して、アイスナー、オークン、ドーンブッシュなどの間で評価が分かれている（小林清人「財政金融政策」、馬場宏二編『シリーズ世界経済II アメリカ：基軸国の盛衰』御茶の水書房、一九八七年、二二三―二二四ページ）。

(55) *Economic Report of the President*, 1970, pp. 31–33.

(56) *Economic Report of the President*, 1971, p. 37.

(57) 詳しくは次の文献を参照。Richard Oliver, "Employment Effects of Reduced Defense Spending", *Monthly Labor Review*, Vol. 94, December, 1971.

(58) Herbert Stein, *op. cit.*, p. 189.（前掲邦訳、一九七ページ）。

(59) *Ibid.*, p. 158.（同右、一六二ページ）。

(60) 「基本的にこの時期は、台頭する保守主義の考え方と、消えつつあったが政治過程を依然として支配していた、あるいはそう思われていたケネディ＝ジョンソン時代の考え方との戦いの時代であった。事実、ニクソン政権の経験は、ケネディ＝ジョンソンの進歩主義との決別がいかに必要かを、ニクソン・チームのみならず一般にも示すのに役立ったにすぎなかった」（*Ibid.*, p. 133. 同右、一三五ページ）。

(61) Richard Nixon, "Address to the Nation Outlining a New Economic Policy : The Challenge of Peace," in *Public Papers of the Presidents, Richard Nixon 1971*, 1972, pp. 886–888.

(62) Arnold R. Weber, *In Pursuit of Price Stability : The Wage-Price Freeze of 1971*, 1973, pp. 5–6.

(63) *Economic Report of the President*, 1973, p. 57, p. 60.

(64) *Economic Report of the President*, 1974, p. 89.

(65) Lester C. Thurow, *The Zero-Sum Society : Distribution and the Possibilities for Economic Change*, 1980, p. 44.（岸本重陳訳『ゼロサム社会』ＴＢＳブリタニカ、一九八一年、六九ページ）。

(66) Robert Solomon, *The International Monetary System 1945–1981*, 1982. pp. 298–300.（山中豊国監訳『国際通貨制度研究 一九四五—一九八七』千倉書房、一九九〇年、四一五—四一七ページ）。

第三章　スタグフレーションと経済的衰退

1　インフレーションの構造化

(1)　経済的停滞と政策ジレンマ

七〇年代の経済、とりわけ七三年以降の経済状況はアメリカにとって深刻なものであった。この期間は、輸出市場に占めるアメリカのシェア低落、国内におけるアメリカ企業のシェア低下、また都市部の高失業、サンベルト、スノーベルト問題、さらにはR＆D投資の低落、停滞する生産性、所得の低下など、多くの問題が指摘された時期である。(1) 経済成長・インフレ・失業率という三つの主要経済指標においても、七三年以降の経済は芳しくなかったことを示している。

高インフレと高失業が政策的に回避すべき経済状態であることは疑いのないところであるが、両者の間にはトレードオフ関係があると長い間考えられてきた。しかしながら七〇年代においては、両者の間のトレードオフ関係は崩れ、スタグフレーションという新たな状態が生じていた。図3-1は七三年以降にそのことが生じていることを明瞭に示している。七四年と七五年には失業率も物価も急上昇しているが、これは七一年の「新経済政策」、七二年の世界的不作による農産物価格の上昇、七三年一〇月の石油価格高騰、これらの複合的影響による

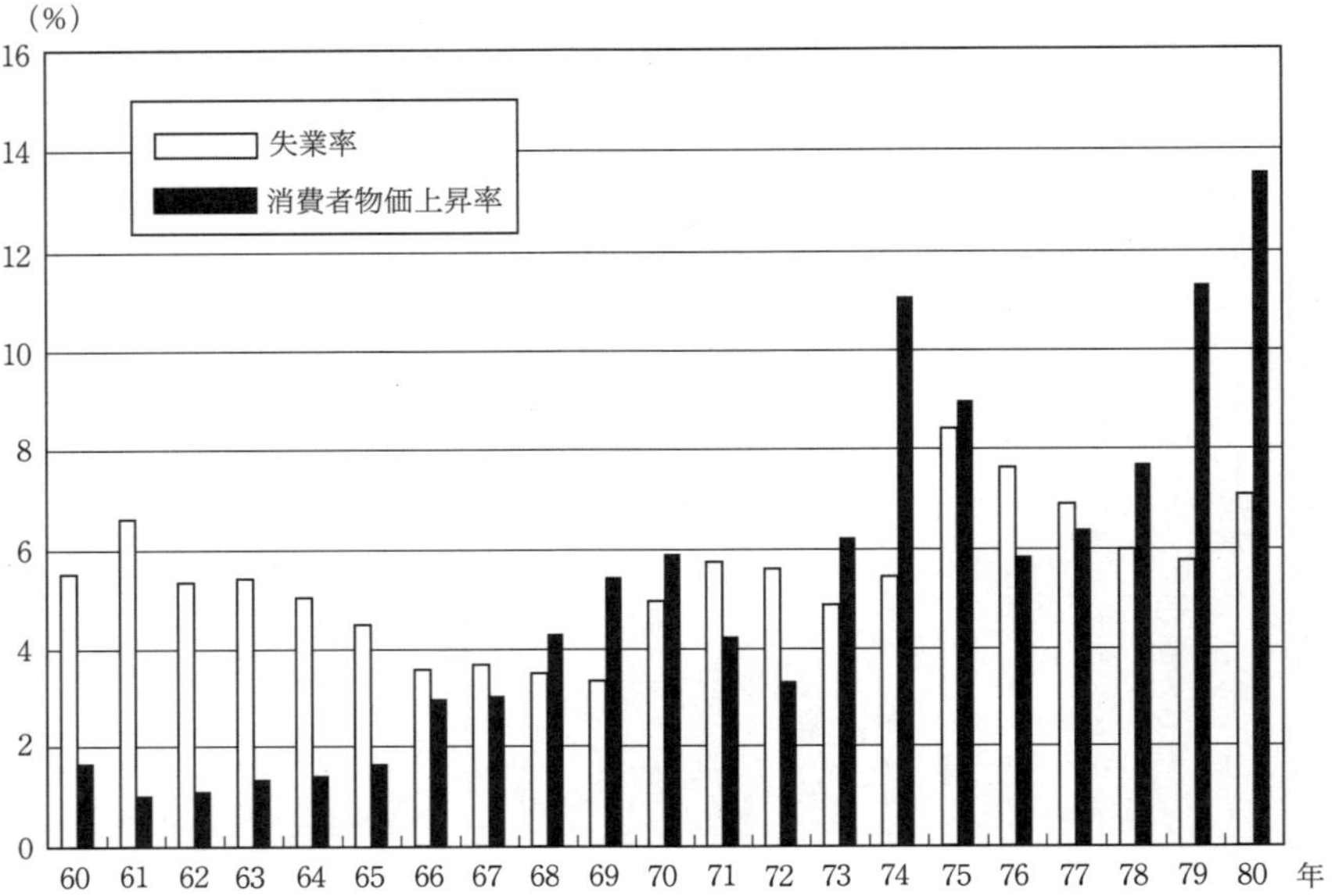

出所：*Economic Report of the President*, 1984, Table B-33, Table B-55 より作成.

図 3-1 失業率と消費者物価上昇率

ものである。このような外的ショックによって、七三年末にはインフレが加速化し、これに賃金・物価統制の全廃が加わり、七四年には物価上昇率が一一%を記録したのである。そして七五年も物価上昇率は九・一%と依然として高い上昇率を示していた。確かに農産物価格および石油価格の上昇は、スタグフレーションを悪化させた外的要因であった。しかし、これら二つの要因を除いた「コア・インフレ」のデータにおいても、インフレは高い水準に張り付いたままなのである。(2)

このような事態を前にして次のように指摘するものもいる。「実際のところでは、ケインズ経済学は一九七四－七五年の不況の中で死滅した。一九七五年に四五〇億ドルにのぼる連邦政府の財政赤字（当時、これは第二次大戦後最大の赤字）と、うなぎ登りのインフレ率とにかかわらず、失業率は大恐慌以来の高い水準（八・五%）に達した。伝統的なケインズ理論に従えば、こんなことは起こりえないはずである」[3]。

物価が上昇する時、それと平行して賃金が上昇しない限り、実質賃金は下落することになり、労働者の不満は募ることになる。また失業率の上昇は社会不安を高める最大の要因であることは疑いない。物価上昇と失業率上昇の並存は、政府の政策をジレンマに陥れることになる。そのことを一九七四年以降の状況から見てみよう。

すでに検討したようにニクソンは強制的所得政策の採用によって、一時的にインフレに対応することができたのであるが、当然のことながらいつまでもそれを続けることはできなかった。その後に政権についたフォードもカーターもスタグフレーションを解決できず、それゆえにアメリカの財政政策は信認を得ることがないまま、緊縮と拡張政策を繰り返すことになった。「一九七四年から八〇年にかけての期間中、政策は、概して言えば、ありきたりの、その場限りの、そして実際的なファインチューニングへと再び陥った」[4]のである。

ニクソンによって七三年八月には景気の引締め策が導入されていたが、農産物価格の急上昇と七三年一〇月のオイルショックの勃発によって景気後退局面にもかかわらず消費者物価は急上昇し、アメリカ経済は七四年に戦後最大の景気後退局面に陥った。これが図3-1に見られる七五年の失業率上昇につながっている。このような深刻な経済状況を前にしてフォード政権は景気刺激策として減税を提起し、七五年三月に規模二〇九億ドルの一時的減税法案が可決された。その結果景気は回復し失業率は低下したが、四%というニュー・エコノミクスによって提案された水準は達成すべくもなかった。また貿易収支も七五年に黒字化したのも束の間、七六年には再び赤字に転じた。

フォード政権最後の『七七年大統領経済報告』では、「完全雇用」をどう定義するかを問題にしており、五五年に四%であった完全雇用失業率が七七年では四・九%、あるいは五・五%にまで上昇しているのではないかと指摘している[5]。このことは当然のことながら、「潜在的GNP」の見直し(引き下げ)につながる。このように、フォード政権は政策目標の見直しをせざるをえない状況に追い込まれていたのである。

七七年一月に政権についたカーターは、「経済を再び前進させる」というケネディの標語を実現しようとして、失業率四％の「完全雇用」を目標に行動した。七七－七八年に三一〇億ドルの財政効果を持つとされる減税および公共支出、また金融緩和政策を採用した。しかしながら、景気が回復してきたために、カーターはこの景気刺激策を修正し（七七年減税・簡素化法）、当初計画を一四〇億ドル分削減して一七〇億ドルの景気刺激策とした。これによって七七年には四九億ドルの減税（所得税減税三三億ドル、企業減税一六億ドル）、公共支出は一二億ドル増となった。またカーターは七八年にも減税を実施したが、この期間にはＦＲＢによる金融緩和と七九年の第二次石油危機も加わり、インフレは一層激化した。このため貿易赤字も経常赤字も七八年・七九年と悪化し、カーター政権は七八年一一月にドル防衛策を発表せざるを得なくなるのである。(6)

このような状況下で、アメリカが単に従来型の補整的財政政策を繰り返し採用していたのかといえばそうではない。「国際政策協調」なる新たな政策の導入を試みていた。国際政策協調は、プエルトリコ・サミット（七六年六月）からサミットの議題に上り、ロンドン・サミット（七七年五月）で明確な内容となり、そしてボン・サミット（七八年七月）において、数値目標まで明記して各国に実行を迫るものとなっていた。

ロンドン・サミットは、「国際収支上相対的に強い立場にある工業諸国は、節度の取れた範囲で、国内需要の適当な拡大を引き続き実施すべきである」としている。「強い立場にある工業諸国」とは、日本と西ドイツとアメリカのことである。一九七六年の経常収支を見ると、日本が三六・八億ドル、西ドイツが三七億ドル、アメリカが四二・一億ドルの黒字であった。これに対し、フランス、イギリス、イタリア、カナダの経常収支は赤字であった。

七八年のボン・サミット宣言では、日本に関して「前年度実績を約一・五パーセント・ポイント上回る目標を決定し、……必要ならば適切な措置をとりその目標を実現したいとの決意を表明」と記し、また西ドイツに関しては「需要を著しく拡大し成長率を高めることを意図した国民総生産の一パーセントまでに相当する数量的に相当大きな追加的措置を提案する」(7)と明記している。

日・米・独によるこのような景気刺激策は「機関車論」(locomotive policy)と呼ばれ、世界経済を不況から脱出させる上で有効な政策協調であると見なされていた。

しかしここにはアメリカの政策的意図が見える。もしアメリカが単独で景気刺激策を採用すれば、インフレと貿易収支の悪化は目に見えており、その場合はドル安が進展し、より一層インフレが加速する恐れがあった。そこでアメリカは他国に対して歩調を合わせた景気刺激策の採用を求め、そのことによってアメリカ経済の負担を軽減しようとしたのであった。

自国が採用する景気刺激策の負担軽減のために他国に政策的な協調を求めるということ。すなわち自国のために他国の政策を動員する「国際政策協調」が容易でないことは明らかである。なぜなら各国とも自国の政治的経済的課題を抱えており、それを差し置いて政策協調を優先させることには多くの困難が伴うからである。

国際的に見れば、この政策協調の試みは七三年のオイルショックによって一気に拡大した国際収支の不均衡を調整する必要から追求されたものであるが、アメリカの国内政策としてみると、成長志向の補整的財政政策から生じる対外不均衡を緩和する役割を果たすものであった。しかしながらこの政策協調も期待通りに機能せずドル危機を引き起こし、カーターはドル防衛策を講じざるをえなくなったのである。

他国に政策協調を要請したとしても、それはあくまで一時的政策であり、そのことによっては成長志向的財政政策がその自由度を回復できるわけではなかった。スタグフレーションを引き起こしている国内経済の構造こそが問題なのである。このことを以下において検討してみよう。

(2) 政府・企業・労働の交渉力

すでに見たように、七〇年代における経済運営の経験は、インフレと失業のトレードオフが成立しないことを示していた。通常指摘されているフィリップスカーブが適用されない事態となっていたのであり、失業も過剰遊休施設もインフレを抑制することができずスタグフレーション（失業とインフレの並存）に陥ったのである。

このことを理解するためには、この時期の政府と企業と労働の交渉力について検討することが必要である。『八一年大統領経済報告』は、七〇年代におけるインフレと政府・企業・労働の三者の関連について次のように指摘している。

「過去数十年間に大多数の企業や労組、労働は、景気後退的傾向を逆転させるために早晩政府が拡張的政策を採るであろうと期待するようになってきた。現在の賃金と物価の決定は将来についての労働者や企業の期待に大きく左右されるのであるから、刺激政策採用の期待は賃金・物価行動を自粛する動機の大部分を取り除いてしまう。また企業と労組は、彼らの高い価格と賃金のために競争力を失ったときに政府に救済を求める傾向を強めてきたし、またそれが或る程度成功してきたのである。これらの要因のすべては、市場情勢が悪化した場合でさえ企業と労働者が賃金と価格の要求を自制する誘因を弱めた。(8)」

まず「早晩政府が拡張的政策を採るであろうと期待する」という指摘であるが、これはケネディ政権以降のニュー・エコノミクスによってアメリカ社会に定着した「期待」である。失業率四％を前提に潜在GNPを割り出して経済政策を立案する限り、景気刺激的経済政策への期待は存在しつづけることになる。六〇年代以降の経済理論とその実行によって形成された政府の財政金融政策への期待が社会に根付き、政府の行動それ自体が一つの予見可能な要因となる。そして賃金と価格に対する自制が弱くなり、インフレが構造化したというわけである。フォード・カーター政権においてもこの構造を変えることはできなかったのみならず、図3-1に見られるように事態は一層悪化した。

次に「企業と労組は、彼らの高い価格と賃金のために競争力を失ったとき」という指摘であるが、このことを理解するためには、まずアメリカの賃金設定方式について説明する必要がある。

戦後アメリカの賃金決定システムは、大量生産産業における労働組合の台頭と、それにともなう団体交渉から生まれた。そのシステムは次の五つの主要項目からなっていた。(1)賃金契約方式。これは一九四八年にUAWとGMの間で取り交わされた協定によって確立した賃金契約モデルである。(2)団体交渉のパターン。これは自動車産業で適用されている賃金契約モデルを組合のある他の産業に広める役割を果たした。(3)連邦労働立法。これは組合の形成を促進したのみならず、組合のない産業での賃金の引き上げに影響を及ぼした。(4)最低賃金立法。最低レベルの賃金を引き上げる機能を果たした。(5)公共部門における賃金設定メカニズム。組織化された労働者の賃金と公務員の賃金がリンクすることになった[9]。

この中で中心となるのは、(1)(2)の団体交渉による賃金契約方式である。五〇年代以降に定着した団体交渉にもとづく賃金決定ルールは、年間の賃上げ率を交渉の初年度に決定する通常二年ないし三年間を規定する賃金決定方式であった。そこでは、生産性上昇率に見合う賃上げ率とインフレ調整規定をその内容とする物価に連動するエスカレーター条項（生計費スライド方式：COLA）を採用していた。労働生産性上昇による経済規模の増加分プラス消費者物価指数の変化が賃金決定の基準として設定されたわけである。これは政府の最低賃金立法と公共部門における賃金方式と相俟って、自動車産業だけでなく他の産業の賃金決定にも影響を与えた。歴史的に見て、賃金と物価が下方圧力に対して硬直的になったのは一九五〇年代後半以降のことであったが[10]、そこにはこのような賃金決定システムが影響していたのである。

結果として、「一九五〇年代と六〇年代の繁栄の間についていえば、私的経済に埋めこまれた賃金決定の制度によって安定がもたらされた。賃金と価格の硬直性はこの制度の副産物にほかならない」[11]と指摘する研究者もいる。この「私的経済に埋めこまれた賃金決定制度」が大量生産と大量消費の好循環を結びつけた制度であることは事実である。しかし六〇年代以降の繁栄期に関していえば、この指摘は政府の役割を過小評価している。すでに検討してきたように、ケインズ主義に基づく景気刺激策と賃金・物価ガイドポスト＝所得政策が繁栄に果たした役割は大きく、そのことは六〇年代以降の経済を理解する上では不可欠なのである。

われわれがここで検討することは、このような賃金決定システムが七〇年代のインフレ環境下において、どのように機能し、どのような結果をもたらしたのかということである。

ＣＯＬＡは六〇年代前半に鉄鋼業やトラック輸送業などでの適用停止によって、一時的にその普及が抑制されていた条項であるが、七〇年代前半のインフレの激化によってこの条項は復活し、さらには調整幅に制限を付けないＣＯＬＡも採用されるようになった[12]。この規定によって労働者の賃金は七〇年代のインフレ昂進期に当然のことながら上昇した。七〇年代の民間非農業部門の時間当たり名目賃金を見てみると、前年同期比六－八％台の伸びで推移しており、これは六〇年代の二倍以上の高い上昇率である。

他の先進国の競争力強化と、アメリカの「高い価格と賃金のために」、アメリカ産業は六〇年代までのような国際競争力を維持できず、経済的な開放度が高まりつつある中で、アメリカ企業は国際「競争力を失いつつあった」のである。

それゆえにニクソン政権は七一年に「新経済政策」（金ドル交換停止および一〇％の輸入課徴金、ドルの切り下げ）を採用して、外国との競争条件を改善しようとしたのである。アメリカの「高い価格と賃金」の問題を、他国への負担転嫁によって乗り切ろうとしたものといえよう。もし引き続き「高い価格と賃金」が可能だとしても、それは為替レートがコスト高を吸収してくれる限りでのことであり、それができない限り、インフレによってアメリカ企業の国際競争力は一層低下せざるをえない。

「より高い賃金交渉」はインフレ下においては当然の要求である。しかしそれとて企業が「より高い価格」を実現できない国際的環境下では、実現の困難な要求となるのみならず、実現したとしてもインフレを昂進させて競争力の低下を招くだけである。

このように戦後に形成された賃金決定システムは、マクロ経済的安定化の手段から、逆にアメリカ経済発展の障害物へと転化したのである。

インフレ社会においては、労働者であれ企業であれ、自らの実質所得や実質利潤の減少を回避しようと行動するのは当然のことである。労働者はインフレに対してそれに応じた賃上げを要求し、企業は製品の価格を引き上げ、そして政府はスタグフレーションがもたらすリスクを避けようとして、農民や高齢者や鉄鋼業などの特定集団の所得を保障すべく譲歩する。このような動きが構造化した社会では、インフレを沈静化させるために政府はそれまで以上に厳しい財政金融の引き締め策を導入せざるを得なくなる。そしてそのような政策は失業を増大させるが、そのことから生じる政治的リスクに耐えうる政権は存在しなかった。このようにして社会の中にインフレ期待が定着し、過去の実績だけではなく将来のインフレ期待を織り込んだ行動を経済主体がとるようになり、それによってインフレはより一層構造化することになる。

このことは次のように言い換えてもよい。「もし政治的・経済的な環境が、この競合する様々の諸集団がいだく貨幣タームでの諸要求――より高い価格、より高い交渉賃金、より高い政府給付金――を抑制できないならば、要求と資源との間のギャップの拡大がインフレ圧力を生み出す[13]」。つまり賃金と価格と給付金について三者の競合する力関係に大きな変化が生じるか、あるいは三者の間に新たな「社会的合意」が成立しない限り、インフレは継続することになる。

また「より高い政府給付金」の内容が、減税という形であれ、歳出の増加という形であれ、政府が財政政策を景気刺激的に運用するならば、それは構造化したインフレを容認し継続するという政府の意思表明と受け止められ、ゆえに「より高い価格」と「より高い賃金」要求の惹起につながる。悪循環の構造化である。

以上のように一度インフレが構造化し、スタグフレーション状態に入ると、相互依存的構造が定着し、それゆえにその責任を政府・企業・労働のどれか一つに負わせることはできなくなる。ボールズらは七〇年代のスタグフレーションを「経済停滞＋政治的手詰まり状態」と把握しているが、この「政治的手詰まり状態」とはインフレに対する各利害集団による自己防衛と力の均衡の結果であった。

このような状況を打開する政策をカーター政権は持ち合わせていなかったのである。カーター政権のインフレに関する認識を見てみよう。

「政府の意図〔インフレ克服策を堅持する決意―筆者〕を単に告知しただけで、賃金・物価行動に大きな変化がおこるとは考えられない。政策の信頼性が確立されるまでには、持続的な需要抑制のあと、かなり多数の企業や労組が価格競争力を失って市場から脱落したという実際の経験が必要であることは、ほぼ疑いないといってよい。(14)」

しかしながらカーター政権はこのような厳しいリセッションを実行する決意も力もなかった。それゆえに次のように、経済成長率の緩やかかなかつ長期的な引き下げを提案せざるを得なかったのである。

「金融・財政政策は名目GNP（総支出）の増加率の長期的な引き下げを目的としなければならない。ただしこの引き下げを急激に行ってはならない。もし急激に引き下げるならば、雇用と生産が大幅に減少する半面で、インフレ率はわずかしか低下しないであろう。[15]」

ここでは長期的に緩やかに成長率を抑え、そのことによってインフレを抑制する財政・金融政策を提案している。カーター政権は、政府・企業・労働の新たな関係を構築することによって、構造化したスタグフレーションを打開しようという構想力は持ち合わせていなかったのである。基本的スタンスは「需要サイド政策と供給サイド政策の統合」であった。

供給サイドに関するカーターの提案を見てみよう。そこでは、政府が税制によって投資に影響を与える三つの政策が示されており、それは「減価償却制度の変更」「投資税額控除の変更」「法人税率の変更」である。これらはどれも、投資を増加させるインセンティブになるという。これらの政策の導入によって、早期償却が可能となり、また税引後利益が増え、キャッシュフローが増えるため投資インセンティブが増加する。[16]

財政政策と減税については次の点を指摘している。①個人所得税率の変更は個人貯蓄に対して効果が小さい。個人減税に比べ、企業減税は貯蓄・投資・生産性を上昇させるだろう。②生産性指向的減税はインフレを改善するが、それほど大きいものではない。③減税に対する供給側の反応は、需要側に比べて小さい。④減税（企業・個人）の効果は、供給よりも需要を速やかに増加させるため、インフレ抑制に必要な需要抑制策と矛盾しないようにする必要がある。[17]

カーター政権の所得政策について見てみよう。所得政策は、政府がどの程度の影響力を企業と労働に及ぼすことができるかの一つの判断指標である。

カーター政権は七八年の初頭、景気刺激策とともに賃金と物価の抑制を要求した。それは企業に対して七八年の賃金と価格を、それ以前の二年間の平均以下にするように求めるものであった。ところがカーター政権はこの目的を達成できず、そこで同年一〇月に明確な数値的上限を定めた基準を自発的プログラムとして提起した。

そこでの賃金基準（the pay standard）は、時間賃金と付加給付の増加を年七％以下とするものであった。この所得政策は賃金物価委員会が賃金と価格を審査することによって、その上昇に歯止めをかけようというものであり、賃金や価格、利幅についてのデータ提出を大企業に求め、企業や労働者に引き上げの抑制を要請するというものであった。基準を遵守させるために委員会は世論を利用したり、政府契約の取り消しなどの脅しをかけたりはしたが、基準の遵守は強制的なものではなく、あくまでも自発的なものであった。

経済諮問委員会は『八一年大統領経済報告』において、「二カ年間の運営の後で、現行の賃金・物価基準をそのままの形で継続するだけではもはや有効でないという点で、一般の合意が成立しているように思われる。労働者や企業はもはや同基準がインフレを抑制するであろうという期待の下で賃金と価格を自粛するつもりはないように思われる」[18]という結論を下している。

そこで自発的基準という基本を守りながらも、この方策を強化する方法が検討された。それは税制による所得政策、ＴＩＰ（the tax-based incomes policy）である。これは企業や労働者が価格や賃金の抑制に協力するように税制面からインセンティブを与えようというものである。

政府・企業・労働の三者の間で所得分配の変更に関する社会的・政治的合意が存在しない状況下、租税的インセンティブによる「新たな所得政策」は実現可能なのであろうか。ケネディ期の「ガイドポスト」政策、またニクソン期の「九〇日間の賃金・物価凍結」政策、どちらも強力な大統領のイニシアティブによって実現できたものであるが、カーターにはそれがなく、結果としてＴＩＰは導入されなかったのである。

ケネディ政権時の所得政策（ガイドポスト）は、景気刺激＝需要拡大策とともに実施され、景気刺激から生じるインフレを抑えようとするものであった。またニクソン政権時の強制的所得政策（九〇日間の賃金・物価凍結）も、景気刺激策から生じるインフレを押さえ込もうとするものであった。これに対して、TIPは需要抑制の補完策としてその役割が期待された。インフレが構造化した社会においては、所得政策が需要拡大策から生ずる弊害を抑え込む役割から、需要抑制策を補完・補強する政策へと、その役割を変えざるを得なくなっていたのである。それゆえにこのような政策は強力な支持基盤を持たず、実現することはなかったのである。

2　資本移動と産業・地域

(1)　サンベルトとスノーベルト

七〇年代のアメリカ経済はスタグフレーションという「政治的手詰まり状態」にあったが、企業はそのような事態を拱手傍観していたわけではない。B・ブルーストンとB・ハリソンによれば、「一九七〇年代のアメリカの企業経営者は、一九五〇年代とか一九六〇年代といった平穏な時代に当たり前になっていた利益率を取り戻したり維持するため、一つの事業、一つの地域、一つの国から他の事業活動、他の地域、他の国へできるだけ早く資本を移すことに異常な努力をした」[19]のである。企業は実質収益率が低下するに伴い、それまでの労使間の社会契約（最低賃金、公正な労働基準、職業上の健康・安全条項、公正な雇用機会、失業給付の延長など）を守りつづける余裕を失い、既存の労働協約を回避し、賃金を抑え込み、利益率を引き上げる新たな方法を模索しはじめた。それが「資本移動」だったのである。

この資本移動が七〇年代の産業および地域とどのような関連をもっていたのかに関する優れた分析は、先のブ

表 3-1　州別製造業雇用の変化（1973-80 年）

（単位 %）

産業	全米	マサチューセッツ	ニューヨーク	ミシガン	オハイオ	ジョージア	ノースカロライナ	テキサス	カリフォルニア
全製造業	0.13	6.4	−10.3	−17.3	−11.0	3.3	2.7	31.5	20.6
耐久財	2.0	20.0	−4.8	−19.0	−13.1	7.8	17.2	43.0	23.3
非耐久財	−2.4	−9.6	−15.4	−10.0	−5.9	0.9	−4.1	17.8	15.1
各産業									
一次精錬金属	−9.7	—	−24.4	−27.7	−20.0	—	—	27.4	−2.2
組立金属製品	−1.1	—	−10.0	−22.9	10.4	4.6	26.3	29.1	16.4
非電気機械	19.9	42.8	6.3	−7.3	−2.0	36.6	36.8	77.2	43.9
電気機器	13.6	22.6	−1.1	−14.9	−19.2	30.9	17.1	88.2	45.0
輸送機器	11.0	7.8	−12.7	−22.8	−18.6	3.8	101.2	23.4	5.8
計器・関連製品	27.6	24.0	4.4	46.1	−3.7	—	—	43.8	60.3
繊維	−15.4	−16.7	−34.1	—	—	−8.0	−15.0	−26.6	—
衣服	−12.8	−10.0	−22.3	—	−22.3	−3.7	1.8	8.2	17.5
化学	6.3	−10.8	−6.5	5.5	9.8	13.4	8.5	25.6	16.3

出所：Barry Bluestone, "In Support of the Deindustrialization Thesis," in Paul D. Staudohar and Holly E. Brown (ed.), *Deindustrialization and Plant Closure*, 1987, p. 48.

ルーストンとハリソンによって行われたのであり、彼らの研究はアメリカ経済の問題を、伝統的産業地域からの資本移動・資本逃避の問題として把握したのである。

具体的に見てみよう。表3-1は、製造業雇用の地域的変化を明らかにするために、サンベルトとスノーベルトに属する諸州を取り上げている。マサチューセッツ州とニューヨーク州は北東部を代表する州、ミシガン州とオハイオ州は中西部の州であり、これらがスノーベルト州である。これに対しジョージア州とノースカロライナ州、テキサス州は南部の州、そしてカリフォルニア州は西部を代表する州であり、これらがサンベルト州である。

一九七三年から八〇年というアメリカの経済停滞期に、北東部と中西部という伝統的工業地帯に属する州で雇用が減少している。ニューヨーク州で一〇・三%、ミシガン州で一七・三%、オハイオ州で一一%の製造業の雇用減少となっている。例外はマサチューセッツ州のみである。これに対してジョージア州は三・三%、ノースカロライナ州は二・七%、テキサス州は三一・五%、カリフォルニア州は二〇・六%の雇用増となっている。経済的停滞期にもかかわらず、南部と西部の諸州は製造業雇用を増大させていた。サンベルトと呼ばれる所以である。とりわけテキサス州とカリフォルニア州の急増が目を引く。

産業ごとの雇用変化を見てみよう。一次精錬金属の雇用は全米およびテキサス州を除くすべての州で減少している。組立金属製品分野では、ニューヨーク州が一〇%、ミシガン州が二二・九%と大幅に減少しているが、オハイオ州およびサンベルト諸州では増加している。とりわけテキサス州では二九・一%の上昇である。さらに地域ごとの成長格差が大きいのは、非電気機械と電気機器である。非電気機械は、ミシガン州で七・三%の減少なのに、テキサス州は七七・二%の急増である。また電気機器もミシガン州が一四・九%、オハイオ州が一九・二%の減少であるのに、テキサス州では八八・二%、カリフォルニア州では四五%の高い伸びを示している。繊維と衣服と化学以外は、マサチューセッツ州がサンベルト諸州と同様の動きを示している。繊維に至ってはスノーベルト州もサンベルト州もともに雇用減を示しており、国内における繊維業の衰退を示している。

このように七〇年代のアメリカではすべての地域において経済的停滞と後退が生じたわけではなく、サンベルトといわれるような成長地域も存在したのである。じつはこのような伝統的基幹産業とその関連地域の衰退は、南部と西部への資本移動によって引き起こされたのである。もっともある研究は、南部における雇用創出において大きな役割を果たしたのは工場の拡張と新規開業であり、他地域からの工場移転の影響はきわめて小さかったという。[20] しかしながら資本移動は多様な形態をとることに注意する必要がある。本社が直接施設の設立に加わらないで、特定の工場で生まれた利益を振り向ける方法。古い機械を更新せず操業を短縮し、他の工場で操業を行う方法。またある工場の設備を他の工場へ移す方法。直接的にある工場を閉鎖して、新しく他の地域で工場を開設する方法などである。[21]

一九六九年から七六年までの間に、雇用の創出と消滅がどのような企業の投資行動（操業開始、閉鎖、移転、拡張、操業短縮）とどのように結びついていたのかに関する調査がある。これによると、同期間に北東部が一八万二六〇〇人の純減、中西部が二四一万人の純増、南部が四二七万人の純増、西部が二三五万人の純増となっている。この中で北東部では、〝開業および転入〟によって四九四万四〇〇人、〝拡張〟によって四三四万七五〇〇人の雇用が創出されている。その一方で、〝閉鎖および転出〟によって五八八万一五〇〇人、〝操業短縮〟によって三五八万九〇〇〇人の雇用が消滅している。差し引き一八万二六〇〇人の減少となったのである。[22] 中西部はこの時期純増を示している。

伝統的工業地域の北東部から南部へと資本が逃避した理由は、七〇年代に外国企業との競争にさらされたアメリカ企業が、「低賃金」と「弱い労働組合」という二つの大きな要因に引きつけられたからだというのはよく知られた事実である。[23]

もっとも南部が一方的に資本を引きつけ、資本逃避が存在しない成長地域であったかといえば決してそうではなかった。弱い労働組合という要因は、他地域から資本を引きつける要因であったのみならず、南部における資本移動・逃避を容認する要因ともなっていた。そのことをブルーストンとハリソンは次のように述べている。「実際、最も驚かされるのは南部である。われわれは、全般的な経済成長という点では、この地方を構成する一六の州がどこよりも大きかったことを知っている。伝説的な〝よい事業環境〟なのだ。にもかかわらず、一九六九年から一九七六年までの間に、資本側は、工場閉鎖の直接の結果としておよそ七〇〇万の雇用をなくし、そのほかに操業の短縮で三八〇万の雇用がなくなるだけの資本を撤退したことになるのである」。[24] このような雇用喪失にもかかわらず、南部は〝開業および転入〟によって約九〇〇万、〝拡張によるもの〟で約六〇〇万の雇用を創出し、そのことによって差し引き約四三〇万人の雇用を創出したのである。ここには資本の自由な移動が雇用を引きつけるのみならず、同時に激しい雇用の喪失をも引き起こしていることを見ることができる。

このような資本移動によって「ブームタウン」が生まれ、社会資本の不足や生活費上昇などの問題が生じ、資本が撤退した都市は「破産都市」となり、社会資本を維持する手段を失うなどの大きな混乱を抱える。労働者もまた職を失い、その生活基盤を失う。労働者は移動する資本の後を追わねばならなくなる。

このような資本の動きは、結果として人口構造の変化としてあらわれた。一九八〇年は、南部と西部の人口の合計が、北東部と中西部の人口合計をはじめて上回った年として注目を集めた。一九八〇年には、前者の人口が一億一八六〇万人、後者の人口が一億八〇〇万人となったのである。一九七〇年には前者が九七六〇万人、後者が一億五七〇万人であったことを思えば、七〇年代に北東部と中西部というアメリカの伝統的工業地帯から南部と西部への人口の移動をはっきりとここに確認できる。この期間に北東部の人口増加率は〇・二%、中西部は四%、これに対して南部は二〇%、西部は二三・九%の高い伸びを示していた。[25]

七〇年代に入り、北東部と中西部の人口の伸びは止まり、南部と西部が他地域からの人口流入を受け入れ、その結果、一九八〇年に人口逆転が生じることとなったのである。南部が人口の送り出し地域から、人口の吸収地域へと転換したことが構造変化の大きな要因となっているのがわかる。

(2) ハイテク産業の投資行動

国際競争力の低下が指摘されていた伝統的基幹産業は、資本移動によってそれまでの資本と労働の拮抗した力関係を変えようとし、そのことがスノーベルトとサンベルトの形成要因となっていた。その一方で、成長著しく依然として高い国際競争力を保持しているとみなされていたハイテク産業は、どのような投資行動を行い、そして伝統的基幹産業とどのような関係をもっていたのか、以下においてそのことを検討してみよう。

商務省や全米科学財団は、アメリカ経済におけるハイテク産業の役割に焦点を当てた報告書を提出し、その中

表 3-2 商務省第3定義（DOC-3）によるハイテク産業分類

標準産業分類	品　　目	R&D 度（%）
376	誘導ミサイルと宇宙船	63.86
365, 366, 367	通信施設および電子部品	16.04
372	航空機と部品	15.40
357	事務用機器およびコンピュータ	13.65
348	兵器とその付属品	13.64
283	医薬品	8.37
281	産業用無機化学品	8.23
38（3825 を除く）	専門科学機器	5.70
351	エンジン・タービンと部品	5.49
282	プラスチックと合成品	5.42
	全製造業平均	3.30

注：R&D 度は直接および間接の R&D 支出を含んでいる．パーセントは出荷額に対する比率である．
出所：U.S. Department of Commerce, International Trade Administration, *An Assessment of U.S. Competitiveness in High Technology Industries,* 1983, p. 42.

で七〇年代におけるハイテク産業の経済的パフォーマンスの高さをクローズアップさせ、比較優位産業としてハイテク産業を位置づけてきた。

商務省レポートによれば、一九七〇年から八〇年の実質産出高の伸びは、全産業が三%であるのに対して、ハイテク産業は七%の伸びであり、インフレ率の年平均では全産業の平均が七%であったのに対し、ハイテク産業では一一・五%であった。これは生産性の伸びを反映しており、全産業の生産性伸び率が〇・九%であったのに、ハイテク産業は五・六%と高かった。また貿易収支では、一九八〇年には全商品が二四二億ドルの赤字であるのに対し、ハイテク産業は三〇五億ドルの黒字であった。このようなハイテク産業は製造業出荷額の一三%を占めるにすぎないが、全民間R&D支出の六〇%以上を占めている産業である[26]。このような統計的事実から、ハイテク産業は出荷額ではそれほど大きな比重を占めているわけではないが、生産性の伸びも高く国際競争力もあり、アメリカにとって重要な産業と位置づけられることになる。

ちなみにここで商務省がハイテク産業としているのは表3-2が示しているように、誘導ミサイルと宇宙船、通信施設および電子部品、航空機と同部品、事務機器・コンピュータ等である。この定義は出荷額に占める直接・間接のR&D支出の比率によるものであるが、軍需品の誘導ミサイルと宇宙船の六三・八六%を筆頭に、プラスチックと合成品の五・四二%まで一〇産業がハイテク産業として分類されている。[27]

国際競争が激化する中で、これらのハイテク産業の成長が、伝統的基幹産業の衰退と同時進行し、それが国内的には地域構造の再編成と結びついて展開していくのである。

ハイテク産業の成長と伝統的基幹産業の衰退が、地域経済の構造をどのように再編したのかを見てみよう。まず、ハイテク産業の立地構造の検討から始める。表3-3は、七二年と七七年と八二年における地域別ハイテク産業雇用シェアを見たものである。この期間に、北東部は二九・七二%→二七・七九%→二五・九五%へ、中西部は三一・〇三%→二九・九七%→二五・二一%へと、伝統的工業地帯であった両地域ともそのシェアを減らしている。これに対し、南部は二二・六三%→二四・二三%→二六・二五%へ、西部は一六・六三%→一八・〇〇%→二二・五九%へとそのシェアを高めている。

次に七二年から八二年までのハイテク雇用の増加を絶対数で見ると、北東部は一五万一九七五人、中西部は五万三〇五八人、南部は四七万九六三九人、西部は五三万七〇五四人の増加であり、西部がハイテク産業雇用において増加数がもっとも多く、南部がそれに続いているのがわかる。スノーベルトとサンベルトの構図がここにも当てはまる。

しかしながら、このような七〇年代の変化にもかかわらず、製造業雇用に占めるハイテク産業雇用の比率は、異なった姿を示している。全国平均が二九%であるのに対し、最も高いのが西部の四一%、ついで北東部の三〇%、中西部の二六%、南部の二五%となっており、カリフォルニア州やマサチューセッツ州などのハイテク州をかかえる地域の雇用比率が高く[28]、南部はハイテク産業雇用数の急増に

表 3-3　地域別ハイテク雇用シェア

(単位 %)

地　域	1972 年	1977 年	1982 年
北東部	29.72	27.79	25.95
中西部	31.03	29.97	25.21
南　部	22.63	24.23	26.25
西　部	16.63	18.00	22.59

出所：Amy Glasmeier, "High-tech policy, high-tech realities: the spatial distribution of high-tech industry in America", in Juren Schmandt and Robert Wilson (ed.), *Growth Policy in the Age of High Technology*, 1990, p. 74.

もかかわらず、依然として四つの地域のなかでは非ハイテク地域である。また南部の全雇用に占めるハイテク産業の比率は、一九六九年の二・四一％から八六年の二・五九％へと微増したにすぎず、ハイテク産業は南部の経済構造をほとんど変えなかったという指摘もある。(29)

ハイテク産業の立地に関しては、「空間的分業」を視野に入れて分析する必要があるといわれてきた。それはハイテク産業が他の産業と異なりR&D支出の多い産業であり、労働力として科学技術者に大きく依存しているがゆえに、大学や研究施設が立地している環境を必要としていること。そして、生産工程においては単純労働で足りる組立工程を持っていること。そのうえ製品的にも軽薄短小型が多く、流通コストの点でもR&Dと生産工程、あるいは生産工程間での空間的分業が可能なためである。このことは半導体産業に典型的に見られる特徴である。ここからハイテク産業におけるR&D部門と生産部門の空間的・立地上の分離・分業が可能となる。(30)未熟練の労働者で足りる組立工程が賃金の安い南部や西部、そして海外にシフトする可能性が高いということである。

ハイテク産業の立地に関するE・マレッキィの詳細な研究を見てみよう。四つの代表的ハイテク産業［コンピュータ産業、半導体産業、医療機器産業、プログラミング産業］を調査対象に取り上げ、七三年から八三年における企業数・雇用数の変化を検討した研究である。(31)

七三年から八三年にかけての全事業所雇用シェアの変化を見ると、コンピュータ産業、半導体産業、医療機器産業とも北東部のシェアが低下し、西部の雇用シェアが上昇している。北東部は、コンピュータ産業が三六・八％から二七・一％へ、半導体産業が三一・五％から一四・七％へ、医療機器産業が五二・六％から三三・六％へとそのシェアを低下させている。これに対し、西部はコンピュータ産業において二八・二％から四五・七％へ、半導体産業において三〇・八％から五〇・五％へ、医療機器産業において一七・三％から三一・六％へとそのシェアを上昇させている。これは、企業形態ごとに、すなわち単一事業所、本社、支社・子会社（分工場）ごとに見ても、同様の動きを示している。すべての雇用指標が西部へのハイテク産業の集中を示している。

南部は半導体産業と医療機器において、全体の雇用シェアを低下させているが（各々三四・四％→二八・八％、一二・二％→一一％）、コンピュータ産業ではその雇用シェアを上昇させている（一一％→一七・一％）。南部において特に注目したいのは、「空間的分業」論から予想される分工場における雇用拡大である。コンピュータ産業では、分工場は南部において一一・八％から二〇・九％へ、半導体産業においては一五・三％から二七％へ、プログラミングでは三八・七％から四三・九％へとその雇用シェアを拡大させている。この時期、分工場の南部への移動・拡散を確認できよう。低賃金を求めて南部で生産組立工場を建設あるいは南部へ移動させることが行われてきたことが窺える。(32)

同様なことは海外への多国籍化としても現れている。アメリカの半導体産業を見てみると、七〇年代には生産工程が賃金の低いアジア諸国へ移転している。(33) 国内においては西部と南部へ、海外においてはアジア諸国へ資本移動が続いたのである。

ハイテク産業の立地特性に関しては、数多くの指摘が行われているが共通の見解が存在しているわけではない。しかし、A・グラスマイヤーによれば次の点は大枠として確認されているという。①ビジネス・サービスが得られる場所、②軍事支出の多い場所、③科学技術者を獲得できる場所である。(34) ビジネス・サービスに関しては、これは企業インフラであり、ある意味当然のことである。軍事支出の多い場所というのは、これは連邦政府の軍事研究開発が民間企業に委託され、これがハイテク産業の育成と結びついているということである。さらに科学技術者を獲得できる場所というのは、雇用に占める科学技術者の比率が高いというハイテク産業の特質からきているものであり、それは大学等の研究機関の集積がある地域ということになる。以上はハイテク産業のR＆D支出の多さに注目したものである。これに成熟した生産工程を考慮すれば、低賃金と非労働組合という要因を加えることができよう。

ところでこのような特性をもつハイテク産業が、伝統的基幹産業の立地する地域の雇用喪失を補う役割を果たすことができたであろうか。

すでに指摘したように、ハイテク産業の成長、伝統的基幹産業の衰退、これらが地域的経済構造の変容を引き起こしながら進展していること、そこに七〇年代の特徴がある。しかし七〇年代の変化は、ハイテク産業の成長が、伝統的基幹産業の失業問題等を解決し得なかったことを示している。このことは伝統的基幹産業とハイテク産業の構造的特質を比較すれば明瞭となる。

表3-4は、伝統的基幹産業である自動車産業と鉄鋼業を取り上げ、それをハイテク産業の代表であるコンピュータ産業の特質と比較したものである。ここから読みとることができるのは、ハイテク産業であるコンピュータ産業と伝統的産業である自動車および鉄鋼業の構造的相違である。

第一は、労働力構成の違いである。自動車産業では一四%が女性労働者であり、ゆえに男性労働者は八六%を占めている。また鉄鋼業では女性が六・九%、それゆえ九三・一%は男性労働者なのである。これに対してコンピュータ産業では、女性労働者の比率は三五・九%と高く、男性労働者は六四・一%にとどまっている。また生産労働者の比率にも大きな違いがあり、自動車・鉄鋼では七〇%台であるのに対し、コンピュータ産業では四〇%に過ぎず、科学技術者の比率が高いことを示している。

第二は、自動車や鉄鋼業の労働者は労働協約が適用されている比率が七〇%台と高いのに対し、コンピュータ産業では労働協約が適用されている労働者の比率は二%と極めて低い状態にあり、労働組合が弱い産業であるということがわかる。

第三は、コンピュータ産業は自動車・鉄鋼業にくらべて賃金が低いということである。生産労働者の平均時給

表 3-4　ハイテク産業，ローテク産業およびコンピュータ産業，自動車産業，鉄鋼業の比較[1]

（但し書きのない単位：％）

項　　目	ハイテク産業	ローテク産業	コンピュータ	自動車	鉄鋼
雇用者（千人）[2]	6,513.4	13,771.6	354.2	788.8	428.4
黒人[3]	5.3	9.7	4.1	13.5	13.0
女性[2]	30.7	33.2	35.9	14.0	6.9
生産労働者[2]	62.1	74.3	40.0	72.9	77.5
労働協約適用雇用者[4]					
全労働者	38.9	49.0	11.0	72.0	77.0
生産労働者	58.2	61.5	15.0	98.0	98.0
平均学歴年数[3]	12.5	11.6	13.7	12.1	12.0
平均年齢[3]	38.9	40.3	32.6	39.3	43.7
労働力安定度（50-52 週雇用者の比率）[3]	76.8	70.4	79.5	70.9	77.8
生産労働者の平均時給（ドル）[2]	7.62	7.12	6.73	9.85	11.84
全労働者の平均給与（ドル）[2]	22,300	18,800	23,000	30,300	34,100
資本－労働比率[2]	23,700	30,790	21,600	40,200	93,400
労働分配率[2]	51.9	50.3	47.7	70.8	73.8
大工場の比率[5]	41.4	23.6	58.5	71.5	89.4
集中度[5]	42.8	36.4	44.0	82.0	45.0
地域別雇用比率[6]					
中央大西洋岸	21.4	20.5	18.6	8.8	32.9
ニューイングランド	10.0	9.6	12.1	1.2	0.4
東北中央部	28.4	24.7	4.6	65.9	42.7
西北中央部	6.2	6.0	14.0	6.7	1.3
南部	19.6	32.1	13.4	11.5	16.5
西部	14.0	10.1	37.3	6.0	6.1

注：1)　ハイテク産業，ローテク産業は 3 桁の産業分類に基づいている．コンピュータ，自動車，鉄鋼の分類は 4 桁の産業分類．
2)　1980 年時点．
3)　1970 年時点．
4)　1968-72 年．
5)　1977 年時点．
6)　1972 年時点．

出所：Robert Z. Lawrence, *Can America Compete?*, 1984, p. 78.

を見ると、鉄鋼業が一一・八四ドル、自動車産業九・八五ドルなのに対し、コンピュータ産業では六・七三ドルにすぎない。このことはアメリカの繁栄を支えてきたといわれている製造業労働者が、ハイテク産業においては「中流階級」として存在することができないということを示している。

第四は、工場立地地域の相違である。地域別雇用比率で見ると、自動車産業が東北中央部に六五・九％集中しており、鉄鋼業が中央大西洋岸に三二・九％、東北中央部に四二・七％集中しているのに対し、コンピュータ産業は西部に集中しており、三七・三％と高い比率を示している。

以上のような相違は、労働者が伝統的基幹産業からハイテク産業へと移動することが容易でないことを示している。つまり、自動車産業から放出された男子生産労働者は、女性労働者比率が高いハイテク産業において職を見いだすことは容易ではない。科学技術者として再就職することも難しい。また労働協約が適用されておらず、賃金の低いハイテク産業の生産部門に職を見つけたとしても、それは大幅な収入の減少となるだろう。さらに、そのような職を得るためには、コンピュータ産業の多い西部へと移動しなければならないのである。このようにハイテク産業の成長は、伝統的基幹産業の抱えている問題を容易に解決することはできないのである。

われわれが以上において検討してきたように、七〇年代の構造変化は産業構造の変化にとどまらず、経済・地域構造全般における変化であった。大規模な資本移動は、産業間だけではなく地域間でも存在し、地域と労働に大きな影響を及ぼしたのである。それはサンベルト・スノーベルト、ブームタウン・破産都市、中流階級を形成してきた製造業労働者の没落、ハイテク産業における科学技術者と低賃金労働者への両極分化など多くの問題を引き起こした。これに資本の海外移動に伴う空洞化問題も加えることができよう。

七〇年代のこのような資本移動とハイテク産業の成長にもかかわらず、アメリカ経済は全体として衰退を続けたのである。資本移動・投資の撤退は労働者と地域が支えてきた生産基盤およびその緊密なネットワークを解体したのであり、急速な衰退と成長は社会的コストを著しく高めたとみなしてよいであろう。

七〇年代のアメリカ経済の診断は、政府・企業・労働の三者の関連を分析することを必要としているのだが、その際に企業と労働が「地域」という場をめぐってどのように行動し、従来の関係を再編しようとしているのかを検討することが必要である。一層踏み込んだ分析には、地方政府の政策との関連を問う必要があろう。

しかしながらこのような分析は主流派経済学においては積極的に取り上げられることはなかった。主流派によるアメリカ経済衰退の分析は、生産性上昇率の低下分析へと向かっていったのである。

3　経済的衰退と生産性問題

(1)　主流派の生産性アプローチ

七〇年代末にはケインズ的需要管理が機能しないことが明らかになり、それゆえアメリカ経済が抱えている問題は需要ではなく、供給にあるのではないかという見解が力を持ち始めていた。政府や学界の政策的関心は、インフレの制御と労働生産性上昇率の長期低下の原因とその処方箋をみつけることに移っていた[35]。

表3-5は労働生産性の伸び率を見たものであるが、四八—六五年まで三%台の伸びを示していたが、六五—七三年には二・三%、七三—七七年には一%と伸び率の低下傾向を明瞭に示している。農業を除いた統計でも、二%台後半の伸び率から二%、そして〇・九%の伸び率となっている。製造業で見ても七三—七七年は一・五%と低下している。労働生産性はGDPを労働時間で割ったものであり、生産性上昇は製品の単位あたりコストを低下させ、インフレ抑制や競争力強化に繋がる。それゆえインフレの抑制や国際競争力が政策課題となっているときには、生産性上昇がそれに対する有効な対策の一つとみなされる。

表 3-5　労働生産性の伸び（1948-78 年）

（年変化 %）

部　　門	1948-55	1955-65	1965-73	1973-77	1977-78
民間企業	3.4	3.1	2.3	1.0	0.4
非農業	2.7	2.6	2.0	0.9	0.6
製造業	3.3	2.9	2.4	1.5	2.5
非製造業	2.4	2.4	1.7	0.6	−0.3

出所：*Economic Report of the President*, 1979, p. 68.

表 3-6　生産性伸び率低下要因

研究と決定要素	1973 年以降の成長効果	低下貢献率(%)
	時間当たり産出伸び率の低下(非住宅産業)	
デニソン	1973-82 年(1948-73 年との比較)	
教育	0.10	−4.1
農業での天候	0.03	−1.2
年齢と性別構成	−0.02	0.8
在庫	−0.09	3.7
非住宅固定資本	−0.06	2.5
土地	−0.02	0.8
農業からの再配分	−0.19	7.8
農業以外の自営業からの再配分	−0.17	7.0
汚染の削減	−0.10	4.1
労働者の安全と健康	−0.02	0.8
不正行為と犯罪	−0.05	2.0
規模の経済	−0.15	6.1
需要の強さ	−0.23	9.4
残差	−1.47	60.2
合　　計	−2.44	100.0
	時間当たり産出伸び率の低下(民間企業)	
モーア	1973-78 年(1948-66 年との比較)	
産出構成の変化	−0.2〜−0.4	10〜20
不況・ストライキ・天候・エネルギーの産出への影響	−0.6〜−0.8	30〜40
資本形成と資本の質の低下	−0.5〜−0.7	25〜35
年齢・性別構成	−0.1〜−0.2	4〜10
連邦政府規制	−0.2	8〜10
残差	−0.4〜−0.1	20〜50
合　　計	−0.94	100

出所：Martin Neil Baily and Alok K. Chakrabarti, *Innovation and the Productivity Crisis*, 1988, p. 32.

そこでは投入労働時間あたりＧＤＰの伸び率の低下が、いかなる要因によって影響をうけるのかが問題となる。［投入 - 産出］ということで考えれば、まず何がどれだけ投入されているかが問題となる。この生産性伸び率低下がいかなる要因によってもたらされたのかについては数多くの研究が行われてきたが、まず主流派経済学の生産性研究を見てみよう。表3-6は、この分野の研究をリードしてきたE・デニソンとM・モーアの研究の結果である。ここでかれらは停滞寄与要因として教育、年齢と性別の構成、投資、環境対策、産出構成の変化など投入に影響を与える要因を検討している。

まず投入要素の一つである労働力を「年齢と性別構成」の変化から見てみよう。デニソンの推計では〇・八%、モーアの推計では四－一〇%のマイナスの影響を与えている。これは労働力人口において一〇代の若年労働力と女性労働力の比率が上昇し、その結果生産性の上昇率が停滞したというものである。これに対して、一〇代の若年労働力の増加が生産性上昇率に否定的な影響を与えたとしても、女性労働力もそうであったかに関しては批判がある。また統計的にはこのような労働力人口の変化が、六八年以降の生産性伸び率の停滞と一致しても、七三年以降の停滞を説明することができないことが指摘されている(36)。またそれ以上に問題なのは、その政策的含意であろう。そもそも生産性上昇率を引き上げるために、一〇代の若者と女性を労働市場から排除すべきなのか、あるいは排除することが可能であろうか。社会的にそのようなことが是認されるはずもないことは明瞭であろう。

次に、資本形成のあり方に影響を与える規制の影響を見てみよう。デニソンは「汚染の削減」がマイナス四・一%、「労働者の安全と健康」がマイナス〇・八%の影響があったとしている。モーアは「政府規制」が八－一〇%のマイナス要因であったと推計している。公害を減少させ、安全を強化し、健康を増進させることは、産出として計測されることがない。それゆえ、これらの規制に社会的資源を使用することは、生産性の上昇率の低下に繋がるという理解である。これも政策的に考えた場合、生産性を引き上げるために、公害を野放しにし、労働者の健康と安全を危険にさらす政策の採用は不可能である。そこでこの問題は不必要な政府規制は何であり、それはどの程度かということになる。

産出分野の変化も問題となる。モーアは「産出の構成における変化」が一〇－二〇%のマイナス要因となっているとしている。これは国民生産の中心が「財」から「サービス」へシフトすることによって、生産性の低いサービス分野の比重が上昇し、平均的な生産性伸び率が停滞するというものである。それでは政策的にサービス分野の成長を抑制すべきかといえば、そのような主張に与《くみ》するものはいないであろう。いえることはサービス分野の生産性をいかに引き上げるかであるが、規格化や機械化の難しさがサービス分野の特徴であることを考えれば、この分野における生産性の引き上げが一朝一夕に可能であると考えることはできない。

デニソンの研究では、「残差」が全体の六〇・二%と生産性伸び率低下の最大要因となっている。これに対してモーアの研究では最大要因の「残差」が二〇—五〇%である。「残差」とは「知識の進歩・その他」のことであるが、「知識の進歩」はR&D支出に結びつけて理解される。R&D支出が「知識の進歩」を引き起こすと考えるからである。それゆえR&D支出のGNP比率の低下は、無形資本増加率の減少であると判断される。六四年にはGNP比で三%であったR&D支出が、七八年には二・二%まで低下していたことと生産性の伸び率低下を結びつけて理解しようというのである。確かに、R&D支出は七〇年代初頭のGNP比三%から七〇年代末には二%の水準にまで低下してきているが、生産性の伸び率の低下はR&D支出の低下よりはるか以前の六五年に低下しはじめており、この説明にも疑問が投げかけられている。(37) その上、「残差」においては、「知識の進歩」と「その他」の比重は区別されていない。それゆえR&D投資を増加させても、知識の進歩がどの程度生産性上昇に貢献できるかは不明である。

最後に、デニソンでは「非住宅固定資本投資」が二・五%であり、モーアにおいては「資本形成と資本の質的低下」が二五—三五%のマイナスの影響を示している。企業投資のGNP比を見てみると、四九—五九年が九・一%、五九—六九年が九・八%、六九—七四年が一〇・五%、七四—七九年が一〇・三%と必ずしも低下していない。設備投資に関しては次のようであった。生産性の伸びが高かった一九四八—六五年には機械設備への投資は、平均してＧＮＰの九・五％であった。生産性の伸び率が低下した時期である六五―七二年にはＧＮＰの一〇・二％であり、また七三―七八年にはＧＮＰ比一〇・一％であった。この数字を見る限り、投資一般と生産性を直接的に関連づけることはできないということになる。(38)

『八一年大統領経済報告』によれば、労働生産性に関しては「政府規制の増加のほかとりわけエネルギー価格の上昇、労働力と比較しての資本増加率の低下、研究開発支出の減少などが関心のまとになっていた。しかし上昇鈍化のかなり大きな部分がまだ説明されていないことも、広く認められている」(39)としながらも、「生産性に影響を与える要因の多くは政府が直接的または直ちに影響を与えることができないものではあるが、それでも経済政策（とくに租税政策）は資本形成のペースに影響を与えることができる」(40)としている。

生産性伸び率低下の原因が何であれ、資本投入量が増加すれば生産性を引き上げることが可能であるという立場をとっている。とりわけ労働者一人あたりの資本投入量の増加が実現すれば、生産の増加につながり、それゆえ生産性を上昇させることになるというものである。

以上のような生産性分析の結果いかんにかかわらず、政府にできることは限られており（政府規制緩和、連邦Ｒ＆Ｄ支出の増大、投資刺激税制など）、それゆえに投資をいかに増加させるかに焦点は絞られた。しかしボールズらはこのような分析を「資本不足説」と名づけて批判する。批判の理由は、アメリカ経済の停滞は資本が不足しているからではなく、むしろ「たるみのある経済」によって生じていると判断しているからである。(41)

資本が不足していたかどうかを手元流動性（cash & equivalent）で見てみよう。一九七七年時点でＳ＆Ｐ（スタンダード・アンド・プアーズ）工業株四〇〇種の企業では、記録的な八〇〇億ドルの手元流動性を保有していた。七三―七八年にかけての手元流動性の伸びを見ると、航空宇宙産業が六七五・二％、石油産業が五〇五・六％、電気・電子産業が二七九・五％であった。また個別企業の手元流動性の伸び率を見ると、同期間にマクダネルダグラス社は六八九二・九％、DECが四五八〇・九％と極めて高い伸びを示している。[42] 七〇年代の動きは、資本が不足しているというよりはむしろ増大している時期と見なしてよいであろう。問題は資本が十分あったにもかかわらず、なぜに投資に向けられなかったのかということになる。

これについてはサプライサイダーが次のようにその理由を説明している。彼らは生産性問題とインフレ問題の関係は一般に認識されているよりも複雑で根本的であると述べ、インフレが資本投資を大きく妨げていると分析している。この投資抑制的な効果の主要な理由は、インフレが設備更新コストを高くしているにもかかわらず、法律が購入時の価格で設備投資の更新を考えているからであるという。もし企業の減価償却費を実際にかかる更新費用で計上するならば、当然減価償却費は上昇し、そして名目利潤は減少し、それゆえ法人税負担も減少することになる。しかしながら、購入時の価格での設備更新を前提にした会計基準では、インフレの上昇は税引後実質利益を減少させ、そして固定資本投資に対する税引後利益率を減少させることになる。すなわちインフレと投資の間には、インフレ率が高まると投資水準が低下するという逆の関係が存在することになる。フェルドシュタインの推計によれば、既存の減価償却方法では、一九七三年では企業の減価償却は二五〇億ドル以上過小評価されているという。この過小評価は法人税負担を一二〇万ドル分、法人税の二〇％分の増加となっており、一九七三年純利益五三〇億ドルの二三％分の純利益を減少させている。[43] ここにはインフレが資本投資を大きく妨げている理由が明らかにされている。このインフレと投資の関連の解明は、投資を促進するためにはインフレを抑えるか、インフレ下においても投資を抑制しない税制改革を行うか、ということになる。

それだけではない。インフレは原材料在庫を積み増して在庫利益を引き上げようという経営行動を引き起こした。実際一九六〇年代には生産からの利益は最高で八二％であり、残りの一八％は在庫利益と資本コストや資本設備の過小評価によるインフレ関連利益であった。これが七〇年代に進んだインフレのために、八〇年代の初めまでには全体利益に占めるインフレ関連の利益は五四%に達し、逆に生産からの実質営業利益は四六%にまで低下したという報告がある。(44) 経営者はインフレを前提に原材料や在庫商品の上昇による短期的利益獲得へ関心を払うことになった。それゆえインフレは企業経営者をして巨額のリスクを伴うR&D支出を回避させ、また生産工程の改善や労働者訓練などの生産的活動を軽視する要因となった。インフレ下において経営者は生産的投資を手控えることになったと見てよいであろう。

資本が不足していたのではなく、それが投資とりわけ生産的投資に向けられていなかったことに問題があったと見るべきであろう。

(2) 社会的生産性アプローチ

「社会的蓄積構造」を問題とするラディカル・エコノミストは次のように批判している。「主流派エコノミストは、伝統的に生産を、……機械的過程とみなしてきた。現存の技術的知識が与えられれば、労働や機械のような投入物は、機械的な規則性をもって自動車やコンピュータのような産出物に変換される。……なすべきことのすべては、一方の端からどれだけ入れたかを計算することだけ(45)」である。その意味で主流派のアプローチは、「技術的生産性アプローチ」と呼ぶことができよう。デニソンらの研究は［投入－産出］を問題とし、この投入と産出をつなぐ生産過程をブラックボックスとして扱っているのである。

もっともすでに検討したデニソンらの研究がまったく社会的要素を扱っていないのかといえばそうではない。投入要素の変化自体が社会的変化を反映しているといえよう。だがそこには投資行動を左右する社会的経済的環境が分析されていなかった。その点を補ったのがフェルドシュタインらのインフレが企業の投資行動に与える影響の分析であった。にもかかわらず投入と産出をつなぐ生産過程をブラックボックスとしていることに変わりはない。

重要なのは投入量とともに、投入と産出をつなぐ生産過程の分析である。生産過程は生産性に影響をあたえる労使関係と生産システムによって構成されているのであり、この分析なしには生産性分析は不十分である。投入されたものがどのような労使関係や生産管理システムにおいて生産されているのかが問われてしかるべきであり、アメリカにおいては、それは労働協約として集約されている。そこには時代ごと、産業ごとの生産関係の違いが反映しており、それゆえにそのような研究を「社会的生産性アプローチ」と呼ぶことができよう。

生産システムの研究は経済学者ではなく経営学者によって行われてきた。W・アバナシーは生産性停滞の原因を自動車産業を事例に検討している。(46) そこではアメリカ産業の発展を支えてきたフォードシステム＝大量生産システムが、現在では逆にイノベーションを阻害する要因に転化していることを明らかにしている。自動車産業の生産方式が他の産業に拡散してきたことを考えれば、自動車産業の生産システムの問題点は、アメリカ製造業の問題点を象徴的に示しているといえよう。規格品大量生産システムは、イノベーションを停滞させる硬直した生産システムであるとされている。

このアバナシーの研究を理論的に引き継いだのが労働経済学者のM・ピオリと政治学者のF・セーブルである。彼らは、「今日みられる経済活動の衰退は、大量生産体制に基づく産業発展モデルの限界によってひき起こされたと考えねばならない(47)」と述べ、「賃金決定のナショナルなシステム」と「職場コントロール」を取り上げ、この大量生産型労使関係がその限界を示し、それが現在では成長や生産性の障害となっているとしている。

「賃金決定のナショナルなシステム」は、ある時期までは大量生産と大量消費の好循環要因となり、マクロ経済的安定化＝経済成長に寄与してきたことはすでに指摘した通りである。しかし、インフレが構造化し、国際競争力の低下が明らかになるやいなや、このシステム自体が経済成長の障害物とみなされるようになったのである。(48)

「職場コントロール」のアメリカ的システムの支配的な型が固まったのは、一九五〇年代の大量生産産業においてであった。そこにおいては「職務」と「先任権」に関する規定が大きな役割を果たしていた。職務規定とは専門化・細分化された作業に関する規定であり、先任権は仕事配分に関する基準である。所得・雇用保障・自己決定などはすべてこの職務と先任権に依存している。(49) このような生産システムの硬直化が、七〇年代の国際競争が激化した経済においては適合できないものであることが明らかになった。生産過程におけるアメリカ的労使関係の硬直化が衰退の原因とされているのである。ピオリとセーブルによれば対策として必要なのは、労働者の労働過程への知的参加を増やすことによる「柔軟性」と「専門化」の結合であり、そのことによる製造工程の絶えざる革新である。(50)

またボールズらの社会的蓄積学派も、生産過程における労使関係に注目している。彼らは主流派が問題にしなかった生産性に影響を与える三つの社会的要因に注目している。その三つとは「労働強度の低下」「企業に対するイノベーション圧力の低下」「企業支配への大衆の抵抗」であり、技術的生産性アプローチでは見逃されている三つの社会的要因が、生産性の停滞と強く関連していることを次のように検証している。(51)

「労働強度の低下」は生産過程分析と結びついている。労働強度は生産性に対して大きな影響をもつが、それは労働者自身の労働への動機づけの強さと経営側の統制力によって決まる。この労働への動機づけを測定するために、「時間あたり実質可処分所得」「職業上の安全＝労働災害率の逆数」「職務に対する満足度」の歴史的データをとっている。その結果、七三—七九年は三つの変数すべてにおいて大幅な低下が見られた。つまり労働者の労働に対する満足度は低下していた。経営側の統制力についても、一九六〇年代末以降、雇用者に対する経営の支配力は低下したと結論づけるデータがある。ゆえに労働強度の低下が進展し、生産性伸び率を引き下げる一要因になっていると結論づけている。労働者の勤労意欲を引き出すためには、実質賃金の引き上げ、職場の安全確保、労働者の参加を広い分野において認めることが必要になるとしている。労働者の参加、これはピオリらの提案と一致する。

また「企業に対するイノベーション圧力の低下」が生産性伸び率を低下させているとも主張する。これは企業経営において、投機や金融取引から利潤を得ようとする短期的視野が重視され、それゆえ生産的投資が軽視されているためだという。すなわちインフレが生産よりも非生産的利得に企業経営を傾斜させる要因となっているのである。そしてかれらは「企業倒産率」を手がかりに「投資をする経営者の利潤見通しにたいする評価が暗くなるにつれて、イノベーションはその速度を落とし、倒産率も低下しはじめた。これが、企業に利用可能な技術的イノベーションを採用し応用させる圧力を弱め、おそらくは生産性上昇率の低下をもたらす結果となった」という判断を下している。

「国際影響力の後退と企業支配に対する大衆の抵抗」については次のように説明する。国際影響力の後退とは交易条件の悪化であり、アメリカが財・サービスを海外から輸入する際の輸入価格の上昇となって現れる。この輸入投入価格上昇によって生産性が低下するという。また企業支配に対する大衆の抵抗は、消費者保護、公害規制などの政府規制の増大となって現れるが、これらは投入を増加させはするが産出の増大には繋がらず生産性伸び率の低下となる。この点はデニソンらによっても指摘されている点である。

資本と地域との分析から七〇年代アメリカの崩壊を描きだしたのはブルーストンとハリソンであった。彼らは「生産性は社会関係そのものだ」という視角から、「資本移動」によって社会的な生産性や雇用や所得や安定したコミュニティの物的基盤そのものが破壊されていることを指摘した。このような分析では資本移動がどの程度生産性上昇率に影響を与えているかについて計測することはできないであろうが、コミュニティの崩壊は生産性伸び率の停滞を引き起こす要因であることは予想し得るところである。企業と労働の関係を地域との関連で再編成することが必要とされる。

最後に生産性伸び率の停滞を軍事費と関連づける研究を見てみよう。例えばR・ディグラスは、「大規模な軍事支出のために、アメリカの産業力は衰退させられてきたという仮説を検証し」[52]、軍事費負担の重い国ほど、投資に回る比率が少なく、ゆえに生産性の伸びが悪くなるという結論を引き出している[53]。すなわち軍事費に使う資源が他の分野に投入されていたなら、投資は増加し、アメリカの生産性の伸びはより高くなったはずだというのである。

このような主張は経済衰退の原因を軍事費に押し付けることを可能とする。しかしながらこのディグラスの分析も「投入－産出」をつなぐ生産過程分析をブラックボックスとしている。これは主流派の生産性分析と共通した欠陥である。

アメリカの歴史的推移をみると、朝鮮戦争とベトナム戦争を含む五〇－七三年までの時期は軍事費のGNP比率が高かった時期であるが、この時期のほうがベトナム戦争後の軍事比率の低下時期よりも高い生産性伸び率を示していたのである。この事実を整合的に説明しようとするならば、軍事支出の効果は時差をともなって生産性にマイナスの影響を与えることを論証する必要がある。しかしそれ以上に、様々な経済的要因が影響を与えていると考えられる「生産性」を分析する場合に、軍事費という単一の要因から説明する危険を犯すべきではないことはこれまでの検討から明らかであろう。

注

(1) 次の文献は、この時期のアメリカ経済の衰退状況を、所得動向を中心として検討している。Frank Levy, *Dollars and Dreams : The Changing American Income Distribution*, 1988.

(2) *Economic Report of the President*, 1981, p. 35.（経済企画庁調査局監訳『一九八一年版 アメリカ経済白書』一九八一年、九ページ）。

(3) Bruce Bartlett, *Reaganomics : Supply Side Economics in Action*, 1981, p. 3.（斎藤精一郎訳『レーガノミクス』ダイヤモンド社、一九八二年、七ページ）。

(4) Herbert Stein, *Presidential Economics*, 1984, p. 210.（土志田征一訳『大統領の経済学』日本経済新聞社、一九八五年、二二二ページ）。

(5) *Economic Report of the President*, 1977, p. 51.

(6) 以上については、Herbert Stein, *op. cit.*, chap 6（前掲邦訳、第六章）および小林清人「財政金融政策」（馬場宏二編『アメリカ—基軸国の盛衰—』御茶の水書房、一九八七年、所収）を参照。

(7) 外務省経済局編『サミット関連資料』財団法人社会の動き社、一九九六年、四七ページ。

(8) *Economic Report of the President*, 1981, p. 44.（前掲邦訳、二〇—二二ページ）。

(9) Michael J. Piore and Charles F. Sabel, *The Second Industrial Divide : Possibilities for Prosperity*, 1984, pp. 79–80.（山之内靖他訳『第二の産業分水嶺』筑摩書房、一九九三年、一〇七—一〇八ページ）。

(10) *Economic Report of the President*, 1981, p. 38.（前掲邦訳、一二ページ）。

(11) Michael J. Piore and Charles F. Sabel, *op. cit.*, p. 104.（前掲邦訳、一四一ページ）。

(12) 鈴木直次「労使関係」（馬場宏二編、前掲書、一一九ページ）。

(13) Samuel Bowles, David M. Gordon, and Thomas E. Weisskopf, *Beyond the Waste Land : A democratic alternative to economic decline*, 1983, p. 117.（都留康・磯谷明徳訳『アメリカ衰退の経済学』東洋経済新報社、一二二ページ）。また次の文献も参照。Paul McCracken et al., *Towards Full Employment and Price Stability*, 1977, Chapter 5.（OECDマクラッケン報告『世界インフレと失業の克服』日本経済新聞社、一九七八年、第五章「諸要求の競合」）。

(14) *Economic Report of the President*, 1981, p. 49.（前掲邦訳、二六ページ）。

(15) *Ibid.*, p. 47.（同右、二四ページ）。

(16) *Ibid.*, pp. 74-75.（同右、五八—五九ページ）。

(17) *Ibid.*, p. 83.（同右、六八—六九ページ）。

(18) *Ibid.*, p. 59.（同右、三九ページ）。

(19) Barry Bluestone and Benett Harrison, *The Deindustrialization of America : Plant Closing, Community Abandonment, and the Dismantling of Basic Industry*, 1982, pp. 15-16.（中村定訳『アメリカの崩壊』日本コンサルタントグループ、一九八四年、二五ページ）。

(20) Bernard L. Weinstein and Robert E. Firestine, *Regional Growth and Decline in the United States : The Rise of the Sunbelt and the Decline of the Northeast*, 1978, p. 134.

(21) Barry Bluestone and Benett Harrison, *op. cit.*, pp. 7-8.（前掲邦訳、一〇―一一ページ）。

(22) *Ibid.*, p. 30.（同右、四四ページ）。

(23) サンベルトとして注目された南部の工業化については次の文献が有益である。藤岡惇『サンベルト米国南部：分極化の構図』青木書店、一九九三年。

(24) Barry Bluestone and Benett Harrison, *op. cit.*, p. 31.（前掲邦訳、四六ページ）。

(25) *Statistical Abstract of the United States*, 1984, p. xvii.

(26) U.S. Department of Commerce, *An Assessment of U.S. Competitiveness in High Technology Industries*, 1983, pp. 3-4.

(27) ハイテク産業の定義は商務省だけでもDOC-1、DOC-2、DOC-3と三種類ある。さらに全米科学財団、労働省とハイテク産業の定義はまちまちであり、統一したものは存在しない。詳しくは次の文献を参照。U.S. Department of Commerce, International Trade Administration, *U.S. High Technology Trade and Competitiveness*, 1985, pp. 32-40. また次の文献は、政府と異なるハイテク産業の定義をした上で、ハイテク産業の成長段階に応じたライフサイクル分類を試みている。Ann Markusen, Peter Hall and Amy Glasmeier, *High Tech America: The what, how, where, and why of the sunrise industries*, 1986.

(28) Amy Glasmeier, "High-tech policy, high-tech realities : the spatial distribution of high-tech industry in America," in Jurgen Schmandt and Robert Wilson (ed.), *Growth Policy in the Age of High Technology*, 1990, p. 75.

(29) Norman J. Glickman and Amy K. Glasmeier, "The International economy and the American South," in Lloyd Rodwin and Hidehiko Sazanami (ed.), *Deindustrialization and Regional Economic Transformation*, 1989, p. 72.

(30) Amy K. Glasmeier, "High-Tech Industries and the Regional Division of Labor", *Industrial Relations*, Vol. 25, No. 2, Spring 1986.

(31) Edward J. Malecki, "Industrial Location and Corporate Organization in High Technology Industries," *Economic Geography,* Vol. 61, 1985.

(32) ゴードン・クラークは、ボストンに本社のあるエレクトロニクス企業Data Inc. を取り上げ、同社がボストンにあった生産工場をノースカロライナ州に移転した事例を具体的に検討している。そこから彼は、R&D部門に働く技術者と生産部門の生産労働者の企業に対する交渉力の違いを指摘し、そのことが工場立地決定の要因となっていると分析している。企業は、労働に対する支配を有効に行うために、技術者を内部労働市場化するのに対して、生産労働者を外部労働市場化しているという（Gordon L. Clark, "The Employment Relation and Spatial Division of Labor : A Hypothesis," *Annals of the Association of American Geographers*, Vol. 71, No. 3, Sep. 1981）。

(33) 拙稿「アメリカ半導体産業の多国籍化とアジア途上国」『関東学院大学 経済研究所年報』第一一集、一九八九年。

(34) Amy Glasmeier, "High-tech policy", *op. cit.*, p. 72.

(35) Martin Feldstein (ed.), *The American Economy in Transition*, 1980, p. 102.（宮崎勇監訳『戦後アメリカ経済論—変貌と再生への道—(上)』東洋経済新報社、一九八四年、一三四ページ）。

(36) Martin Neil Baily and Alok K. Chakrabarti, *Innovation and the Productivity Crisis*, 1988, pp. 16-17.

(37) Lester C. Thurow, *The Zero-Sum Society : Distribution and the Possibilities for Economic Change*, 1980, pp. 85-86.（岸本重陳訳『ゼロ・サム社会』TBSブリタニカ、一三一ページ）。

(38) *Ibid.*, p. 86.（同右、一三二ページ）。

(39) *Economic Report of the President*, 1981, pp. 69-70.（前掲邦訳、五三ページ）。

(40) *Ibid.*, p. 70.（同右、五四ページ）。

(41) Samuel Bowles, David M. Gordon, and Thomas E. Weisskopf, *op. cit.*, pp. 53-59.（前掲邦訳、五五—六一ページ）。

(42) *Business Week*, September 18, 1978, pp. 97-99.

(43) Congress of the United States, Joint Economic Committee, *The 1979 Joint Economic Report*, pp. 43-44.

(44) *Economic Report of the President*, 1989, pp. 47-48.（『アメリカ経済白書 一九八九』日本評論社、一一二ページ）。

(45) Samuel Bowles, David M. Gordon, and Thomas E. Weisskopf, *op. cit.*, p. 124.（前掲邦訳、一二九ページ）。ボールズらは、主流派の研究を「技術的生産モデル」とし、自らの研究をそれに対比して「社会的生産性モデル」としている。

(46) William J. Abernathy, *The Productivity Dilemma : Roadblock to Innovation in the Automobile Industry*, 1978. アバ

ナシーの研究の位置づけについては次の文献を参照。萩原進「再工業化の可能性」（法政大学比較経済研究所・萩原進・公文溥編『アメリカ経済の再工業化』法政大学出版局、一九九九年、所収）。

(47) Michael J. Piore and Charles F. Sabel, *op. cit.*, p. 4.（前掲邦訳、四ページ）。

(48) ピオリらは次のように述べている。「賃金決定メカニズムは、消費購買力を維持した。しかし、このメカニズムは、賃金と価格を硬直化させてしまうために、それらは資源配分のための有効な手段として機能することはもはやできない」（*Ibid.*, p. 83. 前掲邦訳、一一四ページ）。

(49) *Ibid.*, pp. 113-115.（前掲邦訳、一五三―一五六ページ）。

(50) *Ibid.*, p. 278.（前掲邦訳、三五四ページ）。

(51) Samuel Bowles, David M. Gordon, and Thomas E. Weisskopf, *op. cit.*, Chapter 6.（前掲邦訳、第六章）参照。

(52) Robert W. DeGrasse Jr., *Military Expansion Economic Decline : The Impact of Military Spending on U.S. Economic Performance*, 1983, p. 4.（藤岡惇訳『アメリカ経済と軍拡』ミネルヴァ書房、一九八七年、五ページ）。

(53) *Ibid.*, pp. 47-48.（同右、五三―五六ページ）。

第四章　レーガノミクスと政策課題の転換

1　ケインズ主義批判

七〇年代末には、生産性を引き上げることによってインフレを抑制し、国際競争力を強化することに政策課題の優先順位は移っていた。需要から供給に経済学の関心はシフトしてきたし、それゆえマクロ的には投資が、また産業論的には競争力強化が注目されるようになってきた。しかしながらこのような政策の実現は、それまで需要面を重視してきたケインズ主義との対決と決別なくしては達成できないものであり、それはケインズ主義＝「大きな政府」批判となって現れたのである。

経済学をとりまく状況は次のようであった。「一九七九年には、別の方向へ進むべきだということが、どうやらはっきりとした。われわれは、政府支出、政府への税金、政府赤字、政府規制、政府による通貨供給の拡大など、すべてが急速に増加した二〇年間の終わりにいた。そしてこの二〇年の終わりに、インフレ率は高まり、実質経済成長率は低下し、「正常」な失業率――好況時の失業率――は以前よりも高まっていた。諸々の問題の原因はすべて政府の比重の増大にあり、この傾向を逆転するか、すくなくとも押しとどめることが問題の解決につながるという結論ほど自然なものはなかった(1)」。このように「政府の比重の増大」を問題視し、解決の糸口もその傾向の逆転にあるという方向に動き始めていた。

ＮＢＥＲ（全米経済研究所）創立六〇周年セミナー（八〇年一月開催）記録の出版にあたり、七〇年代アメリカの経済の問題点をＭ・フェルドシュタインは次のように総括している。「本書に収録された論文やコメントの多くがこうした経済パフォーマンス悪化の一つの大きな理由かもしれない――おそらく、唯一の大きな理由――としてあげているのは、政府の役割の拡大という点である」(2)。もっとも政府が意図的に経済パフォーマンスを悪化させようとしたのかといえば、決してそうではなく、「政府による善意の政策が逆効果をもたらすことが多いのはなぜかを説明する一つの基本的な理由が存在する。政府の意思決定は本来的に近視眼的――家計や企業以上に――である。政治的計算にのっとれば、政策のよし悪しというものは、たかだか二年以内に目に映るその効果で判断される(3)」という。つまり政府の肥大化の根底には選挙に左右される「政治プロセスの近視眼ぶり」があり、それゆえに政府の役割を縮小させること、かつ短期的視点ではなくより長期的な視点に立脚した経済運営が必要であることをフェルドシュタインは主張しているのである(4)。

ケネディ政権以降にアメリカ社会に定着したケインズ主義思想との対決、このことを避けては新たな経済政策をアメリカ社会に導入することはできなかった。これはまたケインズ主義のもとで形成された政府・企業・労働の間の「政治的手詰まり」状況を打開することでもあった。

ケインズ主義批判に必要な武器は、「小さな政府」と「長期的視点」であったが、「政治的計算にのっとれば、政策のよし悪しというものは、たかだか二年以内に目に映るその効果で判断される」というフェルドシュタインの指摘に見ることができるように、彼らは「政治プロセス」と「ケインズ主義」との結合の中に問題を発見した。もっともこのような研究はＪ・ブキャナンやＲ・ワグナーなどの「公共選択学派」の研究者によって行われてきたものである。彼らは「一九六〇年以後の時代に、われわれは、持続的でかつ増大する予算赤字、急速に膨張する政府部門、高い失業、明らかに慢性的でかつ上昇気味のインフレーション、およびそれに付随するアメリカの社会政治秩序にたいする幻滅、に悩んできた」と述べ、「一体何があったのか」と問い、「大きな責任を負わなければならない過去の学者はケインズ卿その人である」とし、「ケインズ派経済学は政治家を締まりのないものに変えてしまった。つまり政治家の例の支出癖にたいする効果的な束縛を破壊してしまった。ケインズ派のメッセージで武装した政治家は、課税の必要に迫られずに支出できるし、また支出している」[5]と批判したのである。民主主義社会におけるケインズ主義の適用は、財政赤字を肥大化させインフレを引き起こす政治メカニズムの中で機能しているというのである。そして政治プロセスから生じるこの「増大する予算赤字、急速に膨張する政府部門」を是正するため、かれらは予算均衡のための「憲法ルール」策定を主張するのである。

「短期的視点」の批判、すなわち「長期的視点」の確立に関しては、次のスタインの指摘が理解を助けてくれる。スタインによれば七〇年代末には「長期的視点の再発見により、経済政策をめぐる考え方が多くの点で変化し」、「金融政策が舞台の中央に登場することにな」り、「同時に、長期的成長への関心は、予算政策をめぐる考え方を変化させ」、「財政政策と金融政策は、同じ目的を達成する補完的ないし代替的手段としてではなく、それぞれがより明確な機能をもつことになる。すなわち、金融政策は安定した物価水準の達成を、財政政策は長期的な実質生産の増大の促進を、それぞれ目的とするものとされた」[6]のである。「長期的視点の再発見」は、それまでの財政金融政策を大きく変えることに繋がった。このような経済政策をめぐる考え方の変更は、ケインズ主義を批判してきたマネタリストとサプライサイド経済学によって理論的な正当性を付与された。

金融面でのケインズ主義に対する批判はM・フリードマンに代表されるマネタリストによって行われてきた。マネタリストは通貨の流通量を一定とすることにより、インフレを抑制し経済成長を実現できるとした。これは財政政策の補完としての金融政策というケインズ主義的理解を批判し、マネーサプライの管理により、インフレなき安定的経済成長が実現できるとする理論である。彼らはケインズ主義の「裁量」の失敗に対して、「ルール」の導入を主張したのである。

マネタリストのこの考えは次のような想定にもとづいていた。M（通貨の流通量）、V（通貨の流通速度）、P（物価水準）、T（取引量）の四つの変数の間には［MV＝PT］の関係が成り立つが、マネタリストはこの中のVとTを一定と考えた。それゆえにMを管理することによりPを引き下げ、インフレを終息させようと考えたのである。

このような金融政策の独立化とともに、財政政策にも変化を求める経済理論が登場する。先の公共選択学派が政府の肥大化を批判し、それに歯止めをかける法的ルール制定を求めるのに対し、積極的に経済にインセンティブを与え、「長期的な実質生産の増大の促進」を目的とする財政政策の理論を担ったのがサプライサイド経済学である。このことによって財政政策は、需要ではなく、供給サイドへの影響という視点から位置づけなおされることとなった。それは減税政策の供給効果を重視する政策として具体化される。「サプライサイド・エコノミックスを最も正確に定義するなら、財政政策が、勤労、貯蓄、投資に対するインセンティブ、および経済における資源配分に及ぼす効果へのミクロ経済理論の応用、ということになろう」[(7)]とW・ニスカネンは述べている。

「長期的視点」に基づく経済分析は、『一九八〇年大統領経済報告』において取り入れられている。さらに次の年のカーター政権最後の『一九八一年大統領経済報告』においては、供給サイド政策の重視がより積極的に示され、資本形成のシェアを高めることの重要性と、供給志向的な減税と一般的な需要抑制との統合が主張されていることは前章で検討したとおりである。

このようなケインズ主義批判と供給重視の考え方は、一九七〇年末の時点で、すでに大きな動きとなっており、その意味でレーガノミクスはこの流れの継承という側面をもっていた。〝需要面ではなく供給面を重視すること〟、

〃短期ではなく長期的視点を重視すること〃、〃財政には投資と生産性上昇の役割を担わせること、そして金融には物価安定の役割を行わせること〃、このように供給面の重視、そして長期的観点の重視による財政と金融の役割分担、このようなことは先に見たケインズ批判の経済学説の助力によってコンセンサスとなりつつあった。

しかしながらここにおいて留意すべきは、小さな政府や政策運営における長期的視点の導入が、ただ単なる政策転換として、利害中立的なものとして実行できるわけではないことである。インフレが構造化している社会においては、政府と企業と労働、この三者の拮抗した力関係を変えることなくしてはどのような経済理論も現実には機能しないのである。それゆえ残された課題は、そのような政策を実現できる大統領の登場＝政治的転換であり、それを担ったのがレーガンであった。レーガンは「より高い成長」と「物価の安定」を確約したが、その際国民の支持を得る手段となったのは、大幅減税による経済成長の実現と軍備の増強による強いアメリカの復活であった。「富＝経済成長」と「安全保障＝軍事」は依然としてアメリカ社会の価値の中心に位置していたのである。

2　レーガノミクスの理論と現実

(1)　インフレの終息と経済成長

八〇年の大統領選挙でカーターに勝利したレーガンは、八一年から八八年まで大統領を二期務めた。「新保守主義」として新しい政治哲学をもって政治の舞台に登場したレーガンは、大きな政府を批判し、個人や民間の役割を重視する政策をうちだした。これは七〇年代末のアメリカ社会の「行き詰まり」「袋小路」状況からの打開策であり、アメリカ社会を政治的経済的に大きな転換に巻き込んだ。一言でいえば、七〇年代末の「政治的手詰まり」状況を新たな保守的方法で打開しようとしたのである。

レーガンが提起した経済政策はレーガノミクスといわれた。レーガノミクスは七〇年代のアメリカ経済の衰退（スタグフレーションと生産性伸び率の停滞）に対する診断、そして衰退をもたらしたとされるケインズ経済学との対決から生まれたものである。すなわちスタグフレーションと生産性伸び率の低迷は、需要面を重視し政府を肥大化させたケインズ主義的政策＝積極的財政金融政策によって引き起こされたものであり、それゆえに、この経済的混乱と衰退現象を改善するためには、需要面ではなく供給面を重視した新たな経済政策が必要というわけである。そのためにレーガノミクスは、マネタリスト、サプライサイダー、公共選択学派などの理論を取り込んだのである。(8)

レーガノミクスは、一九八一年二月一八日の「新しい米国の出発」と題する経済再建計画において具体化された。そこでは、①財政赤字の削減―財政均衡論（公共選択学派）、②法人・個人の大幅減税―貯蓄と投資の促進（サプライサイド経済学）、③安定的金融政策（マネタリズム）、④規制緩和（サプライサイド経済学）の四つの政策が打ち出されている。①の財政赤字の削減および③の安定的金融政策はインフレ抑制を目指した政策であり、②の大幅減税および④の規制緩和は投資増強による生産性上昇を目的とした政策である。具体的に見てみよう。

①の財政赤字削減・財政均衡は、大きな政府を小さな政府に転換するために必要な政策である。財政赤字がインフレを引き起こすことになるか否かは、他の要因との関連で考察することが必要なのであり、公共選択学派のように短絡的に財政赤字とインフレを結びつけることはできない。(9) しかし財政赤字の削減を政策の上位に位置づけることは、政府が失業率四％の完全雇用を政策優先順位の第一位としないことの表明となる。その意味で財政均衡政策は、ケインズ主義的財政運営への決別であり、インフレの要因となってきた政府の政策運営への「期待」を変化させる前提であった。もっともレーガンは財政赤字の削減を主張しながら、大幅減税をも提起してい

るわけであり、それをどのようにして実現するかは課題であった。

③の安定的金融政策も積極的財政政策を補完してきた金融の役割との決別である。金融の中心的役割を長期的物価安定へ移すことによって、インフレ抑制の姿勢を示すものである。もっともこの政策はカーター政権下の七九年一〇月から、FRB議長のP・ボルカーによってすでに実施されていた。

投資を増大させ生産性を上昇させる役割を期待されたのは、②の減税政策と④の規制緩和政策である。②は個人・法人所得税の大幅削減であるが、これこそレーガノミクスの核心をなす政策であった。この政策は「一九八一年経済復興租税法」(Economic Recovery Tax Act of 1981) において具体化された。サプライサイダーは「労働」と「貯蓄」と「投資」について独自の理論を提起した。それは個人減税を実施することによってまず労働者の勤労意欲を高め、そのことによって増大した所得が貯蓄に回り、投資に必要な資金が確保されると考える。これに法人減税が加わり、投資へのインセンティブが強化されるという論理である。

六四年のケネディ減税において検討したように、ケインジアンは減税の効果として、消費支出の増加とその生産への短期的効果を重視した。それに対してサプライサイダーは、ケインジアンとは逆に、減税政策に貯蓄増と長期的な生産能力拡充効果を期待したのである。ここにおいて興味深いのは、八〇年代のサプライサイド経済学が、六〇年代のニュー・エコノミクスとはまったく逆の理論的立場から(需要面ではなく供給面から)減税政策をとりあげ、成長政策として打ち出していることである。

④の規制緩和は、政府規制が企業投資を抑制していると判断し、規制を緩和することにより投資を増大させようというものであった。この政策はまた政府が航空業界等の規制を緩和することによって、意図的に価格下落を引き起こし、インフレ率を引き下げるきっかけを作ろうというものでもあった。

以上がレーガノミクスの政策的枠組みであるが、これらの政策は八一―八二年の景気後退期と八二年末以降の

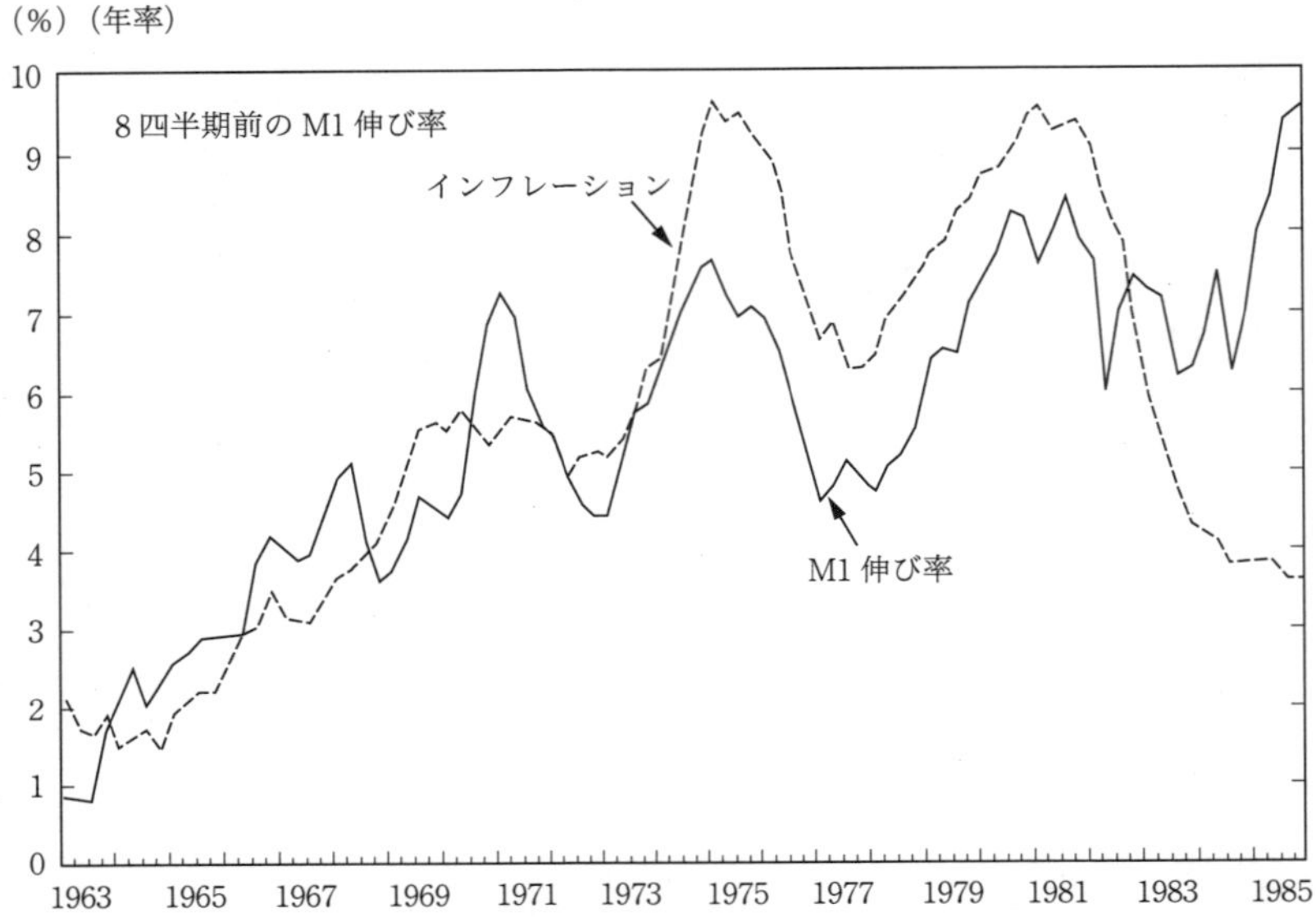

注　インフレ率はGNPデフレーターの変化による．季節調整済データに基づく．
出所：*Economic Report of the President*, 1986, p. 28.

図4-1　M1伸び率とインフレーション

景気拡大期をうみだした。具体的に見てみよう。

まず八一－八二年の景気後退期であるが、これはインフレを鎮静化させる役割を担った。この景気後退の最大の要因となったのは金融の引締めである。すでに金融面においては、カーター政権下の七九年にＦＲＢ議長に就任したボルカーによって、安定的・抑制的マネーサプライのコントロールが実施されていた。ボルカーは当時の政府・企業・労働三者の「政治的手詰まり状態」を打開できるのは金融政策であると次のように明言している。「当時私には一つのことがはっきりしていた。もしインフレに起因する諸困難すべてに対しての対応策があるとすれば、それは金融政策を通じておこなわれなければならないということであった。他の政策手段は一種の政治的麻痺状態に陥っていると思われただけでなく、金融抑制策が維持されることがはっきりと示されないことには、他の政策もうまくいかないということだった」[10]。実際、この金融の引締め政策は、八一—八二年のリセッションを引き起こした。

図4-1は、インフレと通貨流通量の関係を見たものである。マネタリストは八〇年までのM1伸び率と一—二年のタイムラグをおいたインフレの関係を自らの理論の正当性を証明するデータとして利用してきた。しかし八一—八二年景気後退以降の両者の関係は、マネタリストの説明と異なった説明を必要としている。通貨量の増大とインフレの発生という関連が崩壊したことを図は示しているからである。

先に取り上げた［MV＝PT］との関連で見てみよう。八二年以降の動きは、M（通貨流通量）が増大しているにもかかわらず、P（物価）の上昇率は下落傾向にある。それゆえに、この時期にはマネタリストの想定が当てはまらないことになる。結論を先取りして言えば、レーガンの政策が企業や労働の「市場支配力」を弱体化させ、Pそれ自体の引き下げを可能としたのである。つまりPの変動は、等式に示されているMとV（通貨の流通速度）とT（取引量）以外の社会的要因によっても規定されているのであり、そのことを見落としてはならないのである。

レーガンの登場によって、景気後退期には政府が拡張主義的財政政策を採用するだろうとする国民の「期待」は消滅し、それに金融引締めの効果も加わり、インフレは抑制されることとなった。しかしインフレ抑制は財政金融政策の変更によってのみ可能となったわけではない。もう一つ忘れてならないのは、ドル高に伴う競争圧力の高まりと労働側の大幅な譲歩がこの時期に進行したことである。そのことによってそれまでの政府と企業と労働三者の間の「政治的手詰まり」「力の拮抗」状態が崩れ、インフレの解決に繋がったのである。競争圧力の高まりと労働側の譲歩に関しては次節で検討する。

レーガンはインフレ抑制に伴う景気後退・失業増大というリスクを乗り切ったのであるが、そのためには国民の不満を緩和する手立てが必要であった。それは大幅減税を確約することによって可能となったのである。

八二年末以降に景気は回復し始めたのであるが、それはなによりも減税によるものであった。個人所得税は三年間で二五％の削減、最高税率は七〇％から五〇％へと引き下げられ、キャピタルゲイン税率も二八％から二〇％へと引き下げられた。法人税では減価償却の加速化、投資税額控除の適用拡大、R&D直接費の税額控除が実施された。八二会計年度から八四会計年度までの個人減税額は二二二九億ドル、法人減税額は五八一億ドルであった。

この経済的結果を見てみよう。表4-1は一九八三年から八九年までの部門ごとの経済成長寄与度を示している。八三年から八六年の経済成長の要因は旺盛な個人消費にあったことがわかる。全体として八六年までは個人消費が、八七年以降は輸出がGNPの伸びに大きく寄与している。この個人消費の拡大を促した大きな要因は、個人所得減税である。この個人消費の動向を自動車、住宅、そして消費者信用残高の推移から見ると次のようになっている。

表4-1　経済成長寄与度

（単位％）

	1983-86	1987	1988	1989
実質GNP成長への寄与率				
消　費	70.0	44.1	49.6	73.2
固定投資（住宅除く）	16.3	17.0	22.4	13.8
輸　出	7.9	54.6	46.3	49.3
その他	7.1	−16.3	−18.6	−21.8

注：1989年は最初の9カ月.
出所：*U.S. Industrial Outlook 1990*, p. 16.

自動車の販売台数（小売段階の乗用車、輸入も含む）は、一九八二年の七九八万二千台（輸入車二二二万三千台）から八三年の九一八万二千台（二三八万七千台）、八四年の一〇三九万一千台（二四三万九千台）、八五年の一一〇四万一千台（二八三万八千台）、八六年はピークの一一四六万台（三二四万五千台）の販売であった。[11] 住宅建設新規着工件数は、八二年の一〇六万二千戸から八三年には一七〇万三千戸、八四年には一七五万戸、八五年には一七四万二千戸、八六年には一八〇万五千戸を記録した。[12] 消費者信用残高は、八二年の三八三一億三二〇〇万ドルから八六年には六四九一億一二〇〇万ドルへ、そして八九年には七七七九億七五〇〇万ドルにまで急増している。個人の可処分所得は同期間に二兆二六一四億ドルから三兆一三三億ドル、三兆七二五五億ドルとなり、可処分所得に占める消費者信用残高の比率は一七・七%から二一・五%、二〇・八%へと上昇している。[13] 他方、個人貯蓄率の方は八二年の六・八%から低下を続け、八六年には四・一%にまでなっていた。[14]

このような消費の増大はレーガンによって採用された大幅個人減税に起因していた。三年間で二五%にものぼる大幅減税の効果をここに見ることができよう。

個人所得減税は消費の拡大と貯蓄率の下落を引き起こしたのであり、これはレーガノミクスの理論的予想とは異なった結果である。つまり減税政策はサプライサイダーの予想とは異なり、むしろケインジアンの想定通り貯蓄ではなく、消費者の消費意欲の刺激につながったのである。ケインジアンからすれば、サプライサイダーは減税の効果に関するケインジアンの理論的正しさを再度実証したということになろう。

(2) 軍事費増の経済効果

次に軍備増強の影響について見てみよう。レーガン政権を特徴づけたのは減税による「経済成長」と「軍備増強」である。レーガンは「強いアメリカ」の復権をその政治スローガンに掲げ、平時としては最大の軍拡を実行し、SDI（戦略防衛構想）のような新たな軍拡競争の要因をつくりあげた。

ハリス世論調査よれば、八〇年二月には軍拡の支持が七一%と極めて高い数値を示していた。これは七九年のイラン革命やソ連軍のアフガニスタン侵攻が、アメリカの軍事力増強に国民的支持を与える政治的環境を醸成したものといえる。レーガン政権は八一年から八五年にかけて国防予算要請額の九六・八%を受け取ることができた。このように議会は同政権の軍備拡張に同意を与えてきたのである。そしてこの軍備拡大がアメリカ経済の回復にも寄与したのである。

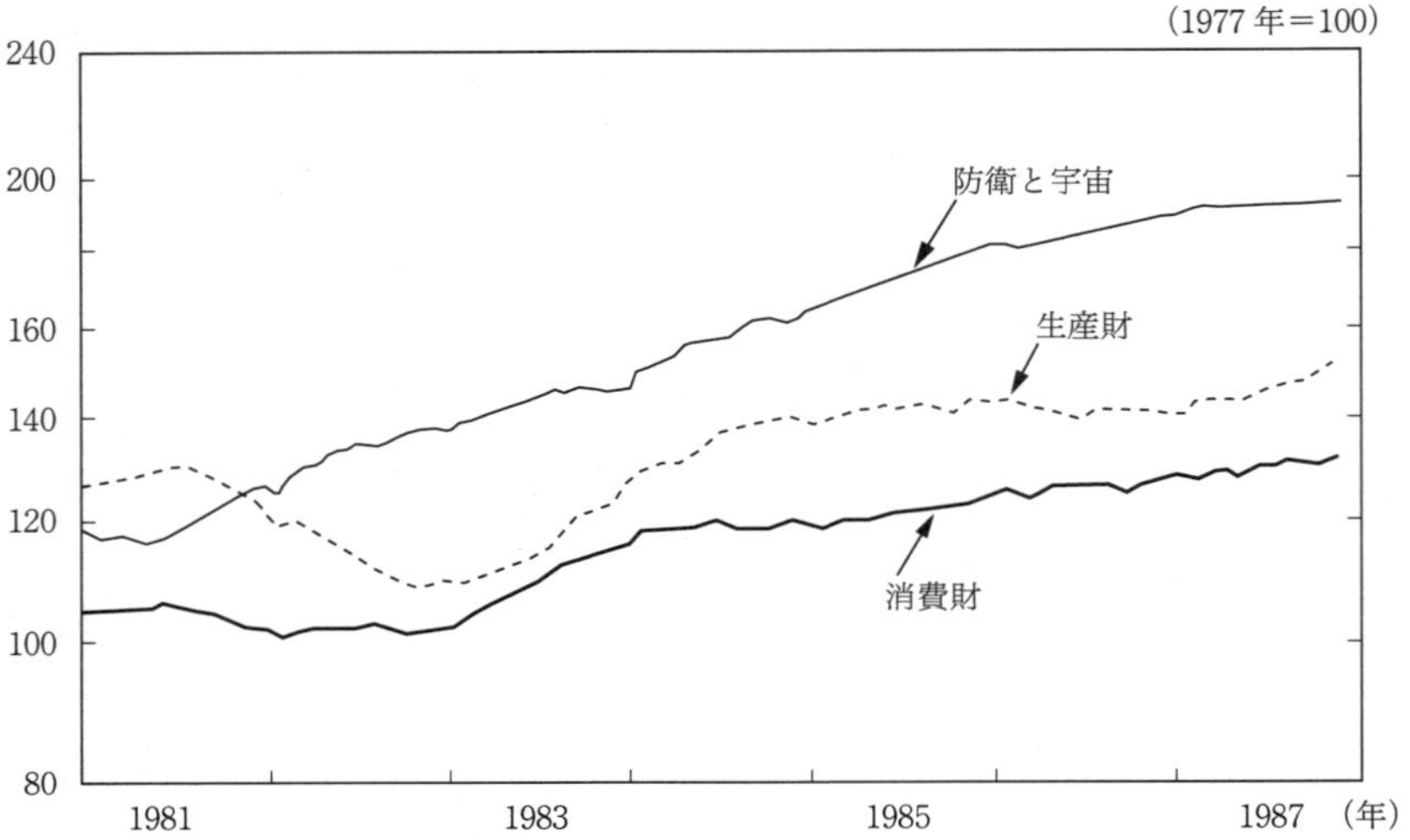

出所：*Federal Reserve Bulletin,* February 1988, p. 89.

図 4-2　最終財の推移

国防総省費は一九八〇年度の一四〇七億ドルから一九八七年度の二八一六億ドルへと二倍（現行価格）の伸びを示している。これに核兵器の設計・実験・生産等に使われるエネルギー省内の軍事関連予算も含めると、予算規模はさらに膨らみ、一九八〇年度の一四三九億ドルから八七年度には二八九六億ドルとなる。またこれを八七年度の固定価格に換算すると、二〇二二億ドルから二八九六億ドルへの増加となる。予算承認額で見ると八一年度が前年度比一二・七%、八二年度が一二・二%と二桁の高い伸びとなっており、八六年度と八七年度になってやっとマイナスの伸びとなる。この期の軍備拡張の特徴は、兵器調達とR&Dの強化にあり、予算に占める資本支出は八〇会計年度の三七・七%から八六会計年度には五〇%にまで上昇した(15)。

この軍事支出の経済的影響を最終財産出の推移で見たのが図4-2である。この図が示しているように、一九七七年の生産額を一〇〇とすると八七年までに「防衛と宇宙」は八〇%以上の伸びを見せている。これに対して「生産財」は八一年から落ち込み、八三年になって回復

表 4-2　各産業の国防関連生産の変化

(%)

産　　業	国防産出の変化		全産出の変化		国防産出のシェア		
	1977-80	1980-85	1977-80	1980-85	1977	1980	1985
造　船	44	42	6	−15	45	61	93
弾薬（大）	16	98	−15	70	65	88	88
軍需品	−7	83	−28	43	61	79	86
ミサイル	−6	65	−8	35	67	69	84
航空機とミサイルのエンジン	14	69	22	−5	47	44	78
戦　車	48	110	13	105	40	68	69
航空機	6	80	22	2	43	37	66
火　薬	−19	22	−28	−23	36	41	65
ラジオ・テレビ通信	73	73	46	46	35	42	50
小兵器	14	110	−15	15	20	26	48
航空機とミサイルの部品	42	67	73	26	38	31	41
弾薬（小）	−13	51	6	17	37	30	39
工作機械（切削）	226	65	18	−60	3	8	34
トラック・トレーラー	72	114	−16	−23	5	10	29
機械設備	25	55	4	28	19	23	28
電子管	−5	75	−15	−5	12	14	26
鉱業（鉄・銅以外）	−4	63	−33	−31	8	11	26
非鉄鍛造	11	73	88	−16	21	12	25
送信施設	1	65	−56	−28	5	10	24
光学設備	71	189	85	51	14	13	24
タービン	−31	55	1	−53	5	7	23
アルミニウム	2	67	−20	−33	7	9	22
亜　鉛	3	68	−15	−18	9	11	22
産業用トラック	325	54	11	−46	2	8	22
電子部品	40	76	27	44	15	16	20
鉄鍛造	9	74	−7	−13	8	10	19
銅	3	66	−27	−11	7	10	18
非鉄圧延	28	70	−22	24	8	13	18
非金属鉱物	37	67	6	−15	7	9	17
鉛	6	63	−4	−36	6	7	17
鋳物（非鉄）	15	80	1	5	9	10	17
銅圧延	0	275	−28	9	5	7	17
工作機械（成型）	290	56	1	−34	2	6	15
電気冶金品	5	63	−10	−34	6	6	15
ボールベアリング	−15	68	−60	−27	7	7	15
一般産業機械	47	57	33	−18	3	8	15
炭素品	31	67	−1	−37	5	7	15
スクリュー機械	12	67	7	−15	6	7	13
昇降機とクレーン	52	81	33	−49	3	4	13
メッキ	6	74	4	50	11	11	13
製鋼所	6	63	−13	−20	5	6	12
靴	1	−35	−18	−24	11	14	12
ベルトコンベア	103	58	10	−25	3	6	12
鋼鉱業	34	64	6	−14	5	6	11
制御装置	5	51	7	−6	5	6	11

出所：D.K. Henry and R.P. Oliver, "the defense buildup, 1977-85 : effects on production and employment", *Monthly Labor Review*, August 1987, p. 6.

に向かい、八七年に五〇％を超える水準に達する。また「消費財」は八二年まで低迷を続け、八三年以降上昇に転じたが三〇％程度の伸びにとどまっている。「防衛と宇宙関連」は八二年のリセッションの影響を受けることなく成長を続けたことをここに確認できる。

軍事支出の影響をより詳しく産業ごとに見てみよう。表4-2によれば、五三七産業分類のうち国防関連生産高が一〇％以上の産業は、七七年には二一産業、八〇年には二七産業であったが、八五年には四五産業まで増大した。総産出高が八〇−八五年に減少したのは四五産業中二九産業であるが、同期間に国防産出高はほとんどの産業で伸びており、これは非国防関連生産が減退する一方で、これらの産業がますます軍需調達への依存を増大させたということである。

次に雇用面から軍事支出の影響を見てみよう。軍事関連雇用（民間＋政府）は七七年には五三〇万九千人であったが、八〇年には五四九万八千人と四％弱の伸びであった。ところが八五年には六六八万人まで増加し、約二二％の伸びを示している。とりわけ民間軍需関連雇用の伸びは大きく、八〇−八五年の間に九九万三千人の雇用増であった。また政府部門では軍人で一一万人、文官で七万九千人の雇用が創出された。すなわち軍事支出はこの期間に合計で一一八万二千人の雇用をつくりだしたのである。[16]

軍備増強はレーガンの掲げた財政赤字削減と矛盾するものであるが、これに対しては福祉支出削減によって調整するという方向が打ち出された。かれは軍事費のＧＮＰ比を八一年の五％強から八八年には七・八％へと増額し、それとは逆に非軍事費を一八％から一二％へと削減しようとしたのである。しかしながらこれらのことは実現せず、財政赤字は肥大化しつづけることとなった。[17]

このような状況を見るにつけ、ケネディ＝ジョンソン政権期の［減税＋ベトナム軍拡］とレーガン政権期の［減税＋レーガン軍拡］の政策的一致が想起される。もっとも前者はインフレを惹起し、後者はインフレを解消したという決定的違いがある。それは政府・企業・労働の三者の合意を前提にするのか、それとも三者の合意を求めず、力関係の再編を新たな政策基盤とするのかの違いによるのである。

3　投資と労使関係の変容

(1)　情報化=合理化投資の進展

これまでケインズ主義に基づく「政治的手詰まり」を打破すべく採用された政府の財政・金融政策について見てきた。ここでは企業と労働の視点からレーガノミクスの役割を検討してみよう。

はたしてレーガンの政策によってサプライサイダーが主張した供給面の改善は実現したのだろうか。まず企業の投資額を見てみると、アメリカ経済は一九八二年第四・四半期から八五年第四・四半期にかけて、実質GNPに対する実質企業設備投資の割合は、一一・二%から戦後最高の一三・二%に上昇した[18]。これは企業減税とインフレ抑制に伴う資本財相対価格の下落によって実現したといわれている。

まず企業減税の影響を見てみよう。大統領経済報告によれば、「技術変化と税制が建築物に対する投資よりも設備への投資に有利であったことにより、非民間住宅投資は耐用年数の長い建築物から耐用年数の短い設備・機械へとシフトした。一九六〇年には建築物への投資が四八%、設備への投資が五二%であったが、一九八七年には前者が二八%、後者が七二%であった。こうした投資のシフトは、設備機械の中でもさらに耐用年数の短いコンピュータと輸送機械への投資が活発となったことで増幅された[19]」と分析している。八一年の企業減税によって、減価償却引当金の積み増しが認められ、特定の資産に対する投資減税が増やされたため、設備への投資が活性化した。結果として八〇年代には総投資が伸びているにもかかわらず、純投資が減少する。[総投資－減価償却=

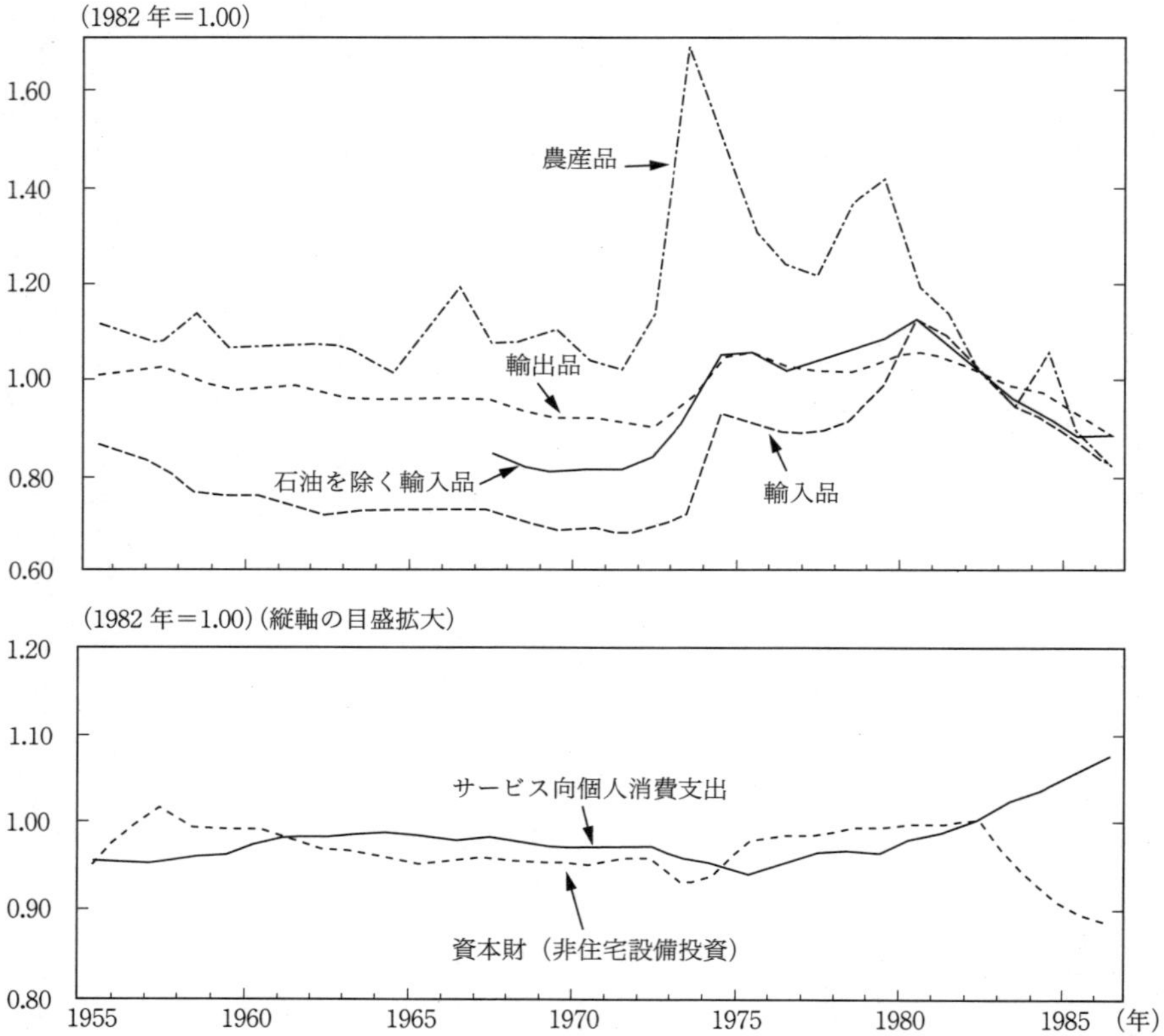

注：各部門の価格デフレーターのGNPデフレーターに対する割合.
出所：*Economic Report of the President*, 1987, p. 32.

図4-3　相対価格の推移

純投資」であるから、これはこの期間に急速に減価償却額が増大したためである。

次はインフレ抑制による資本財相対価格低下の影響である。図4-3は相対価格の変化を歴史的に見たものである。ここで示されている相対価格とはGNPデフレーター（名目GNP／実質GNP）に対する各部門の価格デフレーター（名目価格／実質価格）の比率である。この図は七〇年代と八〇年代において相対価格が大きく変動してきたことを示している。七〇年代には農産物・輸出入品とも相対価格が上昇し、八〇年代にはともに下落していることが見て取れる。農産物の動向は、豊作・不作の影響をうけ、それゆえに世界市場の動きと関連したものである。輸出入品は七三年以降の石油価格の変動と実効ドル・レートの変動を反映したものである。

これに対し資本財の相対価格は長い間安定していた。しかしながら、一九八二年から八六年にかけて一二％も低下した。これはドル高を反映したものである。この低下によって生産設備の取得コストは低下し、資金調達面での過大な需要増を伴うことなく、企業の設備投資が大きく伸びた。資本財の相対価格低下は、設備投資取得コストを減少させ、投資へのインセンティブになったといえよう[20]。

アメリカにおいて八〇年代に資本財の輸入が急増したのは為替レートの影響とともに、景気拡大のなかでの設備投資増を反映したものである。また八〇年代後半のアメリカの資本財輸出増は、為替レートの変動とともに、貿易相手国での設備投資増にも規定されたものといえる。世界的にも八〇年代の貿易は、資本財の貿易拡大によって特徴づけられていた。世界貿易における資本財のシェアは八〇年の二二％から八八年には三〇％へと上昇していた。確かに技術革新を体化した資本財の貿易拡大は、各国設備投資ブームの反映であるといえよう[21]。

またインフレの終息は投資にインセンティブを与えた。インフレが鎮静化して相対価格の変動が少なくなったことで、将来予測が安定化し、投資インセンティブが働いたと考えることができる。すなわち「一九七〇年代には相対価格が予期せぬ変動を繰り返したため、機械及び設備への投資は非効率となり、その費用も高くついたが、

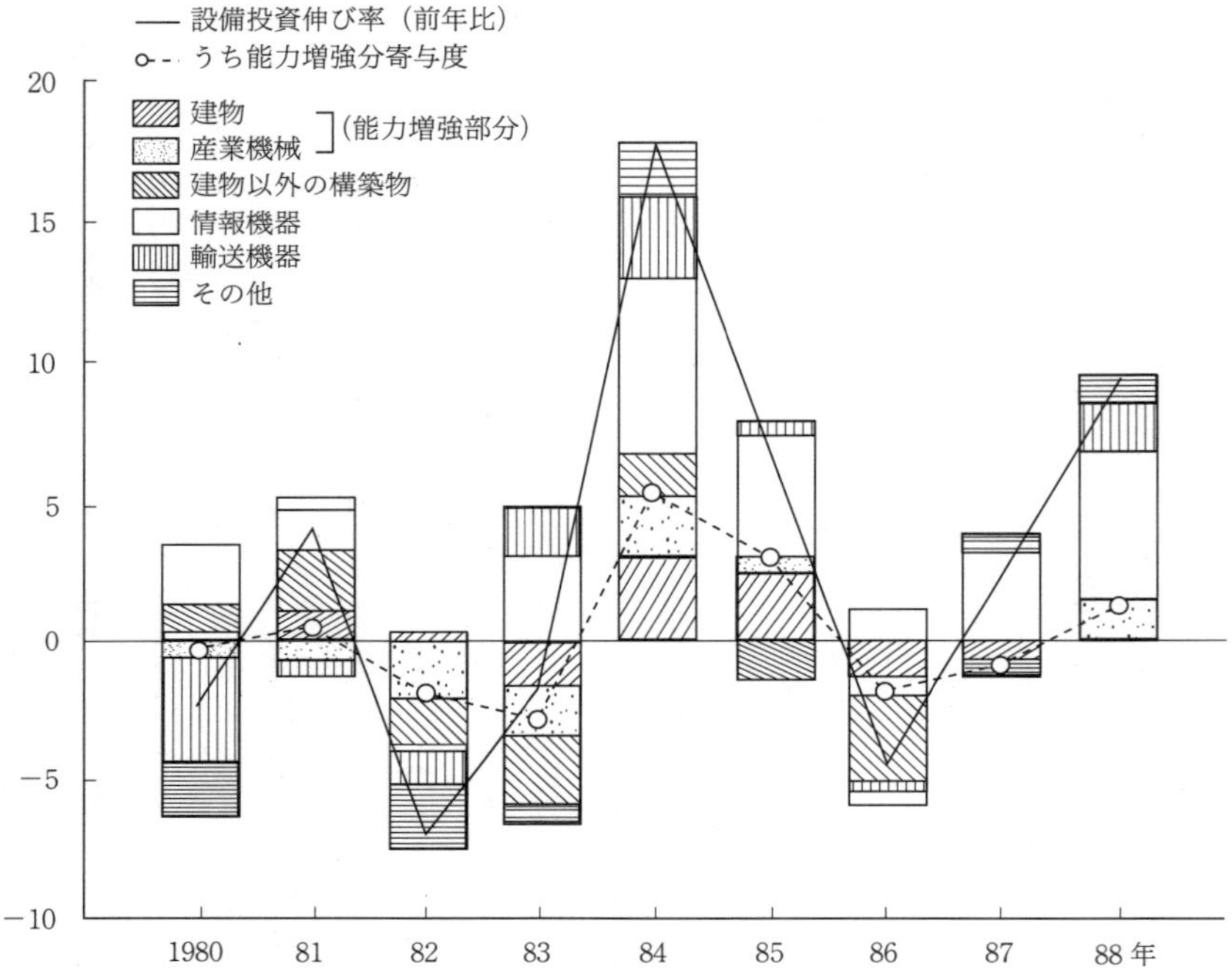

出所：『通商白書 平成元年版』，215 ページ.

図 4-4 アメリカの実質民間設備投資の対象別増加寄与度（住宅投資を除く）

こうしたことはみられなくなった。相対価格の変動は少なくなり、資産の予想耐用年数は長くなり、投資決定者が短期的な投資戦略よりも、むしろ長期的な投資計画に重点を置くインセンティブも促進された」[22]のである。インフレの低下により、資本投資に対する実効税率が大きく減少したのである。

ところでこのように進んだ設備投資であるが、その内容がいかなるものであったのかを見てみよう。歴史的傾向としてはアメリカの実質民間設備投資は能力増強に直結する工場建設投資や産業用機械購入のウェイトが低下し、それと対照的に情報処理機器の比重が増大している。それは八〇年代の投資内容にもあらわれている。図 4-4 は、八〇年から八八年までの実質民間設備投資の対象別増加寄与度である。八三年以降コンピュータやOAを中心とした情報機器の寄与度が高いことがわかる。

ここで八〇年の投資で注目される「情報化投資」に目を向けてみよう。議会技術評価局はわれわれが情報化・ME化と呼んでいる事態を「プログラマブル・オートメーション」と名づけている。(23)

プログラマブル・オートメーション技術とは、具体的には表4-3のような技術を指している。CAD(コンピュータ支援設計)はR&D段階における設計に用いられ、CAM(コンピュータ支援製造)はロボットやNC工作機械、FMSなどの製造段階で使われる技術であり、CIMなどはR&D—生産—管理—市場までを総合的に管理するシステムである。

表4-3 プログラマブル・オートメーション主要技術

- I．CAD(コンピュータ支援設計)
  - A．コンピュータ支援製図(Computer-aided drafting)
  - B．CAE(Computer-aided engineering)
- II．CAM(コンピュータ支援製造)
  - A．ロボット
  - B．NC工作機械
  - C．FMS
  - D．AMH(Automated materials handling)
    AS/RS(Automated sotrage and retrieval systems)
- III．製造管理の手段と戦略
  - A．CIM
  - B．MIS
  - C．CAP(Computer-aided planning)
    CAPP(Computer-aided process planning)

出所：Office of Technology Assessment, *Computerized Manufacturing Automation*, 1984, p. 35.

アメリカにおけるプログラマブル・オートメーションに対する投資額を見てみよう。一九八〇年にはCADとCAEでは三億八九〇〇万ドル、CAMでは六八億五三〇〇万ドル、通信関連には一億一三〇〇万ドル、合計で七三億五五〇〇万ドルの投資であった。これが八五年に至っては、各々二四億五六〇〇万ドル(六・三倍)、一五三億七五〇〇万ドル(二・二四倍)、二億六四〇〇万ドル(二・三四倍)であり、合計で一八一億一九五〇万ドル(二・四六倍)となっている。

このようにR&D段階での投資額は六倍以上になっており、オートメーション化の急速な進展が目につく。また製造段階のオートメーション化は二倍以上の投資額であるが、その内容は次のようであった。表4-4は、工場におけるCAMへの投資

表 4-4　CAM 投資の内訳

（単位 100 万ドル）

	1980	1985
工場用コンピュータとソフトウェア	935	2,861
資材取り扱いシステム	2,000	4,500
工作機械と制御装置	3,000	4,800
プログラマブル・コントローラー	50	550
ロボットとセンサー	68	664
自動検査機器	800	2,000
合　　計	6,853	15,375

出所：*Business Week*, June 16, 1986, p. 86.

額を示している。投資額では工作機械と制御装置が最大であるが、伸び率ではプログラマブル・コントローラーとロボットとセンサーが高い。工場のオートメーション化は八〇－八五年の間に二倍以上になり、この期間の情報化投資の進展を窺い知ることができる。

このようなオートメーション化の動きは、大企業が先鞭をつけ、中小企業にも徐々に広がりを見せている。一九八六年にロボット購入計画を立てていた企業の四分の一以上は、年間売り上げが一〇〇〇万ドル以下の企業であった。

それではオートメーション技術導入の経済的インセンティブはどこにあるのだろうか。経営上のメリットはどこにあるのだろうか。アメリカにおいて生産されている商品に占める直接労働コストの比率は一〇－一五％であったが、ほとんどの商品の生産において、この直接労働コストの節約は、ＣＩＭにおける巨額な投資を正当化できるほどのものではない。ＣＩＭ導入の主要目的は、直接労働コストの削減にあるのではなく、工場内の情報の流れを自動化することから生み出されるのであり、コストの大部分を占める（通常コストの四五％を占めている）間接労働コスト、中間管理職コスト、その他の間接コストを節約することにある。加えて、アメリカで当たり前となっている品質管理コスト（製造コストの二五－三五％を占めている）の削減にもつながる。(24)

オートメーション化は、個々の企業のコスト削減計画によって導入されているだけではない。大企業がサプライヤー・下請け業者を通信システムで結びつけ、巨大なコンピュータ・ネットワークによって統合しようとしていることによっても促進されている。その一つはＥＤＩ（Electronic Data Interchange）とよばれているものであり、取引データをオンライン・ネットワークで交換するというものであり、輸送業界が先鞭をつけ、これは自動車業界ではＡＩＡＧが、電気製品業界ではＥＤＸが標準となっている。ここにおいてプログラマブル・オートメーション化は企業経営の効率化のためだけではなく、取引関係継続の最低要件とさえなりつつあり、情報化の進展がこのようにして促進されている。

このような八〇年代アメリカの情報化投資の進展は、「能力増強投資」ではなく、「合理化投資」という性格をもっていたことが指摘されている。

雇用面からこの時期の産業別の特徴をみてみよう。一九八〇年、八五年、八七年の雇用数の変化を見ると、八〇年の雇用総数（パートも含む）九〇四〇万六千人から八五年の九七五一万九千人、八七年の一億二三一万人へと増大を続けているにもかかわらず、製造業の雇用数は各々二〇二八万人、一九二六万人、一九〇六万五千人と逆に減少し続けている。八五年以降は、景気拡大期でありかつプラザ合意によるドル高修正で輸出も好調であったにもかかわらず、航空機を除き自動車、半導体、コンピュータ、化学製品等の産業部門の雇用は減少している。このことはかなりの程度で「合理化投資」が進んだことを窺わせる。ＣＡＤ、ＣＡＭ、ＣＩＭなどの導入によってＲ&Ｄ、製造、流通、管理における合理化・情報化をすすめることが可能となったのである。これに対してサービス業、金融・保険・不動産、卸・小売業、輸送・公益事業、政府部門の雇用は伸びを示している。とりわけサービス業は高い伸びを示している。[25] このように見てくると、製造業は八〇年代の景気拡大期においてもむしろ雇用を減少させてきたのであり、これは「合理化投資」「情報化投資」が製造業において進展してきたことを示している。

それでは投資の増加が、生産性を実際に引き上げることに繋がったかどうかを見てみよう。労働生産性上昇率は、一九八一年第三・四半期―八六年第三・四半期に企業部門全体で一・二%の上昇、製造業では三・八%の上昇であった。これは七三年第四・四半期―八一年第三・四半期までの企業部門全体の〇・七%、製造業の一・五%を大きく上回るものである。七三年以降の生産性伸び率の長期低落傾向に歯止めがかかったといってよいであろう。[26] 以上のような結果は、サプライサイド経済学やマネタリストの理論の正しさを裏付けるものといえるだろうか。彼らの主張ほどに現実は単純ではなかった。すでにみたように投資の増大は、企業減税によってのみ実現したわけではなく、所得減税と軍拡によって需要が拡大したことが大きな影響を与えたのである。またインフレの抑制とドル高による輸入品価格の下落が投資環境の改善に繋がったのである。それに加えて次に検討する労使関係の再編も投資に影響を及ぼしたことに留意すべきである。

(2) 労使関係の再編

レーガン期の供給面の変容は情報化投資=合理化投資だけではない。労使関係の根本的な再編が行われたのである。政府・企業・労働の力関係を変えた八〇年代における労使関係の転換を具体的に見てみよう。[27]

レーガノミクスの一翼を担ったサプライサイド経済学は供給面を重視している経済学にもかかわらず、生産過程での製品の質とコストを左右することになる労使関係にはほとんど言及していない。しかしそのことはレーガン期に労使関係の再編が行われなかったということを意味するものではない。逆に戦後もっとも大きな再編が実行されたのである。この労使関係の転換がなぜに可能となったのか。その要因の一つは一九八一―八二年の不況と、その後の好況下、プラザ合意まで続いたドル高による外国製品の流入にあったと見なすことができる。

まず賃金と雇用形態の変容について見てみよう。戦後の賃金決定システムについてはすでに検討したように、一九四八年のGMとUAWの間での労働協約がそのモデルとなっていた。二―三年おきの協約において賃金の伸び率はインフレ率を考慮した水準に決定された。その後、政府の需要管理政策、企業の価格政策、そして労働の賃金引き上げ政策によって、物価安定への「社会的合意」は崩壊し、この三者における「力の均衡」から生じた「政治的行き詰まり」がスタグフレーションになってあらわれたことはすでに見たとおりである。

このような制度化された慣行の行き詰まりを打開する動きが企業レベルでも現れた。それは一九七八年末におけるクライスラー社の倒産危機の発生に端を発する。クライスラー社再建のためには連邦政府の融資保障が必要となり、議会ではその審議過程において、融資保障の条件として労働条件の切り下げが提案された。結果として、UAWは実質賃金の三年間凍結、COLAの適用を三年間延期するという大幅な譲歩をせざるを得なかったのである。その上、雇用の削減も実施され、社員数は七七年の約二五万人から八一年には約八・五万人へと急減したのである。このクライスラーの倒産危機における労働側の大幅譲歩を契機として、四八年に形成され行き詰まりを見せていた労使の協約体制は崩壊していくことになる。[28] 強力な労働組合をもつUAWの譲歩は、その後各産業に急速に波及していった。

それはまず、賃金の凍結とカットとしてあらわれた。一九八一年から八二年の不況期に新しく締結された労働協約の四四%が賃金凍結およびカットを認めた。またCOLAを盛り込んだ協約は八三年に締結された労働協約の五〇%であったが、八四年にその比率は四〇%、八五年には三三%、そして八六年の最初の三カ月では一五%と年々減少している。これは労働側の譲歩という側面と、現実にインフレが鎮静化した状況ではCOLAにこだわる必要が薄れたことによる。この譲歩は八一年以降自動車産業から急速に他の産業に波及していった。USW(全米鉄鋼労組)は一九八七年にUSXとの間で四年間にわたって雇用者負担の医療費保険料、有給休暇、定期休暇の放棄を確約させられている。また八六年にはLTV鉄鋼会社でもUSWは賃金、給付金の一時間当たり三ドル一五セントのカットを含む協約を認めたのである。[29]

組合側の譲歩は二重賃金体系の是認という形でも進んだ。たとえばGMとUAWは新従業員の給料を五四五日間それまでの賃金の八五％にするという労働協約を締結した。またGMのパッカード電気部門はIUEW（国際電機労連）と、以後一〇年間これまでの賃金体系の五五％の賃金の導入を協約において認めた。労働協約の一九八四年に締結された約一〇％は二重賃金の導入を認めていたが、八五年には締結された労働協約の三三％が二重賃金を認めるまでになっていた。この二重賃金規定を含んだ協約は組合員の三分の一以上におよび、とりわけスーパーマーケット、航空宇宙産業、航空会社、建設業において普及している。レーガンが八四年に郵政省に導入した従来に比べ二五％低い賃金の導入は、政府部門において公然と二重賃金を是認したものであり、民間部門における二重賃金体系の導入を支援するものであった。(30)

また派遣労働者・パートタイマー・家内労働等の臨時雇用労働者がこの時期に急増した。一九八〇年に八〇〇万人だったこれらの臨時雇用労働者は八五年には一八〇〇万人にまで膨れ上がり全労働力の一七％に達している。(31)もっともこの統計で下請けとされているのは雇用統計においてビジネス・サービスとして分類されているものも含み、それは常勤もパートも区別されておらず、その数四四〇万人にのぼる。これはビジネス・サービスを必要とする企業からみれば、いつでも解雇可能な労働力であり、その意味で臨時雇用労働者とかわりないとする見方から統計に含んでいると思われる。ともあれ臨時雇用労働者は、八〇年代に急増しているのは疑いのないところである。彼らに対しては企業が負担する医療保険もなく年金もないという場合が多いのであり、企業にとってコスト負担が軽減されることになる。

以上は賃金と雇用形態における再編であるが、これに加えて生産過程における労働の再編も実施された。労使関係の再編で重視すべきはワーク・ルールの弾力化が進展したことである。これは生産性問題を扱った際に「職務」として扱ったものであり、生産システムのあり方と結びついている。

ワーク・ルールとは職場の配転や訓練や職務範囲について規定したもので、長きにわたって仕事の変更に対する組合側の抵抗線となってきた制度である。生産管理と労務管理のあり方がこのワーク・ルールによって規定され、労働協約のなかに盛り込まれていた。これは経営側からすれば労働に対する自由裁量の余地を狭めるものであったし、新技術の導入にともなう仕事の変更にとって大きな障害と考えられてきたものである。

R・マッカーシーとJ・クラインの調査によれば、生産性の最大の阻害要因は「変化に対する労働者と監督者の抵抗」「モティベーションの欠如」「ワーク・ルールによる規制」である。モティベーションの欠如を示す一つの指標は欠勤率の高さである。歴史的には通常の欠勤率は三―四%であったのに、七〇年代の欠勤率は二ケタにのぼっていた。また変化に対する抵抗とワーク・ルールとは密接に結びついている。つまりワーク・ルールは変化を避けたいとする労働者の抵抗線となっていたのであり、その意味で企業側からすれば生産性の最大の阻害要因はワーク・ルールであったとみなすことができる。(32)

自動車産業を例にとってみよう。アメリカ企業では職種数が極めて多い。クライスラーが八二、フォードが九一、GMが九五であるのに対し、アメリカにおける日本の自動車工場ではわずか二から四の職種しかない。(33)これが労働者の職種間移動を妨げ労働力を有効に利用できない原因として注目され、このワーク・ルールの変更・「フレキシブル」化が追求されだしたのである。その代表的事例は一九八四年にフォードがUAWと締結したPEP協定(Protected Employee Program)である。これはワーク・ルールを緩和することを条件に、在庫調整以外のレイオフは認めないとするものである。

組合の要求が賃金引き上げやワーク・ルールの厳守から雇用優先にシフトし、生産性向上を目的とする労使協調の試みが広範に行われるようになったのであり、そのことは、労働争議の大幅な減少となってあらわれた。争議件数は、一九七五年から七九年までは毎年二〇〇件以上であったのに、八〇年には一八七件、八一年には一四五件、そして八二年には九六件、八三年には八一件、八四年には六二件と減少している。これとともにストライキへの参加人数も損失日数も減少している。

さらに注目すべきはアメリカ労働組合の組織率の低下であり、一九八〇年の二三％から八七年の一七％まで低下してきている。これは公共部門も含んだ組織率であり、民間だけでは一四％の組織率となった。アメリカにおける労使関係は、八〇年代に構造的ともいえる変化を示したのである。レーガン政権は全国労働関係委員会や労働省などの諸機関に反組合的人物を登用し、労働組合の交渉力を弱体化させた。このことが組合の組織率低下につながっている。たとえば全国労働関係委員会は一九八二年のミルウォーキー・スプリング社とＵＡＷの紛争に関して、組合組織のある地域から組合組織のない地域へ生産移転を行ってはならないという裁定を下した。この時の全国労働関係委員会はカーター政権によって任命されたメンバーで構成されていた。しかし会社はこの裁定を不服とし連邦地方裁判所に訴え、地裁は一九八四年に再審のため裁定を全国労働関係委員会に差し戻した。このとき委員会のメンバーはレーガンが任命したメンバーになっており、裁定は「会社の雇用契約には移転を禁止する明確な語句は含まれていない」として、会社側の勝利となる[34]。

表 4-5　男性所得の伸び（1984 年価格）

年　齢	1949	1959	1969	1973	1984
25-34 歳	$12,000	16,916	22,593	23,579	17,538
35-44 歳	$12,858	18,958	25,628	28,118	23,418
45-54 歳	$11,987	17,290	24,421	27,279	24,132

出所：Frank Levy, *Dollars and Dreams*, 1988, p. 79.

このような労働側の後退はレーガン政権の反組合的対応と後に検討する輸入圧力によって強制されたものであり、これは合理化投資を進め生産性の上昇を手助けする要因であった。このことは、八〇年代後半のドル高是正とともに競争力強化に結びつく。

このようにして、レーガノミクスは労働側からの圧力を減退させ、スタグフレーションを過去のものとした。しかしレーガン政権はその過程において新たな政策課題を抱え込むことになったのである。その一つは、所得の低下が引き起こす問題である。表4-5は男性所得の推移を見たものであるが、これは所得が増大し続けた六〇年末までの時期と、七三年以降の所得減少時期に区分される。七三―八四年の時期には三〇歳から四〇歳になった男性の所得は、二万三五七九ドルから二万三四一八ドルへ減少し、また四〇歳から五〇歳になった男性は二万八一一八ドルから二万四一三二ドルへと大幅に減少しているのがわかる。レーガン政権は七〇年代の所得停滞・減少を解決できないのみならず、むしろ所得の格差を拡大することになったのである。また七七―八八年の統計においても所得格差の拡大は指摘できる。一〇段階の所得区分で平均家計所得が増えたのは上位二区分の家計のみであり、残りの八区分の家計はマイナスであり、その減少率は低所得層ほど大きかった。そして上位五%の階層では同期間に所得は二三・四%伸びており、上位一%ではさらに高く、四九・八%の伸びであった。これはアメリカ社会の安定を支えてきたとされる中流階級の衰退問題として政治的な争点となる。(35) もう一つは、レーガノミクスによる財政と貿易の「双子の赤字」の肥大化である。次にこの「双子の赤字」について検討してみよう。

4　新たな政策課題

(1)「双子の赤字」の急増

「双子の赤字」はレーガンによる減税と軍拡そしてドル高によってもたらされたものである。図4-5は、アメリカの財政収支と貿易収支と為替レートの推移であるが、ドル高とともに財政も貿易収支もどちらも急速に悪化しているのがわかる。財政赤字の肥大化に伴う貿易赤字の急増=「双子の赤字」、これこそがレーガノミクスが作り出したものである。

減税と軍事費の急増によって、財政赤字は八〇年の七三八億ドルから八六年の二二一二億ドルまで悪化を続け

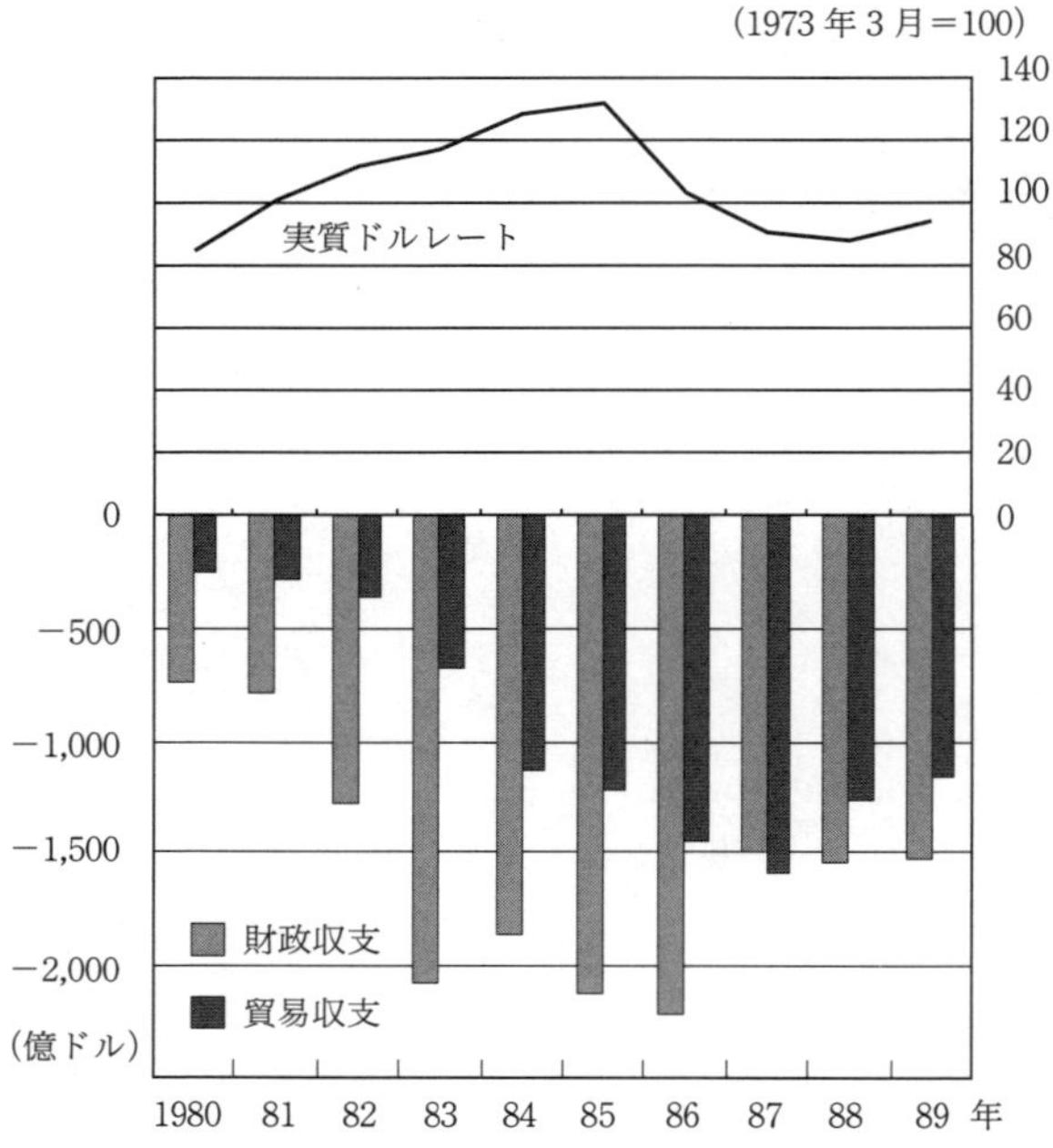

出所：*Economic Report of the President*, 1991, Table 76, Table 102, Table 109 より作成.

図 4-5 財政赤字と貿易赤字

た。また貿易赤字は、八〇年の二五五億ドルから八六年の一四五一億ドル、八七年の一五九五億ドルにまでその赤字を急速に肥大化させた。

貿易赤字について国別・地域別に動向を見ると、一九八二－八五年の間にカナダとは四六億ドル、日本とは二九八億ドル、西ヨーロッパとは二一一億ドル、ラテンアメリカとは一〇四億ドル、東アジアNIESとは一六四億ドル分貿易収支を悪化させている(36)。このようにアメリカの貿易収支は日本や西ドイツに対してのみ悪化したのではない。ゆえにアメリカ製造業の国際競争力が日本や西ドイツと比較して低下し、そのことによって貿易赤字が急増したとのだと判断することはできない。むしろ八〇年代におけるアメリカのマクロ経済政策、すなわちレーガノミクスが貿易赤字を生み出した最大の要因であったと考えるべきである。

まず各国の経済成長を見てみよう。ここで問題にしているのは国内需要の伸びの違いである。図4－6は、八二年を一〇〇としてその変化をみたものである。これを見て明らかなように、アメリカと他の先進国の内需伸び率格差は大きい。また実質内需（個人消費支出、民間国内粗投資、政府購入の合計）の年平均伸び率を八三年から八五年まで比較すると、カナダが四・二%、日本は三・一%、フランスは〇・八%、西ドイツは一・九%、イタリアは一・五%、イギリスが三・一%であったのに対し、アメリカは五・五%と高い伸び率を維持してきた[37]。この内需の伸び率の差がアメリカの輸入を急増させた一つの要因であった。

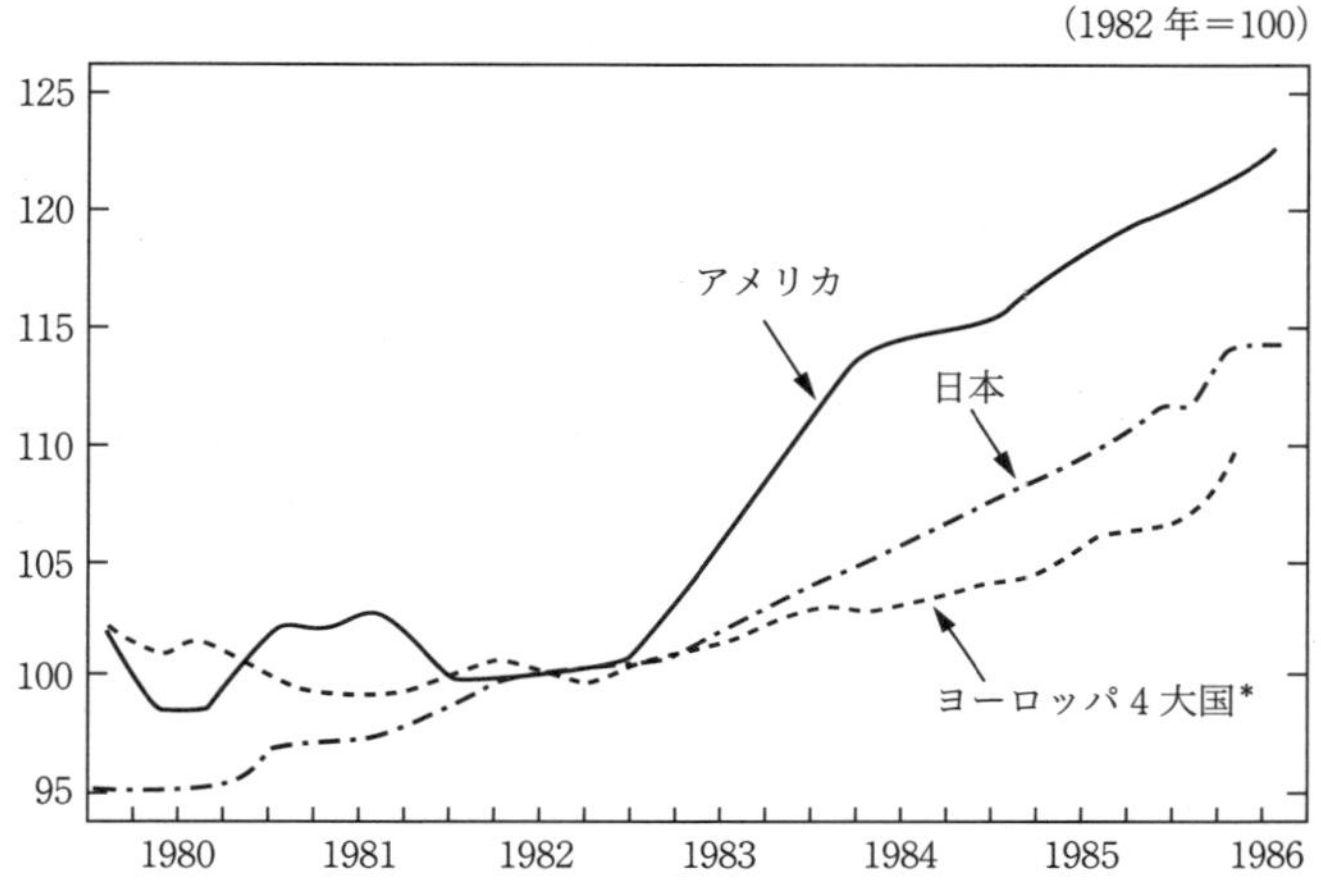

注：＊はフランス，イタリア，イギリス，西ドイツ.
出所：*Economic Report of the President*, 1987, p. 102.

図 4-6　国内需要の推移

八〇年代はどの先進国もインフレの解消、第二次オイル・ショックへの対処、不況脱出と共通の政策課題をかかえていた。そこで行われたのが財政支出の抑制であり、各国とも「小さな政府」「財政赤字削減」「規制緩和」「民営化」等の政策を前面に掲げ、歳出カットを推し進めていた。アメリカを除くOECD諸国が財政赤字の削減を継続的に推し進めているのに対し、アメリカだけが大幅減税と軍事費増のなかで巨額の財政赤字を生み、この政策が他国よりも急速に内需を拡張し、それが輸出減・輸入増を生んだのである。このことについてS・マリスは次のような見方をしている。「現在の不均衡の根本原因は、アメリカの政策にあるのみでなく、アメリカと主要同盟国によって行われた政策が、政策に対する全く逆の考えに基づいて、正反対の方向に進められたことが原因している[38]」。

アメリカと他のＯＥＣＤ諸国の逆方向の政策（内需の拡大対内需の抑制）の帰結として、「世界経済に対して危険をはらむ大規模な不均衡」が生じたのであり、アメリカにのみその責任を押しつけることはできないというのである。はたしてそうであろうか。たしかに現象的には、先進国間の成長ギャップは存在するが、あまりにも急速な成長を追及したアメリカに問題はなかったのか。

また、レーガンが実施した政策のなかで貿易収支に大きな影響を与えたものは、財政政策だけではなかった。為替市場に対する不介入政策（これは通常「ビナイン・ネグレクト」と呼ばれている）によるドル高の放置も貿易赤字を肥大化させた要因であった。だとすれば、ドル高を放置してきたレーガンの責任は問われなければならない。

レーガン政権は一九八一年四月以降「ビナイン・ネグレクト」を打ち出し、貿易赤字急増後も為替市場はアメリカ経済のファンダメンタルズを正しく反映しているはずだとして、八五年九月の「プラザ合意」にいたるまでドル高を黙認してきた。財務省による八一年春から八五年一月までの市場介入は一〇回、総額一一億ドル、純投入額は一〇億ドルに満たず、まったく小規模なものにすぎなかった[39]。そして八五年九月のプラザ合意にいたってはじめて、外国為替市場が常に正しい動きをしているとはいえないこと、ドルを妥当な水準に低下させる必要があることを認めたのである。

実質為替レートの動きを見ると先の図4-5で明らかなように、八五年までドル高が続いている。これにともなって輸入品の相対価格は低下の一途を辿っており、外国企業の価格面での競争力が強化された。ドル高期である八〇年から八五年の各国別輸入価格の変化を見ると、イタリアからが三九％、西ドイツからが五〇％、日本からが一七％、フランスからが五〇％、イギリスからが四四％低下している。またアメリカの輸出価格の変化は、この間イタリアに対しては六五％、西ドイツには一〇二％、フランスには九九％、日本には二一％上昇していた[40]。

このような為替レートの変化による輸入価格の下落、輸出価格の上昇は、外国企業にとっては当然のことながらアメリカ市場での需要増につながり、アメリカ企業にとっては海外需要の削減を意味した。

それでは貿易赤字にもかかわらずなぜにドル高が続いたのか。理論的には変動為替相場制のレートは、貿易赤字が大きくなったときには切り下がり、貿易収支の自動調整機能をはたすはずであった。しかし実際には、貿易赤字が肥大化していったにもかかわらず、為替レートはドル安にシフトするどころか、ますます「強いドル」へとむかっていたのである。それは財政赤字の膨張が資金需要をうみ、高金利によって他国から資金をアメリカへ引きつけてきたというメカニズムが存在したからである。つまり財の国際的移動の結果として通貨が交換され、それによって為替レートが決定されるというよりは、財の移動よりも通貨の国際的移動の方がはるかに大きくなり、この独立した通貨の国際的移動が為替レートを支配するようになったのであり、このことが貿易赤字とドル高の並存を説明する。

アメリカ経済の貿易依存度が高まりつつあり、それゆえに為替レートの変動がアメリカ経済に与える影響度が大きくなっている。にもかかわらず、為替レート管理を行うシステムの未整備な状態が続いている[41]。

財政赤字とドル高によるこのような貿易不均衡の拡大は、開放経済下においては外国の資金によってファイナンスされるというだけでなく、このようなことの永続は自国通貨が国際通貨である国にのみ可能なことである。この時期アメリカは外国からの資金流入を容易にする手だても講じていた。まず一九八四年の「円・ドル協定」の締結である。これによって日本側の規制が取り払われ、日本の巨額の国内貯蓄がアメリカへ還流することが容易になったのである。またアメリカ債券を保有する外国投資家の配当収入に対する源泉課税の控除を認めた。それに加えて財務省が外国投資家を対象にした新しい債券を発行しはじめた[42]。またこの期、日本と西ドイツの金利は一貫してアメリカの金利よりも低く、このことも資金のアメリカへの還流を容易ならしめたのである。

(2) 保護主義圧力の増大

貿易収支が急速に悪化する中で、アメリカ国内では保護主義的な動きが台頭した。自由主義的政治・経済理念を強く打ち出したレーガンが彼の理念とは逆に最も多くの貿易制限を行わざるを得なかったということは皮肉ではあるが[43]、その責任は議会にあるのではなく、むしろそれは彼の政策が自ら生み出した帰結にすぎない。つまりレーガンによる巨額の財政赤字とドル高の放任は貿易収支を悪化させ、それによって貿易制限への「国内の政治的圧力」が形成されたのである。

ドル高に関しては、レーガン政権内部にも早くからその問題点を指摘する意見が存在したが、大統領はアメリカ経済のパフォーマンスの良さの現れであるとしてドル高を放置してきた。しかしながら一九八五年一月末に八四年の貿易赤字が一二三〇億ドルにのぼるという発表があってから、上下両院で多くの保護主義法案が審議されることになった。実際八五年だけで三〇〇に上る保護主義的貿易立法が考案または提出されていた[44]。八五年は議会で戦後もっとも貿易問題が高まりをみせた年となったのである。ドル高こそはアメリカの国際競争力を低下させ、貿易赤字を引き起こしている原因であることはすでに多くの人々によって認識されていたが、為替政策に権限をもたない議会は、行政府に対する圧力としては保護的貿易法案の形をとらざるを得なかったのである[45]。最終的には議会を中心とする保護主義的圧力は、八五年九月二三日の「プラザ合意」（ドル高是正）と「新通商政策」（他国の貿易障壁軽減のため二国間交渉の重視を宣言）や、保護主義的通商法といわれる「一九八八年包括通商・競争力法」（八六年提出）に収斂されていく。

しかし法案が成立する以前にも、政府と企業と労働は既存の通商法を利用して保護主義的な動きを強めていた。この通商条項の利用による「国内の政治的圧力」の形成を見てみよう。

表4-6は一九八〇年から八九年までの二〇一条、三〇一条、七〇一条（相殺関税）、七三一条（アンチダンピ

表 4-6　提訴数と利用条項

年	201 条	301 条	相殺関税	アンチダンピング	合　計
1975-79（平均）	8.8	4.2	2.6	16.6	35.2
1980	2	0	11	29	42
1981	1	5	14	19	39
1982	3	6	124	71	204
1983	0	7	31	45	83
1984	7	2	53	73	135
1985	4	5(4)	41	62	112
1986	1	6(4)	29	71	107
1987	0	5(1)	8	15	28
1988	1	7(1)	13	42	63
1989	0	10(7)	7	23	40

注：括弧内の数字は USTR によって提訴された件数.
出所：I.M. Destler, "U.S. Trade Policy-making in the Eighties," in A. Alesina and G. Carliner (eds.), *Politics and Economics in the Eighties*, 1991, p. 262.

ング条項）の調査件数である。政府や企業や労働側が通商法に基づいて貿易制限を要求するとき、おもにこの四つの条項に依拠している。

表を見ると、八二年から八六年までの提訴件数の多さが目を引く。不況期であった八二年の二〇四件が飛び抜けて多いが、それ以降も八三年の八三件以降、八四年には一三五件、八五年には一一二件、そして八六年には一〇七件と高水準の提訴が続いている。この時期は好景気の時期であったとはいえ、ドル高によってアメリカへの輸入が急増していた時期である。その後、八五年九月の「プラザ合意」（ドル高是正）と新通商政策の宣言によって、ドル高が是正され輸出環境が改善されるにつれ提訴件数は減少している。このように通商条項の利用は輸入増によるアメリカ企業の窮状に対応する形で増えていたのである。

アメリカ通商法二〇一条であるが、これはガット一九条のエスケープ・クローズ条項に沿って、輸入によって被害を受けた企業や労働者に対して救済の請求権を付与したものである。そしてそれが法的基準に合致していれば、USITC（国際貿易委員会）が勧告を出し、大統領は関税や輸入割当などの輸入制限を含む一時的救済を指令することができる。

三〇一条は一九七四年通商法において新設された条項である。貿易協定違反やアメリカの貿易に被害を及ぼしている外国の慣行に対して、大統領があらゆる措置（報復措置あるいは救済措置）をとることができるとした。しかしこれは政府自身も認めるごとく「慎重に運用しなければガットルールを侵害し、すでに弱体化している国際的紛争解決手段をさらに無力化するおそれがある」(46)手続きである。にもかかわらず、この条項の利用は、八五年以降政府による自主発動も行われるようになり、八五年に四件、八六年に四件、八七年に一件、八八年に一件、八九年に七件の提訴が行われている。実際レーガン政権はどの政権よりもこの条項を精力的に利用してきた。この条項はその後、八八年の包括通商・競争力法において大統領からＵＳＴＲ（米国通商代表部）へとその権限を移管しており、より一層発動しやすいものとなった。

七〇一条（相殺関税）および七三一条（アンチダンピング）を見てみよう。これらはガット六条によって外国の不公正な貿易慣行に対抗するために加盟国に認められている措置である。相殺関税は、製造・生産・輸出への補助金に対して関税を課すこと、アンチダンピングは生産コストあるいは海外市場価格以下で販売される輸入品に対して関税を課すことができるというものである。この条項においては、大統領はより広いアメリカの利益という名目で手続きを無効にする権限をもっていない。また七九年通商法においてアンチダンピング法と相殺関税法がともに改正され、以前にくらべ企業がこれらの条項を用いて救済を求めることが容易になっていた。表に示されているこれらの条項の利用増は、このことを反映したものである。

図４-７は大統領が裁量権をもつ二〇一条と裁量権をもたない七〇一条と七三一条において、実際にどの程度関税その他の貿易制限が実行されたのかを見たものである。すでにみたように八〇年代は提訴が急増した時期ではあったが、その実行は大統領に裁量権のない七〇一条、七三一条で増大したのである。このことは大統領が貿易制裁を発動しないことが認められている条項の利用を避け、大統領の権限の及ばない条項で貿易制裁を実行に移すことを望まざるを得ないほどに各産業が苦境に陥っていたということを示している。このように提訴件数だ

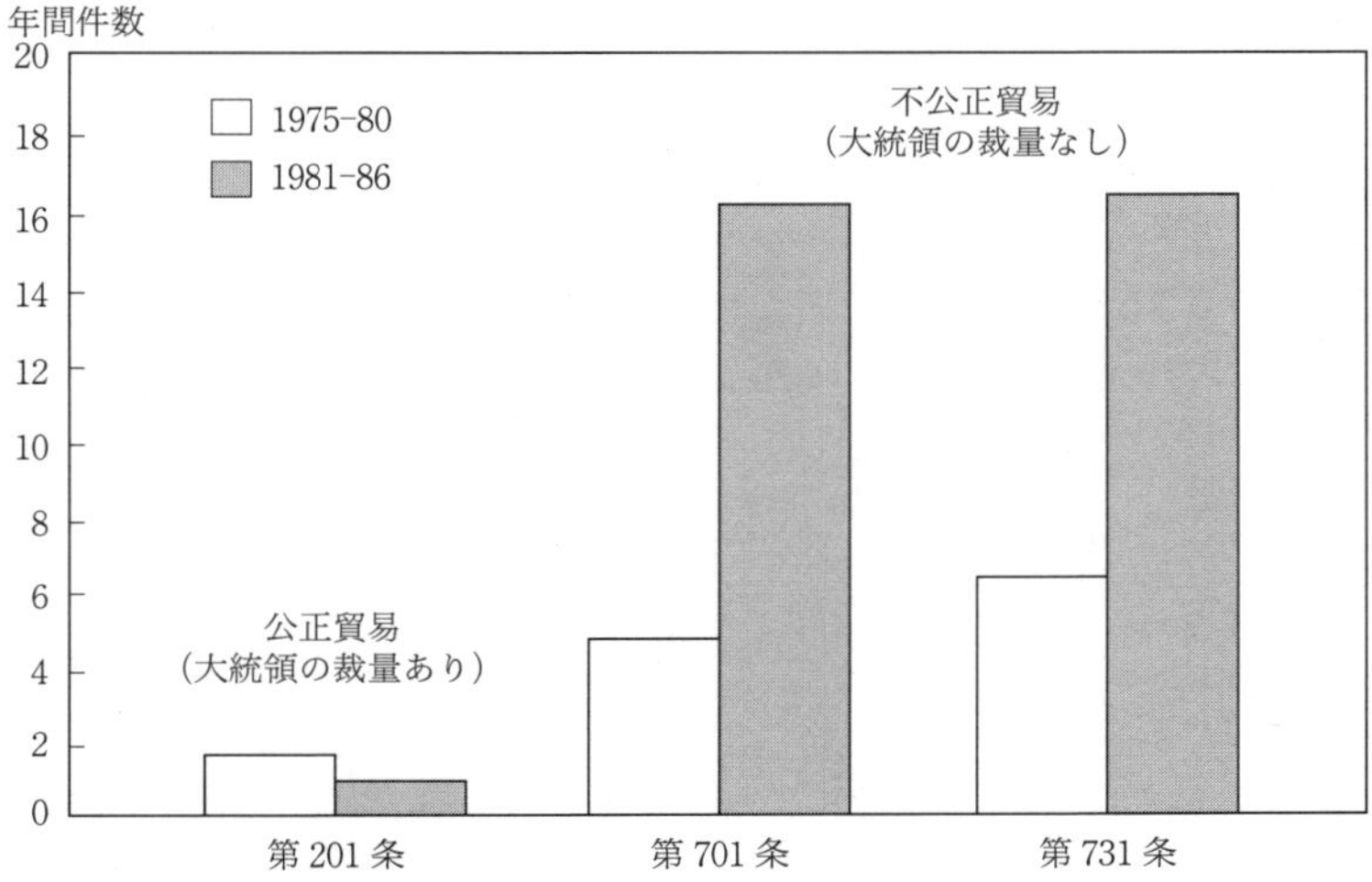

出所：*Economic Report of the President*, 1988, p. 160.

図 4-7 貿易への介入

けでなく実際の貿易制限数も八〇年代に増大したのであり、ここにドル高のもとにおける貿易赤字の影響を見ることができる。このように過度の保護的要求と介入が行われやすくなったのが八〇年代の特徴である。

アメリカの通商政策は、戦後のある時期まで自由主義的な政策に異常なほどマッチした国内の政治環境の中で運用されてきた。市場開放と貿易拡大を支持する圧倒的な意見の一致があり、通商政策は民主・共和両党の党派的問題とはなっていなかったのである。

ところが七〇年代半ばから、とりわけ八〇年代に事態は大きく変化した。七〇年代半ば以降には、スタグフレーションに示される経済的停滞と、スノーベルトに立地し輸入増によって被害を受けた鉄鋼や自動車産業と関連労働者は保護主義的な動きを強めていた。これに呼応してスノーベルト州の議員とりわけ民主党議員は、保護主義的な通商政策を支持し始めていた。また財界の指導者たちの自由貿易に対する支持も条件付きのものになりつつあった。さらに、かつて輸入救済措置は特定の利益集団の問題であると考えられていたのに、それが特定の利益集団の問題ではなく広い「国益」という概念の中で議論され始めた。労働組合は保護貿易主義の支持者となったし、ハイテク産業でさえ政府の介入を求めるようになった。そしてそれとは逆に輸入業者や場合によっては消費者団体が保護主義に反対するようになったのである。利益集団の政治がかつてに比べて、はるかに複雑になったのである。(47)

このようにアメリカの通商政策は大きく変容しつつある。通商政策は戦後長きにわたって、党派的対立のない分野であったが、それが八〇年代には党派的な意味合いをもつ政策的対立の分野になりつつあるということである。戦後自由貿易政策を支えてきた国内の基盤がこのように大きく侵食されつつある。これはレーガノミクスによって一気に加速させられたのである。自由貿易を支えてきた経済理論自体が現実によって挑戦を受けつつあり、これは新たな貿易理論が必要とされていることをも意味している。(48)

(3) ハイテク摩擦

伝統的基幹産業の衰退期において、成長産業として注目を集めていたのがハイテク産業であった。しかしながらそのハイテク産業も一九八六年には赤字に転落し、ハイテク産業自体が貿易摩擦の対象となり、業界は政府に対して保護主義的な介入を求めるまでになったのである。ここでは半導体産業を取り上げて、そのことが持つ政治的経済的意味を検討してみよう。それは半導体産業という特定の利益集団の問題が「国益」の問題として扱われた興味深い事例であったとともに、貿易理論にも一石を投じることになったからである。

八四年から八五年の半導体不況以降、アメリカ企業はＤＲＡＭ市場から撤退を余儀なくされた。ＡＤＭは八五年五月にＤＲＡＭ生産を中止、インテルは同年一〇月に工場を閉鎖、モトローラは八五年末にＤＲＡＭ生産を中止、モステックは八五年末に生産を中止するなど、半導体産業の苦境は深刻なものであった。(49)

このような状況下、出荷額で見た半導体世界市場のシェアでは、八六年にはアメリカのシェアが四三・一九%、日本のシェアが四五・〇一%となり日米が逆転した。この統計にはＩＢＭなどの半導体内製メーカーの生産は含まれていない。つまりアメリカの半導体外販メーカーと日本の半導体メーカーとの間で八六年に逆転が生じたのである。[50]

もっとも半導体といってもその種類は多く、すべての分野において日米逆転が生じたのではなく、大量生産のメモリーの分野で日本企業のシェアが優位になったということである。日本企業は一九八一年、八二年に64ＫＤＲＡＭで世界市場の六七－六九%を支配し、16ＫＳＲＡＭでは九五%のシェアを保持していた。さらに八六年には256ＤＲＡＭの九〇%、64ＫＤＲＡＭの五五%、ＤＲＡＭ全体では七〇%、64ＫＳＲＡＭの七五%、16ＫＳＲＡＭの五〇%、ＳＲＡＭ全体では五〇%のシェアを支配していた。ＭＯＳメモリーではすでに八四年に世界市場シェアで日本がアメリカを追い抜いており、日本五〇%台、アメリカ四〇%台となっていた。[51]

市場規模の最も大きいメモリー分野での逆転が、八六年の半導体市場全体での日米逆転を引き起こすこととなったのである。八〇年には64ＫＤＲＡＭが、八五年には256ＤＲＡＭが市場に登場した時期であり、このＶＬＳＩ（超大規模集積回路）時代への突入は、同時に日米逆転の時期と重なっていたのである。

八〇年代前半のドル高もアメリカ半導体産業の競争力低下に影響を与えた。この時期の日米の半導体貿易収支を見てみると、日本からアメリカへの輸出額は、八一年の七一二億ドルから八四年の三七二二億ドルへと五倍以上伸びたのに対し、アメリカから日本への輸出額は、同期間に七〇五億ドルから一六三六億ドルへと二倍強、日本の対米輸出の半分以下に過ぎなかったのである。[52]日米半導体摩擦は、生産・投資構造の日米間の相違からだけでなくレーガノミクスによって作り出された側面ももっていたといえよう。

日米半導体摩擦は、八五年六月にＳＩＡ（アメリカ半導体工業会）が日本には不公正貿易慣行があるとして三〇一条に基づいてUSTRに提訴し、同月、マイクロンテクノロジー社も64KDRAMにおいて日本企業がダンピングを行っているとして七三一条に基づいて提訴して始まった。これを受けて日米両国が話し合いに入ったのも束の間、九月にはAMD、インテル、NSの三社による日本企業がEPROMの販売でダンピングを行っているという内容の提訴を受けて調査が開始された。さらに一二月には、256K以上のDRAMに関して商務省による自発的ダンピング調査も開始されたのである。政府が民間からの提訴なしにダンピング調査を始めたのは初めてのことであった。

提訴においてアメリカ側は、日本の「市場障壁」（不公正貿易慣行）と日本企業による「ダンピング輸出」を問題にしている。このことが日本におけるアメリカ企業のシェアの低さと、アメリカ市場における日本企業のシェアの大きさの原因となっているというわけである。(53)

これに対し日本の業界は、八五年八月二六日に反論書をUSTRに提出している。その内容は、日本市場は完全に開放されていること、つまり政府は一〇年前から自由化措置をとっており、八五年三月に日米間の半導体関税はゼロとなっている。またアメリカ企業がヨーロッパで獲得しているシェアを日本で獲得できない原因を、日本市場が保護・閉鎖されているためだとするのは、製品の質やサービスの違いなどをまったく無視した乱暴な議論であるというものである。(54)

またこの日本側の反論書には、統計に関しても重要な指摘がなされている。日本におけるアメリカ企業のシェアの計算に際して、SIAは日本国内にあるアメリカ企業の生産を除外していること、そしてアメリカ企業のオフショア生産（東南アジア等での生産）による日本への輸出についてもすべてを含んでいないこと。またアメリカ市場における日本企業のシェアの計算において、IBMなどの半導体内製メーカーの生産量を除外しているというのである。内製メーカーの生産額はアメリカ半導体生産額の三二％に達しているにもかかわらず、これを除外することによって日本企業のシェアを不当に高く計算しているというものである。[55] 内製・外販メーカーの生産額合計で見ると、八六年においても生産額一位はアメリカであるという統計もあり、その場合「日米逆転」は生じていないことになる。

また反論書は次の点も指摘している。半導体製品はＩＣと個別半導体（トランジスター、ダイオードなど）に大別できるが、ＩＣだけのデータでは、ＳＩＡ統計によってもアメリカ企業は八四年に日本ＩＣ市場の一四％のシェアを占めていたし、通産省統計（日本国内のアメリカ企業の販売と第三国のアメリカ企業からの輸入を含む）によれば、一九・一％のシェアであった。これに対して、日本企業のアメリカＩＣ市場での八四年シェアは九・六％にすぎない。

このようにアメリカ側の見解には多くの問題点があった。にもかかわらず最終的に日本政府はアメリカ側の制裁を回避するために「日米半導体協定」（八六年九月）を締結した。この協定は九一年七月三一日までの約五年間有効とされた。この協定によって日本は「市場参入機会の改善」と「ダンピング防止」のための手続きを規定した。これは日本側が市場障壁とダンピングを認めたものというよりは、アメリカ側からの制裁を回避することを目的に譲歩したものである。[56]

鉄鋼や自動車において採用されていた日本側の「輸出自主規制」という方策ではなく、半導体においては日本側の「輸入自主拡大」という方策が導入されたのである。それは「輸出自主規制」によっては一時的にアメリカ企業が救済されたとしても、アメリカ企業の競争力強化に繋がらなかったという経験から導き出されたものであろう。それに「輸出自主規制」では生産者（アメリカの自動車メーカーなど）利益を守ることが消費者利益（日本車を望むアメリカの消費者）と対立するという批判に答えることができない。日本側の「輸入自主拡大」策であればアメリカの生産者と消費者の利益を同時に実現できることになるのである。この方策ならば、アメリカ半導体産業は日本市場のシェアを拡大することができ、衰退から免れることができる。それに加えて、日本の半導体の利用者でもあるアメリカ企業の利益も侵害されることはない。つまり、日本の半導体を購入し部品として使用することによって国際競争力を確保しているアメリカ企業にとって、日本製半導体の品薄や価格上昇によって不利益を被ることもないのである。

このような内容をもって締結された「日米半導体協定」であるが前途は多難であった。八七年四月にはこの協定が遵守されていないとして、レーガン大統領は日本製品に対して三億ドルに上る一〇〇％関税という制裁措置を実施した。その後、ダンピングに対する制裁は留保されたが、日本市場へのアクセスに関しては改善が見られていないとして制裁は継続され、八八年に入っても市場開放の具体的要求がＳＩＡから提出されている。その後、九一年には二次の「日米半導体協定」が締結され、マーケットシェア二〇％という「数値目標」が明記されたのである。なぜここまでアメリカ政府は半導体産業の競争力強化に固執したのか。

そこには民需・軍需における半導体の戦略的重要性が存在する。半導体技術の応用範囲はきわめて広く、通信・コンピュータ・工作機械・航空電子工学・家電・ロボット工学などさまざまな産業分野に及び、各製品の品質を向上させ、コストを引き下げ、国際競争力を維持する上で不可欠の存在である。また現代の先端兵器においても高性能の半導体は必要不可欠な部品であり、その意味からもアメリカ政府は半導体産業を重視している。軍需と民需双方から半導体産業は、戦略的産業として位置づけられる。

ちなみにアメリカのＩＣの需要構成において軍需・航空宇宙の占める比率は五〇年代に比べて低下しているとはいえ、それでも一九八五年には一八％を占めている。[57] 国防総省はアメリカの安全保障にとって半導体産業がとりわけ重要な役割を果たしていることを明瞭に語っている。一九八七年二月に国防総省特別作業部会は、国防半導体の外国への依存に対して警鐘をならし、アメリカ半導体産業の強化を提言する報告書を提出した。[58] そこでの基本的認識は、アメリカの安全保障は武器の技術的優位に基づいており、それはエレクトロニクスとりわけ半導体に依存しているという。しかし日本の半導体産業の急成長によって、アメリカは日本の半導体に依存せざるを得なくなっており、これは国家安全保障にとって極めて危険であるというものである。日米の半導体摩擦は繊維産業のような個別産業の問題ではなく、国家の安全保障を支える産業基盤の維持という「国益」の問題として取り扱われているのである。

以上に検討してきたように、自由貿易システムを維持するというアメリカの政策は、八〇年代に国内の保護主義圧力にさらされることになった。レーガンによる過度の成長刺激策によって引き起こされた保護主義と軍事的安全保障の圧力は、はたして自由貿易システムと共存可能なのであろうか。半導体における日本側の「輸入自主拡大」は、政治的・経済的圧力によってもたらされた苦肉の策ということができよう。

R・コヘインは次のように述べていた。「第二次世界大戦後の少なくとも二〇年間ほどは、R・N・クーパーが「二軌道」システムと呼んだものが優勢であった。すなわち、アメリカとその同盟国との関係において、経済問題が軍事問題に明確に関連づけられることはほとんどなかったのである。アメリカの軍事力は、アメリカが支配する国際政治経済を守る防具として働き、経済問題に関する交渉の背後において重要な要因であった。しかし軍事力がそうした交渉を直接侵害することはあまりなかった(59)」。この指摘のとおりであろうが、八〇年代の半導体に代表されるハイテク摩擦は軍事との関連を前面に押し出すこととなったのである。

レーガン政権は国内経済関係だけでなく、国際経済関係をも大きく再編した。インフレの終息と減税による景気拡大、合理化投資、外国製品の急増による企業の苦境、これらが相互に作用して賃金上昇圧力が消滅されたのみならず、労働側の大幅な譲歩が始まった。政府と企業と労働の力関係は大きく再編されたのである。このような中から生じた「双子の赤字」（財政赤字と貿易赤字）は、保護主義的な動きを強め、世界経済を不安定化させ、アメリカの覇権国としての影響力を弱める要素にもなりつつあったのである。

注

（1） Herbert Stein, *Presidential Economics*, 1984, p. 221.（土志田征一訳『大統領の経済学』日本経済新聞社、一九八五年、二三四―二三五ページ）。
（2） Martin Feldstein (ed.), *The American Economy in Transition*, 1980, p. 2.（宮崎勇監訳『戦後アメリカ経済論（上）』東洋経済新報社、五ページ）。
（3） *Ibid*., p. 5.（同右、八ページ）。
（4） 政府にあらゆる責任を押し付けるこのような論調と異なり、「政府の政策上の過ち」「近視眼的な企業経営者」「敵対的な労使交渉システム」に問題の所在を見るバランスのとれた論調もある（The Business Week Team, *The Reindustrialization of America*, 1982, p. 2. 日経ビジネス訳『よみがえる米国経済：日本への挑戦状』日本経済新聞社、一九八二年、viiページ）。
（5） James M. Buchanan and Richard E. Wagner, *Democracy in Deficit：The Political Legacy of Lord Keynes*,（*The Collected Works of James M. Buchanan*, Vol. 8）, 2000, p. 4.（深沢実・菊池威訳『赤字財政の政治経済学―ケインズの政治的遺産―』文眞堂、一九七九年、四―五ページ）。
（6） Herbert Stein, *op. cit*., p. 223.（前掲邦訳、二三七―二三八ページ）。
（7） William A. Niskanen, *Reaganomics：An Insider's Account of the Policies and the People*, 1988, p. 18.（香西泰訳『レーガノミックス』日本経済新聞社、一九八九年、三七ページ）。
（8） 杉浦克己「レーガンの大いなる実験」（法政大学比較経済研究所・川上忠雄・増田寿夫編『新保守主義の経済社会政策』法政大学出版会、一九八九年、所収）。
（9） *Economic Report of the President*, 1981, pp. 40-42.（経済企画庁監訳『一九八一年版 アメリカ経済白書』大蔵省印刷局、一六―一七ページ）。
（10） Paul Volcker and Toyoo Gyohten, *Changing Fortunes：The World's Money and the Threat to American Leadership*, 1992, pp. 164-165.（江澤雄一監訳『富の興亡：円とドルの歴史』東洋経済新報社、一九九二年、二四〇ページ）。
（11） *Statistical Abstract of the United States*, 1991, p. 610.

(12) *Ibid.*, p. 720.
(13) *Economic Report of the President*, 1991, p. 374.
(14) *Ibid.*, p. 316.
(15) *SIPRI Yearbook*, 1987, p. 124.（松前重義監修『ＳＩＰＲＩ年鑑一九八七』東海大学出版会、一二六ページ）。
(16) D.K. Henry and R.P. Oliver, "The defense buildup, 1977-85: effects on production and employment," *Monthly Labor Review*, August, 1987, p. 8.
(17) この具体的な経緯については次の文献が詳しい。David A. Stockman, *The Triumph of Politics: Why the Reagan Revolution Failed*, 1986.（阿部司・根本政信『レーガノミックスの崩壊』サンケイ出版、一九八七年）。
(18) *Economic Report of the President*, 1987, p. 3.（『アメリカ経済白書一九八七』日本評論社、一一八ページ）。
(19) *Economic Report of the President*, 1989, p. 63.（『アメリカ経済白書一九八九』日本評論社、一二七ページ）。
(20) *Economic Report of the President*, 1987, p. 33.（前掲邦訳、一一八ページ）。
(21) 経済企画庁編『世界経済白書　平成元年版』二四二ページ。またアメリカ経済における資本財の分析については、次の文献を参照。Robert S. Eckley, *Global Competition in Capital Goods: An American Perspective*, 1991.
(22) *Economic Report of the President*, 1989, p. 60.（前掲邦訳、一二四ページ）。
(23) 「〝プログラマブル〟とは、（通常）コンピュータ化された命令を変更することにより、比較的容易にある仕事から他の仕事に切り換えられることを意味し、〝オートメーション〟は人間が直接介入しなくとも、その機能のかなりの部分が進められていくことを意味している」(Office of Technology Assessment, *Computerized Manufacturing Automation: Employment, Education, and the Workplace*, 1984, p. 34)。
(24) *Business Week*, June 16, 1986, p. 85.
(25) *Statistical Abstract of the United States*, 1991, pp. 399-401.
(26) *Economic Report of the President*, 1987, p. 46.（前掲邦訳、一二九ページ）。
(27) 八〇年代前半の労使関係の分析としては次の文献を参照。萩原進「転換期の労使関係とレーガン政権」（川上忠雄・増田寿夫編『新保守主義の経済社会政策』法政大学出版局、一九八九年、所収）。
(28) 萩原進「自動車産業労使関係の変容」（法政大学比較経済研究所・萩原進・公文溥編『アメリカ経済の再工業化』法政大学出版会、一九九九年、九八－一〇〇ページ）。

(29) Bennett Harrison and Barry Bluestone, *The Great U-Turn : Corporate Restructuring and the Polarizing of America*, 1988, p. 40.（田中孝顕訳『危険な大転進』騎虎書房、一九九〇年、六九—七〇ページ）。
(30) *Ibid.*, pp. 42-43.（同右、七一—七三ページ）。
(31) *Business Week*, December 15, 1986, p. 51.
(32) Robert B. Mckersie and Janice A. Klein, "Productivity : The Industrial Relations Connection," in William. J. Baumol and Kenneth Mclennan, *Productivity Growth and U.S. Competitiveness*, 1985, pp. 120-122.
(33) 通商産業省編『通商白書 平成元年版』二三二ページ。
(34) Bennett Harrison and Barry Bluestone, *op. cit.*, pp. 100-101.（前掲邦訳、一五九—一六一ページ）。
(35) Kevin Phillips, *The Politics of Rich and Poor : Wealth and the American Electorate in the Reagan Aftermath*, 1990.（吉田利子訳『富と貧困の政治学』草思社、一九九二年）。
(36) *Economic Report of the President*, 1987, p. 100.（前掲邦訳、一八〇ページ）。
(37) *Ibid.*, p. 104.（同右、一八四ページ）。
(38) Stephen Marris, *Deficits and the Dollar : The World Economy at Risk*, 1985, p. xxiii.（大来佐武郎監訳『ドルと世界経済危機』東洋経済新報社、一九八八年、xxix ページ）。
(39) I.M. Destler and C. Randall Henning, *Dollar Politics : Exchange Rate Policymaking in the United States*, 1989, p. 23.（信田智人・岸守一訳『ダラー・ポリティックス』TBSブリタニカ、一九九〇年、四五ページ）。
(40) A. Lawson and K. Young, "Changing U.S. Competitive Price Position in World Markets," *U.S. Industrial Outlook 1988*, p. 17.
(41) デスラーとヘニングは為替政策に決定権をもつ財務省の政策を次のように要約している。「財務省はドル相場を国内外のマクロ経済政策と民間活力に委ね、何の措置もとらなかった。財務省は政策や経済の基礎的条件と無関係に生まれる民間の期待感による泡沫的な投機に対処することもなければ、為替相場の過剰変動を抑えようともしなかった。リーガン長官率いる財務省は、望ましい為替相場や、政府がどのように相場を利用できるかを検討することさえしなかった」(I.M. Destler and C. Randall Henning, *op. cit.*, pp. 21-22. 前掲邦訳、四一ページ）。
(42) *Ibid.*, p. 29.（前掲邦訳、五〇—五一ページ）。
(43) 大統領の経済諮問委員を務めたニスカネンは、「大統領の一貫した目標は、アメリカの国内外における自由貿易だった。

しかし、国内の政治的圧力に応じてレーガン政権は、フーバー以後のどの政権よりも多くの貿易制限を新設した。」(William A. Niskanen, *op. cit.*, p. 137. 前掲邦訳、一九三ページ)。

(44) *Economic Report of the President*, 1986, p. 10.（経済企画庁監訳『アメリカ経済白書 一九八六年版』九ページ)。

(45) I.M. Destler and C. Randall Henning, *op. cit.*, pp. 39-40.（前掲邦訳、七〇ページ)。

(46) *Economic Report of the President*, 1987, p. 135.（前掲邦訳、二一二ページ)。

(47) I.M. Destler, *American Trade Politics : System under Stress*, 1986, pp. 143-144.（宮里政玄監訳『貿易摩擦とアメリカ議会』日本経済新聞社、一九八七年、二〇一―二〇二ページ)。

(48) 次の文献を参照。Paul R. Krugman (ed.), *Strategic Trade Policy and the New International Economics*, 1986.（高中公男訳『戦略的通商政策の理論』文眞堂、一九九五年)。

(49) Thomas R. Howell et al., *The Microelectronics Race : The Impact of Government Policy on International Competition*, 1988, p. 85.

(50) *Ibid.*, p. 18.

(51) Michael G. Borrus, *Competing for Control : America's Stake in Microelectronics*, 1988, pp. 173-174.

(52) 公正貿易センター『米国通商法三〇一条及びEC規則 2641/84 とその運用』一九八七年、一八四ページ。

(53) 同右、一七八―一七九ページ。

(54) 日米半導体共同研究プロジェクトも次のような評価を下している。「日本があげた技術的成果でもっとも目ざましいものは、疑いなく、量産半導体製品の工程革新、ならびに生産性と品質水準の向上であろう」(Daniel I. Okimoto, Takuo Sugano, and Franklin B. Weinstein, *Competitive Edge : The Semiconductor Indusutry in the U.S. and Japan*, 1984, p. 50. 土屋政雄訳『日米半導体競争』中央公論社、一九八五年、六九ページ)。

(55) 公正貿易センター、前掲書、二二五ページ。

(56) 交渉当事者の見解として次の文献がある。黒田眞『日米関係の考え方―貿易摩擦を生きて―』有斐閣、一九八九年。

(57) Richard N. Langlois et al., *Microelectronics : An Industry in Transition*, 1988, p. 33.

(58) Office of the Under Secretary of Defense for Acquisition, *Report of Defense Science Board Task Force on Defense Semiconductor Dependency*, 1987.

(59) Robert O. Keohane, *After Hegemony : Cooperation and Discord in the World Political Economy*, 1984, p. 137.（石

黒響・小林誠訳『覇権後の国際政治経済学』晃洋書房、一九九八年、一五九ページ)。

第五章　国際競争と国際協調の政策論

1　国際政治経済学アプローチ

(1)　覇権安定論

八〇年代に至り、「双子の赤字」の解消がアメリカの新たな政策課題となった。とりわけ貿易赤字の肥大化は、国際的な経済摩擦を深刻なものとした。それゆえ国際経済関係の分析は、政府の経済政策を理解する上で決定的な重要性を持つようになったのである。そこで八〇年代の国際経済摩擦を理解するために、国際政治経済学(International Political Economy)の研究成果の検討から始めよう。

七〇年代以降のアメリカ経済の衰退現象、つまりは七〇年代のブレトンウッズ体制の崩壊およびスタグフレーションから八〇年代の双子の赤字への推移は、国際関係論研究者の間で、冷戦に規定されたそれまでの研究の理論的フレームワークに再考を迫るものとなった。それまでは国際政治にとって最も重要な考察対象は軍事であり、それゆえに安全保障＝高次元の政治(high politics)、経済＝低次元の政治(low politics)という枠組みによって対象を把握してきた。しかし七〇年代以降、エネルギー・国際通貨・貿易摩擦等が相次いで国際関係の重要な政治的課題となったため、「国際政治学」は「国際政治経済学」とならざるを得なかったのである。

アメリカの国際政治経済学研究においては二つの主要な学問的潮流が存在する。それは「覇権安定論」（ネオ・リアリズム）と「複合的相互依存論」（ネオ・リベラル制度主義）である。[1]

まず「覇権安定論」を検討してみよう。覇権安定論はもともとC・キンドルバーガーによって唱えられた理論である。彼は大恐慌の研究において、「世界経済が安定するためにはそれを安定させる国が存在しなければならないし、その国は一カ国でなければならない」[2]という結論を導き出した。すなわち一九三〇年代の大恐慌はイギリスの覇権の衰退にもかかわらず、アメリカがイギリスに代わる覇権国でなかったことによるという。覇権の空白期ゆえに大恐慌が生じたという理解である。

この議論は経済学における公共財の理論と結びつけられる。すなわち公共財は消費における「非競合性」と「非排除性」を特徴とする財であり、そこから自由貿易システムや国際通貨システムなどを「国際公共財」と規定する。その場合、世界政府が存在しない状況下では、国際公共財は覇権国によって供給されることになり、経済変動（不均等発展）に伴う経済力の他国への拡散と「フリー・ライダー」の存在ゆえに、覇権国は国際公共財を提供しつづける力と意欲を失い、国際経済は不安定化するという。[3]

この理論をR・ギルピンらが引き継ぐことになる。ギルピンは「二〇世紀の最後の数十年に入って、国際経済はアメリカの覇権の相対的低下にともなう危機に直面している」[4]と述べ、「私のようにやや悲観的な見方をすれば、これらの変化は覇権の衰退の帰結であり、先進国間の国益の食い違いにより引き起こされていると考えられる」[5]とし、「私は、……歴史的・理論的考察から、覇者によるリーダーシップ論を支持する」[6]と結論づける。

彼の論理をもう少し詳しくサーベイしてみよう。キーワードは「自由主義的」ということであり、自由市場に基づいた国際経済の存在が前提となっている。そして覇権国はこの自由主義的秩序の規範を確立・維持するために行動する。しかし覇権が存在するだけでは自由主義的な国際経済の発展は維持できない。覇権国自身が自由主義の価値にコミットするためには、覇権国の「社会的目的」と「国内の権力分布」が自由主義的国際市場に好意的であり、また主要国においても自由主義的国際経済を支持する「社会的目的の一致」が存在しなければならない。このように「覇権」「自由主義イデオロギー」「共通の利益」の三つが自由市場世界経済システムのためには必要であるという。

それゆえに覇権国が自らの利益のみを追求し、他の国々の利益に反する行動をとっていると見なされる時、覇権システムは弱体化する。またリーダーシップのコストが利益よりも大きいと覇権国が考えるときにも覇権システムは弱体化する。このように覇権の維持には、その正当性確保における制約が存在している。

すでに見たようにこの議論は「公共財」の議論と結びつけられる。自由貿易体制・国際通貨制度・国際的安全保障などを公共財あるいは国際公共財とするが、それゆえに非競合性と非排除性によって規定される国際公共財は、それが覇権国によって供給されないときには不十分になる。またその財としての性格から他国に「ただ乗り」を許すことになる。その「ただ乗り」を阻止するためにも他国にシステム維持の費用負担を求めるのである。

また覇権国における「軍事力」と「経済力」については経済力が重視されている。歴史的にみれば覇権国は軍事大国ではあったが、おもに経済力を行使することによって影響力を及ぼしてきたという。その際「覇権国の経済力の究極の基礎」は、経済の柔軟性にあり、世界的な経済環境の変化に対して自らを変容させていく能力こそが経済力の基礎だという。

市場の力は政治的枠組みを変化させ、新たな政治的環境を作り出す。すなわち市場は経済構造を変容させ、力を拡散させ、その構造の政治的基礎を変化させ弱体化させる。このように自由な世界経済には矛盾が内在しており、覇権システム自身が究極的には不安定であると述べている。

それゆえにいかなる大国もいずれは衰退する。しかしその期間の長さは異なり、衰退期における経済的不安定を安定化させる方法は三つある。①新しい覇権国の出現、②弱体化した覇権国を含むすべての国を拘束するルールの成立、③支配的な経済大国間での政策協調の継続、である。現在のところ①と②の可能性はきわめて低い。③の政策協調も間欠的でその継続も難しい。それゆえに、結果として覇権の衰退期には経済が不安定化し、「経済紛争」が世界経済の特徴となるという。

また覇権国の衰退と主要国間での利害の多様化は、システムの崩壊を引き起こすような危機を生み出す場合がある。覇権国の重要な役割は単なる体制の整備ではなく危機管理にある。覇権国は自由世界経済の危機に対して速やかに対処する意志と能力をもっていなければならない。危機管理に失敗すれば、自由な国際経済秩序を崩壊させてしまうことになるという(7)。

ギルピンによる以上の指摘は次のように要約できよう。覇権国は国際秩序を軍事的・政治的・経済的に確立できる力を持っているし、それは自由主義的イデオロギーに依拠することによってのみ可能である。その際、このようなイデオロギーを覇権国自身が受容し、それを他国にも認めさせようとして国際公共財を提供するのは、まずなによりも覇権国がこの自由な国際経済秩序から最も大きな利益を得ることができる優位な経済力を有しているからである。しかしながら覇権国によって一度形成された自由主義的秩序は固定的なものではなく、経済変動によって変化せざるを得ないのである。すでに検討してきたように、経済変動は、覇権国においてもそれに同意している主要国においても、「社会的目的」と「国内の権力分布」のあり方を変化させるのであり、そしてまた他の主要国の経済的成功によって「共通の利益」が再編を迫られるのである。経済的には覇権の衰退とはこのようにして生じる。それゆえ衰退期には「経済紛争」が常態化するのである。もっとも衰退のあり方は覇権国が持つ「経済の柔軟性」によって異なる。しかし覇権国がその支配的な地位を利己的に利用することが明らかになれば、その正統性は揺らぐことになる。

問題の一つは覇権国の重要な機能とされる危機管理についてである。そもそも自由主義的世界経済体制を危機に陥れるような事態はいかにして生まれたのか。他の主要国の勃興によってなのか。それとも覇権国の行動それ自体が既存のシステムを危機に陥れたからなのか。もし後者が主因であるならば、その結果生じるシステムの危機に対して覇権国自身が管理能力を有しているかについては大きな疑念が生じる。その時、覇権国のもつ正統性は一層低下することになるのは明らかである。

覇権安定論の最も素朴な極端な議論は、公共財のもつ性格から「国際公共財」の供給が過少になされ、それゆえ自由主義的国際経済が不安定化するというものであるが、ギルピンの見解はこれほど素朴なものではない。それは彼が次のように公共財の理論よりも歴史的経験を重視するとき鮮明になる。「私の見解は、覇権国は自由主義的な国際経済の存在にとって必要であるということである。そのような経済が集合財であろうと、国家の特定のグループによって共有される私的財であろうと、歴史的経験によれば、自由主義的な大国が存在しないならば、経済上の国際協力を実現し、維持することは極端にむずかしく、紛争が解決のための手段となってきた」[8]。それのみでなく、経済変動による「社会的目的」や「国内権力の分布」や「共通の利益」の変貌ということをも注視している。しかしながらその分析は十分になされていない。

(2) 複合的相互依存論

アメリカ経済の衰退という事実とともに、国際政治経済学アプローチにおいて注目されたもう一つの理論はR・コヘインとJ・ナイによって提起された「複合的相互依存論」(ネオ・リベラル制度主義)である[9]。国際関係における主要なアクターを国家とし、軍事的安全保障の重要性を強調してきたリアリズムの議論を彼らは批判した。国際関係においては国家以外のアクター、すなわち多国籍企業やNGOや国際機関など多様なアクターがその機能を果たしており、また軍事以外の貿易や通貨や資源などをめぐる経済問題が重要だとの認識を示した。後者の経済問題の重視は覇権安定論(ネオ・リアリズム)と同じスタンスであるが、前者の多様なアクターの重視はアクターとして国家を重視する覇権安定論と異なる立場である。

ここでは八〇年代の状況の中で複合的相互依存論者がどのような認識を示していたかを見るために、一九八四年のコヘインによる『覇権後の国際政治経済学』の主張を検討してみよう。

彼の整理によれば、彼自身が支持する制度主義アプローチは、経済的相互依存によって生み出される共通の利害関係や制度の機能を重視する。これに対して覇権安定論(ネオ・リアリズム)は、アメリカの覇権の影響を強調した。この両者の見方は、ともに重要ではあるが完全ではなく、それゆえにリアリズムと制度主義の統合が必要であると彼は述べる(10)。しかし彼の立場はあくまでも制度主義の側にあり、「覇権安定論は部分的には正しい(11)」というものである。

彼は歴史を振り返り、覇権的権力とそのもとに打ち立てられた国際レジームとが組み合わされると、協調が促されることになるが、その覇権的協調の期間は二〇年ほどしか続かなかったと述べる(12)。

歴史的にアメリカの覇権は侵食されてきたが、それにもかかわらず対立が協調に勝ることはなく、むしろ対立と協調は共存してきたという。この現象は覇権安定論だけでは説明できず、国際レジームの機能主義理論と組み合わせることによって理解できるという。それは、国際レジームの存在が利害関係者の合理的計算を変え、独立国家間において取引を互いに有利にする行動を促すこと。またレジームの新たな創設よりも、既存レジームの維持のほうが容易であるということによる。これがアメリカによって覇権期に構築された国際レジームが、覇権後の協調にとっても貴重なものとなる理由なのである(13)。

結果として、「協調と対立の概念や国際レジームの機能主義理論によって、現代の世界政治経済における協調の一貫性を理解することができる。対立の予想が協調へのインセンティブを生み出す。すくなくとも通貨と貿易では国際レジームは十分に発展し、覇権安定論が独自に予期したよりもはるかに多くの協調を促進している」[14]と結論づける。

このようにネオ・リベラル制度主義者は、覇権論を部分的に認めつつも、「対立」を「協調」へと導く国際レジームの役割を強調する。そこではアメリカによって作り上げられた国際レジームを維持するために「協調」が要請されることになる。覇権安定論は覇権国の存在が世界経済を安定させる上で必要不可欠だと主張し、複合的相互依存論は国際レジームの維持のために協調を主張する。このとき両者の議論は接近する。[15]

覇権安定論にしろ複合的相互依存論にしろ、その理論的枠組みがイメージしているのは、国際政治経済の現実である。そこには「国際競争」と「国際協調」という現実のプロセスがある。覇権安定論が「国際競争」の側面を重視しがちなのに対し、相互依存論が「国際協調」の側面を重視しがちなのは、その理論的フレームワークから当然であろう。

「国際競争」も「国際協調」も具体的には国家の単一的利益ではなく、国内の政治的経済的利害対立を反映している。そのことを検討する必要がある。

2　国際競争力強化策

(1)　産業政策をめぐる議論

前述したように、ギルピンは覇権衰退期における経済的不安定を安定化させる方法は三つあるとしていた。①新しい覇権国の出現、②弱体化した覇権国を含むすべての国を拘束するルールの成立、③支配的な経済大国間での政策協調の継続である。しかし①と②は長期的課題である。③の支配的な経済大国間での政策協調は間欠的であり、かつ「協調」の内容も後に検討するように多くの問題をかかえている。ここでは覇権国としてのアメリカが、どのようにして世界システムを維持する経済力を回復しようとしているかに焦点を絞る。

すでに見たように、覇権安定論によれば「経済紛争」が覇権衰退期の特徴であった。そしてギルピンは次のように述べている。「国家がこの世界規模での経済競争に参加するためには、二つの要件を満たす必要がある。第一に、その国は世界経済に対して深く関係し、かつオープンでなくてはならない。……もう一つの教訓が、……その支配力をアメリカが自国の私的利益のために行使するという誤りを犯すことなく覇権を維持するには、国際競争力を改善するために、政府は経済に介入しなくてはならないのである[16]」。覇権安定論の立場からすれば、覇権国際競争力を強化することが必要となる。覇権を維持するには、国際的な競争力を取り戻す必要があり、そこに「政府の介入」が必要だという。すなわち覇権を維持できる経済力をもつことが重視される。

「政府は経済に介入しなくてはならない」という主張は、七〇年代末以降力をもったサプライサイド派やマネタリストの主張とは対極に位置する主張である。アメリカ経済の衰退に危機感を抱いていた非主流派の研究者の一部は、「政府の干渉ではなく、競争力を高める戦略で失敗したことが、アメリカ経済の没落の原因なのである[17]」と主張する。彼らの主張を詳しく見てみよう。次の引用に彼らの時代認識、アメリカの置かれている新しい状況に関する認識が示されている。

「政府の役割を最小限にとどめようとするミニマリストの役割は、国際的な競争にさらされていない経済には適切なものかもしれない。また、経済が急速に成長しているために産業構造の調整が比較的容易で、したがって、たとえば新しい雇用機会や投資機会が豊富にあって、古いものにとって代われるような経済では、適切かもしれない。しかし状況はそうではないのである。自由放任主義は、低成長経済や供給、需要、技術や政治において、激しくかつしばしば突然起きる変化に見舞われやすい相互依存関係にある世界経済の中にある国にとっては、ナイーブかつ危険なアプローチである。世界的な構造変化に対し、敏速かつ効率的に経済が対応できるようにするためには、政府の積極的な政策が必要なのである。[18]」

I・マガジーナとR・ライシュは以上のように述べ、国際競争が激化している状況において、また低成長が定着している状況においては、政府の積極的な役割＝「産業政策」が必要だと主張する。そして彼らは産業政策を次のように定義している。「産業政策というものは国際市場の発するシグナルに最新の注意を払い、進行中の産業構造のシフトに注目しつつ、国内経済がこうしたシフトに適応できるように支援することである[19]」。そこから「合理的な産業政策」の必要を主張し、その内容として「労働調整を容易にする対策」「市場の不完全性を是正する手段」「長期的なプロジェクトに対する生産的投資の促進」「政府の政策を調整する手段」の四つの政策を掲げている。[20]

第一の労働調整に関する政策は、産業の必然的な衰退によって引き起こされる社会的な混乱を緩和する政策である。労働者と地域を支援することが必要であり、その対策としては、労働調整を容易にするための転職手当、工場閉鎖の事前勧告、地域援助プログラムなどの導入である。第二の市場の不完全性への対策は、社会的な投資収益と民間投資収益の間の大幅な乖離を克服することである。つまり民間企業の投資収益が経済全体にとっての長期的な投資収益を下回るとき、市場の不完全性を是正する必要があり、R＆D政策、リンケージ産業への政策などが必要であるという。第三は長期的プロジェクトへの対策であり、緩慢な市場の力を加速することである。つまり長期的な成長機会に対応して市場調整を促進することが必要であり、対策は高リスク投資への貸し付けや海外市場開発の促進、中小企業向けプログラムなどである。第四の政府政策の調整は、他の政府活動（とりわけ防衛）を国際競争強化の方向で実施できるように統合する政策である。そのためには、政府調達とR&D、政府の資本市場管理、取引規制、保護規制などが必要となる。[21]

ここでは衰退産業対策と成長産業対策が示されている。このことによって、国際競争力強化と政治・経済的安定・経済成長が可能とされる。彼らは産業を「成長産業」と「衰退産業」に区別するが、彼らの政策は、成長産業にのみ注目して、衰退産業を切り捨てるというものではない。アメリカ産業が、そのどちらにも依存して成り立っている以上、各産業の置かれている状況に対応して、適切な産業政策が採られるべきだと考えている。問題点はアメリカ経済が世界経済の中にくみこまれ、その中で国際競争力を維持することに失敗したという視点から考察されている。サプライサイダーが、民間投資と労働意欲を制約してきた責任を政府の干渉に見いだし、大幅減税と規制緩和と福祉削減政策を主張したのに対し、問題は政府の干渉ではなく、競争力を高める戦略で政府が何も実行してこなかったことが、アメリカ経済の没落の原因と考えている。[22]

その上で、アメリカは衰退産業に対処するプログラムをもっていなかったし、また成長産業に対する支援も、国家安全保障に対する政策の副産物にすぎず、それらの産業に対する明確な政策をもっていなかったと指摘する。[23]すなわち、衰退産業に対するアメリカ政府のこれまでの政策は、衰退産業を輸入から保護することで対処してきた。これは、アメリカの貿易相手国の輸出自主規制という協定にまとめ上げられてきたのであり、繊維、鉄鋼、カラーテレビ、工作機械、自動車などにその事例を見ることができる。この貿易相手国の輸出自主規制方式は、結果としてアメリカの産業の競争力低下を先延ばしにしたにすぎず、長期的な競争力の改善のための構造改善を支援も促進もしなかったことはすでに明らかであるという。また国防総省の軍需関連産業に対する財政的支援は、安全保障上の視点からなされてきただけであるという。

特に、労働調整については社会正義と健全な経済政策という二つの理由をかかげ、産業構造の変容から生じた非自発的失業者に対して、彼らを救済する包括的なプログラムを開発する必要があること。また労働者のレイオフと工場閉鎖の影響を受けた地域を支援するプログラムの必要を主張している。彼らはブルーストンとハリソンのように「非産業化」という用語こそ使用していないが、以上の政策提起から明らかなように「非産業化」が進行していること、そしてそれが引き起こしている問題に関する認識がある。具体的政策としては、転職給付、工場閉鎖の事前通告、地域支援プログラムをあげている。他の先進国の政策と比較しつつ、アメリカは、主要国の中でこうした労働と地域に対するプログラムを持たぬ唯一の国であるとも述べている。

アメリカにおいて以上のような産業政策が導入されてこなかった理由はいくつか考えられようが、一つの大きな理由は、戦後アメリカが行使できた強力な通商政策の存在にあろう。産業政策は国内の利害対立が先鋭化する政策分野であり、常に個別産業や地域の個別的利害に引き裂かれる可能性を秘めている。それを避けようとすると、産業に対する支援策は貿易相手国に譲歩を求める通商政策に行き着くことになる。

レーガン政権は『一九八四年大統領経済報告』において、産業政策の導入の是非について一章をあてて詳しく論じている。この年が大統領選挙の年であったことは注目してよい。民主党が産業政策という新たな政策を掲げて、選挙戦に望んだからである。この報告書は、まず産業政策論者の見解を次のように要約する。

「アメリカは産業政策を採用すべきであろうか。賛成論者はわが国の製造業が再活性化するためにはこの種の戦略が必要であると主張する。彼らの主張によれば、アメリカの製造業は諸外国の製造業とくらべて貧弱な実績しか示してこなかったし、われわれは国際競争力を失いつつあるという。かかる主張は、わが国経済にしめる製造業のシェアが縮小しつつあり、われわれは「非産業化」の過程を歩みつつあるという見方を導き出してきた。このような衰退傾向を逆転させるために、一部の産業政策論者は政府が新しいハイ・テクノロジー産業を奨励し、また他の産業の活力の再生を援助すべきであると提案している。彼らはまた、衰退産業が生産と雇用の減少に対する調整をもっとスムーズに実行できるように援助すべきであると勧告している。また特定の基幹産業の衰退を阻止するために政府援助を与えるべきだと提案する人々もいる。[24]」

ここでは国際競争力強化の視点からハイテク産業に対する産業政策導入を主張する論者の意見が紹介されている。このように産業政策導入論者の主張を紹介しつつ、同報告は次のように産業政策の導入を批判する。アメリカの製造業は一九五〇年から八〇年の間に生産・雇用・資本ストックにおいて成長を続けてきており、雇用総数にしめる製造業のシェアは低下したが、これも相対的な生産性の上昇を示す兆候のひとつであり、工業没落の兆候ではないという。その上で、過去二〇年間に製造業の構造に変化が生じたことは認めつつも、その構造変化の中身は、製造業の重心がハイテク産業に移行したことによるものであるという。実際ハイテク産業では四〇％以上も付加価値が上昇し、雇用も二〇％以上増加しているという。そして次のように結論づける。「製造業の産業構造の変化と資本と労働の他部門への移動は、わが国経済とその国際競争力を脅かすものではない。……わが国の基幹産業の衰退をとめるために産業政策を利用することは、経済成長率を高めることにならないであろう。それは単に投資と雇用をある部門から他の部門へ移すだけである。貯蓄と投資全体の水準を引き上げることこそ、経済成長率を高める最良の方法なのである[25]」。

また労働と地域については、製造業の雇用の減少が地域的に集中していることを認め、それも基幹産業に頼っている州の失業率が高いという。にもかかわらず、「真の問題地域は他の地方に就職機会があっても解消されないのだが、その理由は労働者のなかに移動を好まぬものがいるからである。……失業手当があることと、自宅に近い高賃金の職場へ再就職できるかもしれないという期待が、失業労働者の就職のための移動意欲をそいでいるのである」[26]と述べる。

ここに見るように、アメリカ製造業は衰退しているのではなく、産業の重心がハイテク産業へ移行しているだけである。このような構造的な転換に伴う失業問題は、労働移動の円滑化によって解決できるというのがレーガン政権の考えである。市場の自動調整機能への過度とも言える信頼である。

八四年の大統領選挙において、民主党の大統領候補モンデールが「産業政策」を掲げた理由はどこにあったと考えるべきであろうか。それは「衰退産業」を救済することにより、苦境にある伝統的基幹産業の経営者と労働者、そして地域的には中西部と北東部の支持を得ることに目的があったとみることができよう。また「成長産業」への助成は成長著しいハイテク産業の経営者と労働者、そして西部や南部そしてマサチューセッツ州などのハイテク州の支持を取り付けることができる。その上、成長産業は雇用創出産業でもあり、技術革新産業でもあるとすると、ハイテク産業への助成は一部企業の優遇ではなく、経済全体にとって有益な政策という論理も成り立つ。さらに産業政策の導入によってアメリカ企業の国際競争力が強化されれば、貿易赤字の削減に役立つということになる。

このようにして産業政策は、伝統的基幹産業を中心に形成された政府・企業・労働の「旧い合意」の破綻を認め、「新たな社会的合意」を形成する手段として位置づけられよう。[27]レーガンの率いる共和党は、七〇年代以降構造化した三者の「政治的行き詰まり」を、合意ではなく国際市場圧力による企業再編と労働側の大幅譲歩によって解決しようとした。これに対して民主党は「新たな社会的合意」の手段として産業政策を掲げて選挙を戦ったが、八四年のレーガン再選によって、産業政策に基づく「新たな合意」への道は閉ざされたのである。

(2) 科学技術と安全保障

このようにして産業政策は政治の舞台から退場を迫られた。しかし国際競争という問題が消滅したわけではない。八〇年代前半のドル高は、鉄鋼や自動車等の伝統的基幹産業だけではなく、ハイテク産業の競争力の衰退をも顕在化させた。八六年にはハイテク産業も貿易赤字に転落したのはすでに見たところである。このような現実は、産業政策を競争力政策あるいは科学技術政策として浮上させることになるのである。そのことをS・コーエンは次のように要約している。

「しかし産業部門への政府の積極的関与という考えは、死に絶えたのではなかった。それは変容しつつあったのである。政府介入論者と自由市場論者との溝をうめる最初の一歩は、意外にも一九八五年にレーガン大統領の産業競争力委員会からでてきた。いまから思い起こすとこの委員会の作成した最終報告書が重要なきっかけとなって、基盤において大きな広がりを持つ産業政策をすべてか無か、賛成か反対かの投票で片付ける態度が変わっていった。後に科学技術政策とよばれることになる焦点のさだまった、非集権的で政治的にも受け入れやすい論議へと移っていったのだった。[28]」

この委員会の報告書は、通常『ヤング報告[29]』とよばれているものである。『グローバルな競争：新しい現実』という表題が示しているように、国際競争にいかに対処するかが中心テーマとなっている。この報告書に産業政策という用語はない。

図5-1は、ヤング報告が示している概念図である。技術・資本・人的資源・通商政策を改善することによって、アメリカ経済の競争力は強化される。そのことによって貿易赤字が減少し、生活水準が上がり、仕事の質が

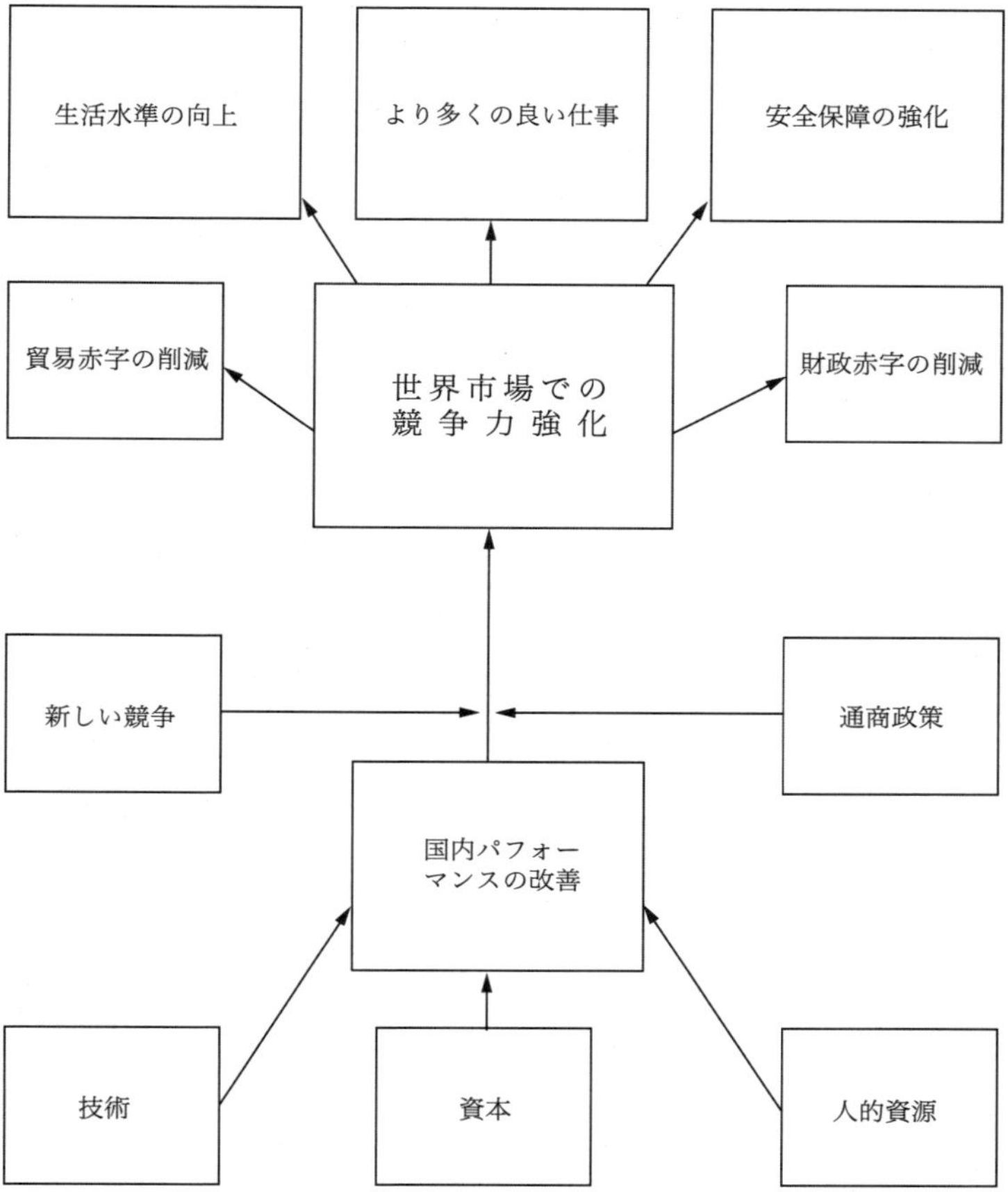

出所：The President's Commission on Industrial Competitiveness, *Global Competition: The New Reality*, Vol. I, 1985, p. 6.

図 5-1　競争力：国家目標との結合

改善され雇用が増え、安全保障が強化され、財政赤字が削減されるというものである。

レーガン大統領はこの報告書の正式受理を拒んだとはいえ、産業の競争力強化のための国家戦略の必要性は、その後、大きな流れとなっていった。一九八七年には両院にまたがる超党派の競争力議員会議が設けられ、二〇〇名以上の議員が参加した。また第一〇〇議会ではこの会議の参加者が競争力政策にかかわる六一一という記録的な数の法案を提出している(30)。

このように科学技術政策として産業政策が取り上げられていくことになる。そもそもこれ以前にも一九八四年には「国家共同研究開発法」が議会を通過し、それまで独占禁止法によって禁止されていた企業間の共同研究開発が可能となっていた。さらに一九八六年には「スティーブン・ワイドラー法」が改訂され、国際競争力強化のための現実的な政策が実施されていたのである。

これが一つの流れであるが、これ以外にも実質的に産業政策といいうる流れが存在した。その一つは州政府による産業政策であり、中央政府レベルでの産業政策の否定にもかかわらず、州政府において産業政策は様々な形で模索されていた(31)。もう一つは軍事分野に関連した産業政策であり、これは科学技術政策が冷戦下の安全保障＝軍事と関連してきた歴史と関連している。

アメリカの競争力あるいは科学技術を見る上で、常に忘れてはならないのはこの安全保障・軍事支出の役割である。アメリカでは軍事目的でありさえすれば、政府介入の産業政策でも積極的に推進されてきた。実際、戦後の半導体やコンピュータの開発と生産においては、国防総省から多大の資金が民間企業に流れ、新産業の成長に多大なる貢献をしたのである。

国防総省の側からは、ベトナム以後のアメリカにおける軍事産業基盤の衰退と他国への依存を懸念する調査研究が八〇年代に数多く発表されていた。競争力強化のための科学技術政策と、軍事産業基盤強化の要請がこの時期に一致することになる。
このような動きの中で明確に「産業政策」といえるものが実現した。それは一九八七年のセマテック設立である。これは国防総省の報告書が提起した半導体製造技術研究所構想が実現したものである。この目的は、高度な半導体を効率的に製造する際に必要な基本技術を開発すること、また国防総省の需要に応じた製品を生産するための施設ともなる。研究所設立の際には、参加企業から資金を募るとともに、国防総省も五年間に渡り資金を提供するというものである。官(軍)民合同の研究プロジェクトである。これは半導体産業のための事実上の産業政策である。またしても安全保障ということで、つまり「国益」が明示されることによって「産業政策」は認められたのである。(32)

半導体技術は軍事・民生両方にまたがる技術であり、その技術力が軍事力および産業の競争力を大きく左右するがゆえに、半導体技術は「両用技術」(dual use technology)として重視されることになる。(33)その後、半導体とコンピュータそして通信は、情報技術(Information Technology)として把握され、九〇年代にその技術の経済的役割が重視されることになる。

ここでマガジーナとライシュが提起した「産業政策」が、「科学技術政策」に収斂していくことによって見失われた点を指摘しておく必要がある。それはハイテク技術に焦点を絞ることにより、伝統的な産業の問題が置き去りにされるということであり、また労働の問題が科学技術者の問題としてのみ扱われることになるということである。アメリカ経済の抱えている問題は、ハイテク産業の競争力強化問題として狭く理解されてはならないのである。(34)

3　市場調整機能と国際政策協調

(1)　為替調整政策と財政調整政策

国際政治経済学における「複合的相互依存論」は、国際経済の競争的側面よりも協調的側面に焦点を絞ってきたが、経済学は八〇年代の協調をめぐる事態をどのように扱ってきたのか、そのことを検討してみよう。

八〇年代の協調政策として注目を集めたのは「プラザ合意」である。一九八五年九月二二日プラザ合意が先進五カ国間で合意され、国際経済を安定化させるためには、ドル高是正が必要だという認識で政策協調が実施された。国際収支の不均衡、とりわけアメリカの貿易赤字が保護主義圧力を高め、ドル暴落の危険さえ懸念されるまでになっていた。そこで国際収支不均衡是正のために、ドル安という方向で為替レートを調整するということが確約された。この合意により、円ドル・レートは一ドル＝二四〇円の水準から八六年七月には一ドル＝一五〇円台へ、そして八七年には一ドル＝一二〇円台へと円高・ドル安が進行した。このことによってタイムラグはありつつも（Jカーブ効果として説明されている）、八七年以降になって貿易赤字は縮小していくことになった。八三年の六七一億ドルの貿易赤字から八七年の一五九六億ドルの赤字へと膨張した後、九一年の七四一億ドルの赤字へと縮小したのである。

その後の通貨安定を目指すルーブル合意（八七年二月）を契機にして、八七年頃から対外不均衡是正策に関して政策論争が生じた。[35] 一つの立場はルーブル合意に反対する「ドル安推進派」であり、アメリカの貿易赤字を縮小するには市場メカニズムに任せて為替レートをドル安にすることが有効だとする立場である。もう一つの立場は、双子の赤字論に依拠した「財政調整派」であり、アメリカ政府による財政赤字の削減が必要だとするものであった。

大野健一氏は次のようにいう。「ドル安推進派」の議論は、経済学的には「弾力性アプローチ」に依拠した議論である。つまり、為替レートを切り下げることによって貿易財価格を変更し、自国産業の国際競争力を高め、貿易収支を改善しようというものである。フェルドシュタインやサマーズ、そしてバローなどがそのような主張を行っている。バローの主張は最も極端で、財政赤字と貿易赤字の間には因果関係は存在しない（双子の赤字の否定）というものである。

これに対して「財政調整派」は経済学的には「アブソープション・アプローチ」「ISバランス論」に依拠していると考えることができる。モジリアーニ、マッキノン、マンデルなどがこの立場をとっているが、最も極端なのがマンデルであり、彼は為替レートと貿易収支の間に因果関係は存在しないという。これ以外にバーグステン、ウィリアムソン、マリスなどの「折衷派」も存在する。

大野健一氏はこのように要約した後、ドル安推進派と財政調整派について次のように指摘する。ドル安推進派は、為替調整が貿易収支に及ぼす影響を高く評価しているが、これに対して財政調整派は、為替調整が貿易収支に及ぼす影響について懐疑的である。さらに、ドル安推進派と財政調整派の対立の裏には、世界経済の統合度に関する大きな見解の相違が見られるのであり、フェルドシュタインの立場に立てば、「現在の世界経済の統合度はそれほど高いとは言えず、各国経済にはまだまだ独立した要素が強いと考える。ゆえに各国政府は余り他国の景気や政策を気にすることなく、自国にとってよいと思われるポリシー・ミックスをそれぞれ追求すればよいことになる[36]」。これに対してマッキノンは、各国は別々のマクロ問題を抱えているのではなく、「各国は認識していようがいまいが、実は共通のマクロ問題に直面しているのであって、それに団結してあたらなければ各国とも惨めなパフォーマンスに陥ってしまう[37]」という認識をもっているという。国際経済の安定とアメリカの政策との関連に対する評価の違いが存在しているというわけである。

フェルドシュタインらのドル安推進派の議論がアメリカにとって好都合なのは、アメリカが単独的な経済政策のフリーハンドを確保できるからである。政策協調のために各国との交渉を続ける必要はないのである。貿易赤字が解消するまで為替レートを市場にまかせておけばよいことになる。また財政赤字の削減という国内の政治経済的摩擦を引き起こしかねない政策の実行を回避できるからでもある。加えて、アメリカの影響力の大きさは、為替レートの変動に大きな影響を及ぼすことができるということが背景にあるように思える。

これに対してマッキノンらの立場に立てば、各国とのマクロ政策目標の協調こそが重要になる。ここではアメリカの譲歩も必要となるかもしれない。しかし他国の譲歩も当然のことながら要求される。ここでは経済摩擦の解消において盛んに利用されるようになっている［ＩＳバランス論］が、経済政策において意味するところを検討してみよう。

［Ｓ（貯蓄）－Ｉ（投資）＝経常収支］という等式からいえるのは次のことである。マッキノンらの立場から言えば、経常収支黒字国は投資を増やし、経常収支赤字国は貯蓄を増やす協調政策を実施すべきということになろう。しかしそのような政策は容易ではない。とりわけ貯蓄を増やす必要のある赤字国の場合はそうである。

経常収支赤字国がその赤字を削減しようとするならば、貯蓄を投資よりも大きくする政策を採用すべきということになる。そこで貯蓄をコントロールする政策を考えてみよう。貯蓄は、家計貯蓄・企業貯蓄・政府貯蓄により構成されているが、例えば家計と企業の貯蓄を増やすには所得税や法人税の減税が必要になる。しかし家計や企業の場合、減税分が自動的に貯蓄に回る保障はなく、それは消費や投資に回るかもしれない。消費や投資に回れば経常収支はますます悪化することになる。それのみでなく、減税は政府貯蓄を悪化させることになる。これでは貯蓄は増加しない。

次に政府貯蓄を増やす政策の場合はどうか。政府貯蓄は、歳入増と歳出減によって可能である。歳入増を増税によって達成する場合は、その増税対象が企業なのか、個人なのか、また個人の場合どの所得層の税率を最も高くするのかが問題となる。それのみでなく増税は個人と企業の貯蓄を減少させるかもしれない。また歳出削減によって財政収支を改善する場合でも、どの歳出項目を削減するのかが問題となる。どちらの場合も、利害関係者の政治的な抵抗を引き起こすことになろう。

マッキノンらの立場は、各国による［貯蓄－投資］のコントロールと協調によって経常収支赤字を削減しようとするものであるが、財政調整によって国際収支を改善することはかなりの困難を伴うことがわかる。

このように考えてくると、経常収支を改善するために、国内の政治的対立を引き起こさない、ドル安調整という選択肢が注目されるのも理解できる。フェルドシュタインらの弾力性アプローチの立場は、為替調整（ドル安推進）によって国際競争力を高め、［貯蓄－投資］にかかわる国内政策の自由を確保した上で、直接［経常収支］を改善することを目指しているのである。しかしながらドル安推進は世界市場における競争力を変える働きをもつがゆえに、そこで生じるのは他国からアメリカへの富の移転ということになる。それではますます経済摩擦が激化することになる。安定的為替相場が求められる所以である。

(2) 日米摩擦とＩＳバランス論

アメリカとの経済摩擦を回避するために日本側はいかなる政策を採用してきたのであろうか。プラザ合意以降の政策提起を見てみよう。

八五年プラザ合意を受けて、一九八六年四月に「前川レポート」（「国際協調のための経済構造調整研究会報告書」）が発表された。このレポートは、日本の「大幅な経常収支不均衡の継続は、わが国の経済運営においても、また、世界経済の調和ある発展という観点からも、危機的状況であると認識する必要がある」とし、「経常収支の大幅黒字は、基本的には、我が国経済の輸出志向等経済構造に根ざすものであり、今後、我が国の構造調整という画期的な施策を実施し、国際協調型経済構造への変革を図ることが急務である」との認識を示した。

ここには日本の貿易黒字とアメリカの貿易赤字をまえに、日本の「輸出志向等経済構造」がアメリカとの経済摩擦の要因であり、それゆえにその構造を「国際協調型経済構造」に変える必要が提起されている。具体的には内需の拡大と経常収支黒字の削減が目標とされている。ＩＳバランス論で言えば、投資を増やし経常収支の黒字を削減しようという主張である。

このような前川レポートに代表される協調派（黒字削減派）に対して、小宮隆太郎氏に代表されるアメリカ批判派（黒字有用論・現状維持派）が存在する。

小宮氏は、アメリカと日本の協調派を批判する。その際、小宮氏はアメリカが政策協調の理論として利用したＩＳバランス論と市場調整機能に依拠して、アメリカと日本の協調派を批判している。氏によれば、そもそも貿易とは両方の国が利益を得るシステムであり、それのみでなく日本の黒字は世界の資本市場に還流し役立っている。貿易の赤字と黒字をことさら問題にする人々は、赤字は「損」で、黒字は「得」であるという「非経済学的」考えに依拠しており、それは経済学の基本を理解しない「妄説」であると主張する。

それにもかかわらず、もしかりにアメリカが貿易赤字の削減を政策的に必要と考えるなら、ＩＳバランス論から考えて、アメリカ自身が貯蓄を増大させるべきという。さらに、貿易収支赤字のファイナンスに関しては、アメリカはその経済規模から考えても、国際的債務を履行していく能力が危ぶまれる状況にはないという。ドルの信認は極めて高く、ドル暴落などということはありえず、ゆえに「ハードランディング」シナリオなどというドル暴落の危険性を主張するのは全く誤りであることになる。(38)

小宮氏の主張するように、アメリカの貿易赤字と対外債務は経済学的に問題のないことなのだろうか。日米の経済摩擦は経済学を理解しないものの誤った行動の結果なのだろうか。あるいは、経済学は摩擦をめぐる政治圧力を説明できないし、する必要もないのであろうか。

P・クルーグマンは、アメリカの貿易赤字に関して次のような指摘を行っている。「貿易赤字は、外国の投資家達が進んで資金を供給してくれる限り問題にはならないし、資金の供給がなくなれば、すぐに自力で回復するようになるだろう[39]」。しかしこのように述べつつも、それに続けて、なぜ貿易赤字を削減する積極的政策を政府が採用する必要があるのかと問題を提起し、そのことについて三つの理由をあげて答えている。

第一は、貿易赤字は必ず調整されるが、歴史はその過程が必ずしも穏やかでないことを教えているというものである。例えばラテンアメリカの経験は、外国からの資金流入がある間に、貿易赤字を削減する政策の採用が必要であり、それが出来ない場合は金融パニックと深刻な不況に悩むことになることを教えているという。

第二は、市場任せの貿易赤字削減には時間がかかるという。ゆえに政府が時間を短縮するために行動することは合理的根拠があるということになる。

第三は、貿易赤字が現実問題として国内の保護貿易主義者の圧力を増大させるという現実があるからという。保護主義を鎮める上でも赤字の削減は必要だということになる。

第一の論点は、アメリカ経済に対する信認、ドルに対する信認が崩壊することから生じる問題である。すなわち、外国人投資家がドルへの信頼を失い、投資意欲を減退させ、そのことによってアメリカが金融パニックと不況に陥り、その結果として貿易赤字が縮小するというものである。その混乱は世界的に波及する可能性が高い。そこでこのような貿易赤字削減は、事前に回避されねばならないことになる。

第二の指摘は、市場に任せたとき貿易赤字削減には「時間」がかかるというものであるが、これは市場による調整が決して短時間に行われるものではないことを指している。そしてこの時間の問題は、第三の保護主義圧力の増大とも関連している。すなわち国内の利害関係者による保護主義圧力の増大は、政治にとって無視できるものではなく、一定期間内に政策的対応を求められる。そこには時間的な拘束が存在するのであり、それは「社会的時間」と呼び得るものである。そしてこの圧力は産業分野と関連している。貿易赤字が相手国との同一産業・同一製品での競争から生じていることが問題となる。外国からの輸入の増大により企業倒産や失業などが生じ、これが政治圧力の形成要因となるからである。これは繊維摩擦から鉄鋼、テレビ、工作機械、自動車そして半導体へと推移してきた日米摩擦の歴史が示しているところである。このように見てくると、保護主義圧力の形成においては、貿易赤字の「規模」と「分野」、そして調整「時間」が重要なことがわかる。

政府介入の理由はそれ以外にもある。貿易赤字の削減の方法は多様であり、それが政府介入を説明する。すでに検討したように、ISバランス論から、貯蓄を増やす（結論的には財政赤字の削減）ことによってのみ貿易赤字を減少できるとする主張がある。だが貯蓄は家計・企業・政府と三つの経済主体により行われており、選択肢は多様である。すでに検討したように政府の財政赤字削減策一つをとっても、歳出面・歳入面のどちらに力点を置くのか、どの分野の歳出を削減するのか、またどの所得層に多く課税するのかということが問題となる。さらに実質賃金の抑制、生産性向上など国際競争力を強化する方策もあり、また他国の輸出を規制したり（「輸出自主規制」）、他国に輸入を拡大させる（「輸入自主拡大」）こともアメリカの場合には可能である。ISバランス論からは輸出増が所得増となり、貯蓄増につながるというメカニズムも考えられる。このように貿易赤字削減の選択肢は多い。この中からどのような政策が選択されるかは、政府の経済的・政治的立場によって大きく異なる。

実は、貿易赤字から以上のような政治圧力を導きだすか否かは、現実の経済を完全雇用均衡状態と見るか否かにかかっている。ISバランス論を完全雇用均衡において扱うと、貿易収支の変動は、国内資源における完全雇用均衡状態から新しい完全雇用均衡状態への一時的調整過程となり、この調整がもたらす所得減・失業等から生じる個別的政治圧力は問題にならない(40)。また均衡論では、赤字も自動的にファイナンスされ、黒字も自動的に世界の資本市場に還流し、他国の投資に結びつくことが想定される。しかし、現実の経済においては不均衡状態こそが一般的状態なのであり、とりわけ八〇年代前半のように、短期間に輸入が急増した場合には、ある不均衡状態から次の不均衡状態へのシフトは、多くの摩擦とそれに抵抗する政治圧力を生み出すことにならざるをえないのである。

このように見てくると、事後的に絶えず成立し、経済学者だけでなく政策当局も盛んに利用するＩＳバランス論を利用する場合は、その背後に存在する政治的経済的意図を読み取る必要がある。

4　国際経済の不安定化

一九七〇年代以降の世界経済の不安定化に対する一つの解釈は、覇権安定論によって提示されてきた。それは第二次大戦直後に確立された国際秩序が大きく転換した原因をアメリカのヘゲモニーの衰退と関連づけた。このような解釈は日米摩擦を考察するときに一定の説得力を持つ。なぜなら日米の経済摩擦はアメリカの覇権の後退期である七〇年代以降にその激しさを増し、対象となる領域も拡大の一途を続けてきたからである。のみならず日本は世界最大の債権国となりアメリカの必要とする資金の供給国ともなっているのである。これはアメリカの覇権に対する日本の挑戦と映るかもしれない。

しかしこのような理解に対して、「西洋人の多くは（多角主義の原則の弱体化や国際金融システムの混乱など）変化を、米国のヘゲモニーの弱体化よりも、米国の単独行動主義的な主張の表現との関連で解釈しているのである。このような解釈によると、米国は一九七〇年代と一九八〇年代の間、自国内部の経済的混乱を補うために世界経済を操作してきたのであり、結果的に世界の他の国々に不均衡を輸出してきたのである。……国際経済の混乱と停滞の原因は、……米国のマクロ経済政策の中に見いだされると示唆しているわけである」[41]。すなわち世界経済不安定化の原因は、アメリカの単独行動主義的なマクロ経済政策（アメリカの通貨発行特権とそれに依拠した成長政策）にあるという認識である。われわれがこれまで検討してきた事態は、この見解を支持するものである。

アメリカはこれまでも、通貨発行特権に依拠した成長重視のマクロ経済運営を行うことにより、国内外の利害対立をコントロールしようとしてきた。またはそこから生まれる政治的制約から自由になろうとしてきた。しかしそれとても万能でないことは、周期的にあらわれる成長政策とドル危機の歴史が示している。J・フリーデンの言葉を借りるならば、アメリカにおける経済政策の歴史は、「経済成長を求める国内の要求と国際金融市場での信頼を維持する必要[42]」に挟まれた道を蛇行しながら進んできた歴史であり、成長政策とそれに続くドル危機から生じた問題を他国に押しつけつつも、不均衡を解決できず、市場への依存を増大させてきた歴史といえよう。

このようなアメリカのユニラテラリズム（単独行動主義）を拡張的マクロ政策＝成長志向政策の視点から見るならば、ケネディ＝ジョンソン政権のマクロ政策はレーガン政権のマクロ政策と類似点を有している。大幅減税プラス軍事費増はともに長期の景気拡大をもたらした。もっともケネディ政権は一九六〇年のドル防衛策の延長線上で、金プール制度、スワップ協定、一般借り入れ取り決め、ローザ・ボンドそして金利平衡税の導入等、また六八年一月のジョンソン大統領によるドル防衛措置など、国際金融市場でのドルに対する信頼を維持しようとしてきた。にもかかわらず、六〇年代末にはドル危機が問題となり、七一年の金・ドル交換停止、最終的には七三年の変動相場制へと移行せざるをえなかった。

これに対してレーガン政権は景気拡大策と軍拡、そしてドルに対するビナイン・ネグレクトの立場を併用したのであり、これが対外不均衡を短期間に大規模なものとし、ドル暴落の危機を急速に高め、八五年のプラザ合意での協調となったのである。どちらも経済成長による不均衡の拡大をドル価値の調整によって解決しようとしたのである。

基軸通貨国の特権である国際収支の制約から自由な経済成長政策は、一九六〇年代末、七〇年代後半、そして八〇年代後半のドル危機を生み出してきた。成長志向経済政策の採用が絶えずドル不安に結びついてきたのである。六〇年代末のドル不安はケネディ＝ジョンソン政権のニュー・エコノミクスによりもたらされ、七〇年代後半のドル不安は七二年・七三年および七六年から七八年の拡張政策の結果であったし、また八〇年代後半のドル不安はレーガノミクスの景気刺激策によるものであった。アメリカはその国内外の利害対立を絶えず経済成長によって吸収しようとしてきたのであり、その過程において「ドル不安」がたびたび再燃し、政策に修正を迫られることになったのである。

それでは複合的相互依存論（ネオ・リベラル制度主義者）は、どのような役割を果たしていると見なすことができるのだろうか。ストレンジの見解は次のようなものである。

「リベラル派は、覇権大国に代わる集団行動を次善の策として、これに期待をかける。国際政治経済がうまく機能しないならば、国際機関を強化して多角的な意思決定をすすめていくというのが、この学派の提示する解決策である(43)」。

「リベラル派はいつも自分たちが国際主義の立場に立っていると主張している。……ところが、アメリカの外交政策を擁護するナショナリストの役を演じるのはいつもリベラル派であり、リアリストたちではない。

リアリストに比べると、かれらはアメリカ経済の運営に誤りがあり、対外貿易・金融関係をアメリカが一方的に進めるやり方にこそ問題があるのだ、ということを認めたがらない。またかれらは、国際通貨体制の混乱を嘆きながらも、アメリカのやり方にこそ大きく責任があるのだ、ということを認めたがらない(44)」。

確かにギルピンらネオ・リアリストは、アメリカの経済運営の誤りを認めてきた。それに対してリベラル派が覇権ではなく既存の国際レジーム機能を高く評価するとき、そこにあるのはアメリカのユニラテラリズム批判ではない。ユニラテラリズム的行動の結果をいかに補完・修正すべきか、あるいはできるのかということである。コヘインは次のように述べている。「私の主張は、指導的な資本主義諸国家の共通の利害関係は、(多くは、アメリカの覇権の時期に形成された)既存の国際レジームの作用によって支えられながら、持続的な協調を可能にするほど十分に大きいというものである(45)」。コヘインの主張する「協調」理解は、「共通の利害関係が存在する」ことを前提にしているが、そもそもその「共通の利害」がどのようにして、誰によって侵食されているのかが問われるべきである。アメリカと他国の間にある「権力の非対称性」を認めるならば、アメリカの責任は問われてしかるべきであろう。

国際経済を不安定化させるアメリカの政策に対して、ストレンジはアメリカ主導の枠組みの変更を次のように提起している。「アメリカが寄生的行動をいつかはやめるという期待にいつまでも閉じこもっているのではなくて、ヨーロッパ人あるいは日本人たちが、アメリカの主要な経済パートナーとして、ワシントンとの交渉でもっと建設的かつ責任のある態度を示し始めることである。安全保障と防衛面での自己依存はその最初のステップであろう。その次に、国際組織の改革と再生が課題となるだろう。現在まで、ヨーロッパ人も日本人も、世界システムを壊すように働く覇権大国に対し、きわめて弱腰にかつ不定見にしか行動できなかったことを反省すべきである」[46]。ストレンジは安全保障面でアメリカの依存から抜け出ることが、アメリカの覇権的行動を抑制することにつながるというのである。ここでもまた安全保障＝軍事の役割が浮上してくる。

この軍事的な枠組みの変更とともに必要なことは、アメリカの単独行動主義的な経済成長政策に再考を迫ることである。なぜなら、アメリカの成長政策のあり方こそが国内外の経済を不安定化させてきた最大の要因だったからである。

注

（1）坂井昭夫『国際政治経済学とは何か』青木書店、一九九八年。進藤榮一『現代国際関係学』有斐閣、二〇〇一年参照。
（2）Charles. P. Kindleberger, *The World in Depression* 1929-1939, 1973, p. 304.（石崎昭彦・木村一郎訳『大不況下の世界 一九二九－三九』東京大学出版会、一九八二年、二七八ページ）。
（3）Charles P. Kindleberger, *The International Economic Order : Essays on Financial Crisis and International Public Goods*, 1988, chapter 9.
（4）Robert G. Gilpin, *The Political Economy of International Relations*, 1987, p. 80.（佐藤誠三郎・竹内透監修、大蔵省世界システム研究会訳『世界システムの政治経済学』東洋経済新報社、一九九〇年、八一ページ）。
（5）*Ibid.*, p. 394.（同右、四〇四ページ）。
（6）*Ibid.*, p. 365.（同右、三七四ページ）。
（7）*Ibid.*, pp. 72-80.（同右、七三－八一ページ）。
（8）*Ibid.*, p. 88.（同右、八九ページ）。
（9）Robert. O. Keohane and Joseph S. Nye, *Power and Interdependence*, 1977.
（10）Robert O. Keohane, *After Hegemony : Cooperation and Discord in the World Political Economy*, 1984, p. 135.（石黒馨・小林誠訳『覇権後の国際政治経済学』晃洋書房、一九九八年、一五七ページ）。
（11）*Ibid.*, p. 183.（同右、二一七ページ）。
（12）*Ibid.*, pp. 137-138.（同右、一六〇－一六一ページ）。

(13) *Ibid.*, p. 184.（同右、二一七―二一八ページ）。

(14) *Ibid.*, p. 215.（同右、二五四ページ）。

(15) 坂井氏はこのことを次のように指摘する。「かつては、覇権国の存在を必要視する覇権安定論が保守的でパックス・アメリカーナの再現を志向するのに対し、相互依存論の方はリベラルで現状改変を志向する、との見方が一定の妥当性をもっていた。だが、今日では、理論的根拠と程度の違いこそあれ、相互依存論の性格は覇権安定論のそれにかなり歩み寄っている、と言ってよかろう」（坂井昭夫、前掲書、一五五ページ）。

(16) Robert G. Gilpin, *op. cit.*（前掲邦訳、「日本語版への序文」v―viページ）。

(17) Ira C. Magaziner and Robert R. Reich, *Minding America's Business*, 1982, p. 3.（天谷直弘監訳『アメリカの挑戦』東洋経済新報社、一九八四年、四―五ページ）。

(18) *Ibid.*, p. 331.（同右、二五七―二五八ページ）。

(19) *Ibid.*, p. 332.（同右、二五八ページ）。

(20) *Ibid.*, p. 343.（同右、二七一ページ）。

(21) *Ibid.*, pp. 343-362.（同右、二七一―二九二ページ）。

(22) *Ibid.*, p. 3.（同右、四―五ページ）。

(23) *Ibid.*, p. 223.（同右、一八三ページ）。

(24) *Economic Report of the President*, 1984, p. 87.（経済企画庁監訳『一九八四年版 アメリカ経済白書』大蔵省印刷局、一〇一ページ）。

(25) *Ibid.*, p. 89.（同右、一〇四ページ）。

(26) *Ibid.*, pp. 92-93.（同右、一〇八―一〇九ページ）。

(27) 「社会的合意」について、ビジネス・ウィーク誌は次のように述べている。「経済のどんな部門に力を入れ育成すべきかという社会的合意を得る以外に、再活性化の道はないのである」（The Business Week Team, *The Reindustrialization of America*, 1982, p. 184. 日経ビジネス訳『よみがえる米国経済』日本経済新聞社、一九八二年、二五九ページ）。

(28) Stephan D. Cohen, *The Making of United States International Economic Policy: Principles, Problems, and Proposals for Reform*, 1994, p. 251.（山崎好裕他訳『アメリカの国際経済政策』三嶺書房、一九九五年、三一六ページ）。また産業政策をめぐる議論の推移については次の文献を参照。Otis L. Graham, Jr., *Losing Time: The Industrial Policy Debate*,

1992.

(29) The President's Commission on Industrial Competitiveness, *Global Competition: The New Reality*, 1985.

(30) Stephan D. Cohen, *op. cit.*, p. 253.（前掲邦訳、三一八ページ）。

(31) 例えば次の文献を参照。Harvey A. Goldstein (ed.), *The State and Local Industrial Policy Question*, 1987.

(32) 八〇年代の安全保障とハイテク産業政策については次の文献を参照。村山裕三『アメリカの経済安全保障戦略』ＰＨＰ研究所、一九九六年。

(33) この点については次の文献が詳しい。John A. Allic et al., *Beyond Spinoff: Military and Commercial Technologies in a Changing World*, 1992.

(34) 次の文献を参照。Richard Florida and Martin Kenney, *The Breakthrough Illusion: Corporate America's Failure to Move from Innovation to Mass Production*, 1990. またアメリカ産業の競争力・生産性をより広い視野から包括的に調査・研究した次の文献が注目された。Michael L. Dertouzos, Richard K. Lester, Robert M. Solow, and The MIT Commission on Industrial Productivity, *Made in America: Regaining the Productive Edge*, 1989.（依田直也訳『Made in America—アメリカ再生のための日米欧産業比較—』草思社、一九九〇年）。

(35) 以下は次の文献に依拠している。大野健一『国際通貨体制と経済安定』東洋経済新報社、一九九一年、第六章。

(36) 同右、一四二ページ。

(37) 同右、一四三ページ。

(38) 小宮隆太郎『貿易黒字・赤字の経済学』東洋経済新報社、一九九四年。

(39) Paul Krugman, *The Age of Diminished Expectation: U.S. Economic Policy in the 1990s*, 1990, p. 90.（長谷川慶太郎訳『予測九〇年代　アメリカ経済はどう変わるか』ＴＢＳブリタニカ、一九九〇年、一二一—一二三ページ）。

(40) 東京銀行調査部『国際収支の経済学』有斐閣、一九九四年、第七章およびリチャード・クー『投機の円安　実需の円高』東洋経済新報社、一九九六年、第七章参照。

(41) Stephan Gill, *American Hegemony and the Trilateral Commission*, 1990, pp. 61-62.（遠藤誠治訳『地球政治の再構築—日米欧関係と世界秩序—』朝日新聞社、一九九六年、一五五ページ）。

(42) Jeffry A. Frieden, *Banking on the World: The Politics of American International Finance*, 1987, p. 201.（安倍惇・小野塚佳光訳『国際金融の政治学』同文舘、一九九一年、二二一ページ）。

(43) Susan Strange, *States and Markets*, second edition, 1994, p. 235.（西川潤・佐藤元彦訳『国際政治経済学入門』東洋経済新報社、一九九四年、三三七ページ）。

(44) *Ibid*., p. 238.（同右、三四二ページ）。

(45) Robert O. Keohane, *op. cit*., p. 43.（前掲邦訳、四八ページ）。

(46) Susan Strange, *op. cit*., p. 243.（前掲邦訳、三四六ページ）。

終章　総括と展望

「軍事」と「経済成長」の視点から、戦後アメリカ経済の変動と政府の政策を検討してきた。軍事という政治的なものの経済的意味を問い、そして経済成長については経済的な意味のみならず、政治的な意味をも明らかにしようと試みた。

トルーマン政権からアイゼンハワー政権の時期は、戦時下に抑制されていた民需が解放され、それに加えて冷戦による軍事費の急増によって戦後不況に陥ることなく成長が実現した時期であった。しかし、それ以上の成長を求めたケネディ＝ジョンソン政権は、［減税＋ガイドポスト］政策と［ベトナム軍拡］によって、経済成長のみならずインフレをも引き起こした。そしてそれを引き継いだニクソン政権は、［ベトナム支出削減］とインフレ対策としての［一時的増税＋金融引締め］政策を継続できず、［減税＋賃金・物価凍結］という景気刺激策へと転換した。結果は、再びインフレの昂進であった。フォード政権もカーター政権も七〇年代のスタグフレーションに対して有効な政策を打ち出せないまま、景気刺激策と引締め策を繰り返すのみであった。このような政策の背後には、政府と企業と労働における戦後アメリカ的関係が存在していた。

これを打開する役割を担ったのがレーガン政権である。レーガンは大きな政府を批判し、需要創出よりも供給面の強化を重視した。すなわちそれまでのケインズ主義的経済運営を批判し、サプライサイドを重視した政策［減税＋規制緩和］の導入を図ったのである。またインフレを終息させるために［金融引締め＋財政赤字の削減］

をも政策として掲げ、加えて［レーガン軍拡］を実施した。このレーガン政権の歴史的役割は、戦後アメリカ社会の中に定着してきた政府と企業と労働を中心とした枠組み、そしてそれを支えてきた経済理論および経済政策を大きく転換させたことにある。この転換はレーガン政権の負の遺産（「双子の赤字」と「中流階級の没落」）を生み出したのである。減税を中心とした成長政策と軍事支出が絡み合い、そのことが経済運営に大きな負担を強いてきたことが理解できよう。

以上の事態を自由貿易体制の視点から見直すとき、次の点を指摘することができる。アメリカ政府が採用してきた経済成長政策は、インフレや貿易摩擦やドル危機を惹起し、そのことによって利害関係者の自由貿易への経済的支持を侵食してきたのである。国内からの保護主義圧力の形成はそのことを物語っている。

アメリカが世界経済の安定化に寄与しようとするならば、国内経済の利害関係者の対立を緩和することが求められよう。富裕層と中流階級と貧困層の対立をいかに解消するのか。再び拡大した軍事費を財政的不安定要因としない政策とはいかなるものなのか。また経常収支赤字が肥大化する中で、企業や労働そして地域からの保護主義圧力をいかに解決するのか。経常赤字をファイナンスする資金をいかに確保するのか。国内の経済成長と国際的な自由貿易システムの維持という政策課題をどのように融合するのか。多くの困難が横たわっている。

本書で分析してきた「軍事」と「経済成長政策」の視点から九〇年代を考えるとき、次のことが課題となろう。

第一は、八九―九一年（マルタ会談、東欧の民主化、ソ連の崩壊）の「冷戦の終結」によって、アメリカの軍事費の削減と軍民転換が進展するのか。進展するとすればどのようにしてなのか、ということである。このことは「平和の配当」への期待とも結びついている。しかし第二次大戦・朝鮮戦争・ベトナム戦争後の事態が示しているように、アメリカはこれまで軍民転換に必ずしも成功しておらず、そして平和の配当も実現できていない。軍民転換と平和の配当はどのようにして可能となるのであろうか。単なる軍事費の増減を問題とする資源配分論では、その政治的・経済的意味を明らかにすることはできないというのが本書の分析であり主張である。冷戦後の軍事費の検討においては、再度、政治経済学的軍産複合体分析の有効性が試されることになろう。

第二は、巨額の財政赤字を抱えた政府による成長政策の問題である。本書で明らかにしたように、戦後アメリカは減税を主要な手段として経済成長を追求してきた。しかしその手法は限界に突き当たっている。八〇年代の財政赤字は未曾有の水準となり、その後増税が政治的課題として浮上することになる。拡張的財政政策（減税や歳出増）ではなく、緊縮的財政政策（増税や歳出削減）によって経済成長を実現することは可能なのか。本書で検討してきたように、減税による経済成長の追求は政治的にも受け入れやすいものであったが、増税や歳出削減と経済成長の組合せは、理論的にも政治的にも未知の領域である。それらはどのようにして共存可能なのか。その際、政府と企業と労働の関係はどのようになるのか。

アメリカ政府が貿易赤字の削減をも考慮して、「輸出主導型」経済成長を追求することも考えられる。その時、アメリカの政策は自由貿易の理念を傷つけることなくそれを実行できるのか。他国が保護主義圧力を強めることはないのか。このように双子の赤字をかかえたアメリカの経済成長政策の模索は、それを支える経済理論とともに九〇年代アメリカにおける新たな政治経済学的課題とならざるをえない。

本書の研究から得られる結論と展望は以上のようなものであるが、最後に残された課題も指摘しておきたい。それは九〇年代以降のアメリカ経済を考えるときに必要な枠組みの問題である。

今日、冷戦が終結しグローバル化とローカル化が進展している。このことは八〇年代から九〇年代に進んだ規制緩和と資本の自由化、そして冷戦の終結による資本主義市場の拡大によって、企業活動のグローバル化が一挙に高まったことに由来する。そこでは国内経済の安定化に寄与してきた政府が後退を迫られ、国際経済の変動を国内に機敏に伝え、その変化に柔軟に対応することにその役割を移しているかのように見える。それゆえ地域は自らを守り、意思決定を取り戻すために分権化を求めざるを得ない。市場の圧倒的な力の前に政府の機能は上方（グローバル）と下方（ローカル）に引き裂かれ、「国家の退場」さえ主張可能なように見えるのである。

現在のところグローバル化は新たな経済成長の可能性を提供するものとして期待されているが、その一方で通貨危機の勃発や環境問題や貧富の格差の拡大によって、そのあり方が問われている。グローバル化と分権化と市場化、この三つの同時進行の中で政府はいかなる役割を果たすべきか、あるいは果たすことができるのか。このことは残された課題である。

あとがき

戦後社会を知るにはアメリカを知る必要があるという思いがアメリカ経済研究の出発点であった。この素朴で単純な思いから抜けきれないまま現在に至っている。それはアメリカ経済のもつダイナミズムと経済政策の理論化志向の魅力ゆえかもしれない。

戦後アメリカ経済の分析においては、軍事と科学技術の関係を抜きにはできなかった。アイゼンハワーがその大統領告別演説において、危険性を警告するまでになっていた「軍産複合体」とは、アメリカ経済において如何なる存在なのか。経済学はどこまでその存在を明らかにできるのか。最初の研究テーマはそのようにして選択されたのである。科学技術と軍事の関連は、今なおアメリカ経済研究の際の重要な分析視角であると考えている。

しかしアメリカ社会の変動を理解するには、軍事と科学技術からだけでは不可能であることもまた明瞭であった。軍事は肥大化を続けたが、経済全体に占める比重は縮小していった。それゆえ、アメリカ衰退の原因を軍事に還元する研究にも違和感を覚えていた。また科学技術においては他国のキャッチアップも進展していたし、アメリカ経済の衰退と言われる事態も進行していた。そこからアメリカの経済的衰退と再生に研究の関心は移っていった。

アメリカ経済の衰退を理解するかぎは、逆説的ではあるが「経済成長政策」にあると思えた。それは、ケネディ＝ジョンソン政権以後の政策に明瞭にあらわれている。成長政策がどのようにアメリカ経済を変容させ、いかなる政治的・経済的課題を自らに課すことになったのか。それがその後の研究テーマとなった。

以上の問題意識のもとで書きつづけてきたのが、本書に収録された論文である。大幅な補整と加筆を行っているが、各章と初出の関係は次のようになっている。

第一章　冷戦財政と科学技術
「戦後アメリカ軍需調達制度と政府部門の再編」『経済論叢』第一三一巻三号、一九八三年
「軍事研究開発と軍事費の膨張」『経済論叢』第一三五巻一・二号、一九八五年
「R&Dと企業の投資行動」『経済系』第一六四集、一九九〇年

第二章　成長志向財政とニュー・エコノミクス
「ニュー・エコノミクスとインフレ経済の形成」『経済系』第一八四集、一九九五年

第三章　スタグフレーションと経済的衰退
「経済構造の変容とハイテク産業」『経済系』第一八七集、一九九六年
「スタグフレーションと財政政策の限界」『経済系』第二〇五集、二〇〇〇年

第四章　レーガノミクスと政策課題の転換
「アメリカ経済と「双子の赤字」」関東学院大学経済学部編『環境変化対応の経営戦略』ぎょうせい、一九九一年
「競争力強化と情報化」『関東学院大学　経済研究所年報』第一三集、一九九一年
「アメリカの保護主義圧力と国際関係」関下稔・森岡孝二編『世界秩序とグローバルエコノミー』青木書店、一九九二年

第五章　国際競争と国際協調の政策論
「覇権後退期の日米摩擦と通貨」（一部のみ利用）上川孝夫・今松英悦編『円の政治経済学』同文舘、一九九七年

政治経済学のアプローチは、人間にとって、とりわけ利害関係者にとって、時代の支配的な思考から脱却することがいかに困難かを示してくれた。人間の思考というものは不確かなものである。経済理論はその不確かなものを確かなものとしてくれる手段なのであろうが、しかしその理論もまた部分的であり、その有効性も利害関係の構図と時代の制約下にある。

変動の激しい現代社会を生きる時、時代をそして社会を理解することの難しさを改めて痛感せずにはいられない。どのような理論を用い、どのような視角からアプローチすれば、現代を理解できるのだろうか。経済学はどの程度現代社会の理解に役立っているのだろうか。そもそも現代社会を理解するとは如何なることなのだろうか。社会理解はより良き社会への思いと結びついているはずである。しかし、より良き社会という言葉でイメージするものは明瞭ではない。「より良き社会」という言葉でイメージするものが、かつてほど明瞭でないと考えるのは、私一人だけであろうか。「より良き社会」に対する社会的合意の再形成がなされていないこと、そこに現代社会の特徴があるのではないのか。既存の政治経済システムがうまく機能していないことは、多くの人々が認識している。しかしそれに代わるものはいまだ明瞭になっていない。社会的合意は定まらず、流動化している。

最後に、本書に到達するまでに多くの人からいただいた有形無形の援助に感謝したい。弘前大学時代には先輩・同輩・後輩から多大なる影響を受けた。あの時代に学生生活を送った多くの人達がそうだったように、先輩や友人との尽きない議論と社会意識の覚醒は、私にとって今なお忘れがたく、そして忘れてはならないものである。高橋秀直先生の授業・ゼミからは、学問の香りを、そしてさらには学問の厳しさと魅力を教えていただいた。研究者への道の選択を相談に伺った時のことを昨日のように思い出す。

京都大学の大学院でも多くの先輩や友人に恵まれたのは幸運だった。学問研究において、一つの時代意識を共有できた時期であったように思う。研究では池上惇先生の指導を受けることができた。先生からは研究対象を概念化して把握すること、対象を広い政治的経済的文脈の中に位置づけて理解することの重要性を教えていただいた。京都を離れて以降も、常に寛容な温かい眼差しで見守ってくださったことに感謝したい。

関東学院大学に職を得て、恵まれた研究環境を提供していただいた。それにもかかわらず、研究面では行きつ戻りつを繰り返さざるを得なかった。長い期間をかけて書きつづけたものであるが、ようやくここに自らの思考の跡を一冊にまとめることができた。

本書の出版に際し、関東学院大学経済学会の出版助成を受けることができた。また日本経済評論社の清達二氏には、本書の出版にあたりお世話になった。ともに感謝したい。

新岡　智

二〇〇二年十月

索　引

［さ行］

[た行]

［な行］

［は行］

［ま行］

［や行］

［ら行］

［わ行］

[著者紹介]

新《にい》岡《おか》 智《さとし》

1954年生まれ．弘前大学卒，京都大学大学院経済学研究科博士課程修了．関東学院大学経済学部専任講師，助教授を経て現在教授．

著書 『世界秩序とグローバルエコノミー』（共著）青木書店，1992年．

Beyond Friction : Japan-U.S. Relations in A New World, （共著）Simon Fraser University, 1995.

『円の政治経済学―アジアと世界システム―』（共著）同文舘，1997年．

『通貨危機の政治経済学―21世紀システムの展望―』（共著）日本経済評論社，2000年．

戦後アメリカ政府と経済変動

2002年11月25日 第1刷発行

定価（本体3500円＋税）

著 者 新 岡 智

発行者 栗 原 哲 也

発行所 株式会社 日本経済評論社

〒101-0051 東京都千代田区神田神保町3-2

電話 03-3230-1661 FAX 03-3265-2993

振替 00130-3-157198

装丁・静野あゆみ 中央印刷・美行製本

落丁本・乱丁本はお取替えいたします Printed in Japan

ISBN4-8188-1456-3

成長と分配　フォーリー／マイクル　佐藤良一・笠松学監訳　本体三八〇〇円

アーヴィング・フィッシャーの経済学
―均衡・時間・貨幣をめぐる形成過程―　中路敬著　本体四六〇〇円

家族　世紀を超えて　比較家族学史会編　本体二八〇〇円

帝国日本陸軍　ローリィ／内山秀夫訳　本体二二〇〇円

政治の発見　バウマン／中道寿一訳　本体二八〇〇円

「大東京」空間の政治史1920～30年代　大西比呂志・梅田定宏編著　本体四〇〇〇円

都市化と在来産業　中村隆英・藤井信幸編著　本体六一〇〇円

＊＊＊

アメリカ資本主義の発展構造I
―南北戦争前期のアメリカ経済―　楠井敏朗著　本体四五〇〇円

アメリカ資本主義の発展構造II
―法人資本主義の成立・展開・変質―　楠井敏朗著　本体四〇〇〇円

法人資本主義の成立
―20世紀アメリカ資本主義分析序論―　楠井敏朗著　本体三八〇〇円

アメリカ人の経済思想　田中敏弘編著　本体四八〇〇円

冷戦後のアメリカ軍需産業
―転換と多様化への模索―　西川純子編　本体二五〇〇円